海外中国研究丛书

到中国之外发现中国

北京的六分仪

中国历史中的全球潮流

The Sextants of Beijing

Global Currents in Chinese History

[美] 卫周安 著
王敬雅 张 歌 译

江苏人民出版社

图书在版编目(CIP)数据

北京的六分仪 : 中国历史中的全球潮流 / (美) 卫周安著 ; 王敬雅, 张歌译. -- 南京 : 江苏人民出版社, 2024.8

(海外中国研究丛书 / 刘东主编)

书名原文: The Sextants of Beijing : Global Currents in Chinese History

ISBN 978-7-214-28457-0

Ⅰ. ①北… Ⅱ. ①卫… ②王… ③张… Ⅲ. ①中国历史—研究 Ⅳ. ①K207

中国国家版本馆 CIP 数据核字(2023)第 205653 号

书　　名	北京的六分仪:中国历史中的全球潮流
著　　者	[美]卫周安
译　　者	王敬雅　张　歌
责任编辑	康海源
装帧设计	陈　婕
责任监制	王　娟
出版发行	江苏人民出版社
地　　址	南京市湖南路 1 号 A 楼,邮编:210009
照　　排	江苏凤凰制版有限公司
印　　刷	江苏凤凰扬州鑫华印刷有限公司
开　　本	652 毫米×960 毫米　1/16
印　　张	18　插页 4
字　　数	196 千字
版　　次	2024 年 8 月第 1 版
印　　次	2024 年 8 月第 1 次印刷
标准书号	ISBN 978-7-214-28457-0
定　　价	68.00 元

(江苏人民出版社图书凡印装错误可向承印厂调换)

序"海外中国研究丛书"

中国曾经遗忘过世界,但世界却并未因此而遗忘中国。令人嗟讶的是,20世纪60年代以后,就在中国越来越闭锁的同时,世界各国的中国研究却得到了越来越富于成果的发展。而到了中国门户重开的今天,这种发展就把国内学界逼到了如此的窘境:我们不仅必须放眼海外去认识世界,还必须放眼海外来重新认识中国;不仅必须向国内读者迻译海外的西学,还必须向他们系统地介绍海外的中学。

这个系列不可避免地会加深我们150年以来一直怀有的危机感和失落感,因为单是它的学术水准也足以提醒我们,中国文明在现时代所面对的绝不再是某个粗蛮不文的、很快就将被自己同化的、马背上的战胜者,而是一个高度发展了的、必将对自己的根本价值取向大大触动的文明。可正因为这样,借别人的眼光去获得自知之明,又正是摆在我们面前的紧迫历史使命,因为只要不跳出自家的文化圈子去透过强烈的反差反观自身，中华文明就找不到进入其现代形态的入口。

当然，既是本着这样的目的，我们就不能只从各家学说中筛选那些我们可以或者乐于接受的东西，否则我们的“筛子”本身就可能使读者失去选择、挑剔和批判的广阔天地。我们的译介毕竟还只是初步的尝试，而我们所努力去做的，毕竟也只是和读者一起去反复思索这些奉献给大家的东西。

刘　东

目 录

引　言

在 19 世纪的最初十年，中国一直被东南沿海海域的海盗团伙困扰。在高峰时期，这一人数达到五万之众，他们有两千条舢板，这些舢板被组织成两支舰队，以越南境内的江平镇的口岸为基地。他们的大胆行为颇具传奇色彩。1805 年，他们封锁了葡萄牙人占领的飞地澳门数周，在几天中断绝了处于恐惧中的当地人的饮食。三年后，他们劫持了三艘暹罗运送贡品的大船并驱使五艘美国船只在澳门火炮防御范围内避难。这一事件的高潮是，他们劫持了来访的葡萄牙殖民地东帝汶岛的双桅帆船，为了加大羞辱所带来的伤害，海盗们可耻地将该船拖曳过澳门城，并将船旗拖在船尾的水中。

解决海盗问题既符合中国清朝满洲统治者的利益，也符合外国各种贸易上的利益，这些外国人作为商人更容易受到海盗的攻击。清廷坚持认为，只有他们有权巡查中国海岸线，但是他们无力肃清海上航道。所以，与在过去的几个世纪中许多寻求外国作战力量和军事技术的前朝一样，在这一地区，清廷在葡萄牙和英国舰船的帮助下募集武装。但是，他们偶尔的联合出征并不太成功，还会引发相互指责。欧洲人指责中国方面与海盗勾结，中国人则抱怨欧洲人吃水深的船舶无法在浅海海域航行，因此常常让海盗溜走。

这些海盗——渔民、小贩、樵夫、店主、米贩子、水手以及其他来自中国社会最底层的人,他们和清政府一样希望利用外国人和他们的技术。例如,海盗头子张宝的船自从从一艘发射 24 磅(约 10.89 千克)炮弹的英国船只侧舷逃出后,据说敬畏地检查了炮弹的大小。仅仅几个月后,使张宝骄傲的是,他自己的船也装上了这样的火炮。海盗经常会放过他们所抓捕的外国人的性命,从而跟他们学习专业的炮术和医药学知识,或者仅仅从他们那里学习读写外文的能力。

这些事实表现出两个特点:第一,显而易见,在 19 世纪末,中国人参与到更广泛世界交往中已经是常态。第二,由此推论,不论是官员们还是普通民众,很少有中国人在意他们所需要的技术和工艺是否源自国外。换句话说,那些被归结为中国人通常都具有的传统的孤立主义思想、敌视创新以及恐惧外国人的特征,在他们自己对事物的评估中并没有什么影响。

然而不幸的是,甚至早在 18 世纪,这种误解很快成了大多数抵达中国海岸的欧洲人的习惯认知。无论这些观察者看到了什么,他们对于中国和中国文明的观念更多地受到了自身偏见的影响。这些偏见主要受形成它们的环境如启蒙运动、工业化等的影响,此外,也受到由美法两国革命所证明的政治自由的新激情的影响。这些外国人的判断至今仍深刻地影响着我们对中国的理解。

中国对这些观念的形成也负有责任。首先,宣传和现实之间存在着巨大的鸿沟。中国方面高傲的公共宣传表达使很多观察者得出了这样的结论——中国认为自己的文化远远优于其他竞争者。但是实际情况是,这种措辞隐藏了相当大的灵活性和思想开放性。当我们审视中国的行动而非言辞时,显然,中国从很早的时代起，就没有比其他大多数社会表现出更文化沙文主义。

积习难改。很多我们自以为对中国的了解，现在看来不过是一套刻板印象。然而，将这种“认识”提升到必然层面，影响却非常深远。因此，那些见多识广的人显然从常识上(但不准确地)仍然认为，中国多元而充满活力的广袤地区是一个整体，且与世界其他地区永远隔绝。这些误解主要反映了西方殖民列强的观点，甚至成了中国人自我认知的一部分。因为西方非常成功地削弱了中国人的民族认同感和自信心，这使得许多中国人承认了西方对中国的精确描述，特别是在中国与世界其他地区的关系问题上。

本书来源于这样一种信念：我们必须消除一些长期以来受重视的神话，比如西方国家“开放”了一个直到他们到来时“封闭”的中国。首先，我们认为，自古以来，中国、中国的君主、中国的政府和中国整个社会范围内的民众，一直积极热心地与外部世界接触，他们允许、鼓励并主动寻求外国货物和思想的流播。但是与此同时，当权者始终不愿意让任何一种外国的思想自由发展，因为一部分民众的头脑中，外国的意识形态可能会战胜中国的价值观和传统，而统治者担心会失去对这些人的政治和道德控制。

因此，这本书主要是关于中国是如何衡量世界的。同时介绍了过去几个世纪中进出中国的种种商品和思想。然而，读者也不要误认为本书关注外国的影响是为了说明中国的一切发展，特别是现代的发展，都是受外部驱动的。恰恰相反，本书的论点是：中国的许多历史经验是一种复杂的相互作用，其中一方面是本土发展，另一方面是外国舶来品和各种影响。

本书以综述中国与其他文明的早期联系为开端，时间上，从公元前 200 年开始——从这时开始，存留的记录可以使我们重建无数的既有联系——直到16世纪欧洲人来到东亚为止。第一章的主题是,中国积极参与了复杂的国际交流网络,这一网络从西方的叙利亚延伸到东方的日本,从北方的朝鲜半岛延伸到南方的印度尼西亚,到了16世纪,还包括欧洲和新大陆。这种交通最具影响力的特征之一,是佛教从印度传播到了中国,继而传播到东亚,特别是朝鲜、日本和越南。在传播的过程中,佛教又结合了儒家思想以及中华文明其他的文化、知识、政治、商业和艺术等的因素。

第二章和第三章主要介绍了中国在16世纪到18世纪间,与欧洲及欧洲文化第一次持续性的互动。在近代早期,中国与欧洲的首次接触,主要是通过耶稣会士进行的。第二章着重分析了16世纪后期到18世纪初中国与天主教的关系,并论证了中国不愿意接受天主教的各种原因。首先,传统中国宗教的折中主义与基督宗教的排他性要求从根本上不可调和。其次,在宗教直接为国家服务,或特别具有颠覆性的情况下,许多中国人怀疑,外国宗教也许会变成外国侵略者的先头部队。第三,在17世纪中叶明清鼎革高度紧张的政治气氛下,为新的清王朝服务的耶稣会士,在一些中国人看来似乎是与敌人勾结,这让他们失去了至关重要的支持,特别是精英阶层的。最后,欧洲天主教会内部的激烈争论,要为耶稣会无法在中国实现其全部目标承担部分责任。

第三章主要集中于17世纪后期到18世纪,反驳了依然固有的一种信念:中国当时固执地反对一切形式对外贸易和思想的引入。乾隆皇帝(1736—1795年在位)1793年发出的上谕中有一句话明显地代表了这个观念:“并无更需尔国(英国)制办物件。”这一章描述了在乾隆皇帝及其祖父康熙皇帝的内廷,耶稣会士进行了广泛的世俗活动。其中由弗拉芒人、耶稣会士南怀仁(1623—

1688)所制作的六分仪及其他天文仪器，至今仍然可以在北京市中心附近的天文台看到。皇帝对于欧洲和其他地方舶来品的热情非常强烈——这一反应正如18世纪欧洲对中国风的狂热，进而在中国的精英阶层中引发了对欧洲商品的广泛热情。第三章还讨论了亚洲国家间的大量贸易与中国在海外(主要是东南亚)不断增长的移民点之间的关系，随着欧洲人在亚洲的殖民活动，这种与欧洲人联系在一起的贸易不断扩大。

第四章和第五章讲述了从1799年乾隆皇帝去世，到1914年第一次世界大战爆发前的"漫长的19世纪"。这一时期，中国被强加了一系列不平等条约，这些条约给予西方列强广泛的在华特权。回顾历史，历史学家们曾严厉谴责列强们强加的这些条约，但在当时，这些条约的负担一开始似乎并不特别繁重，甚至对中国来说也是如此。因为这些条款，与几年前中国和中亚邻国达成的处置非常相似。然而，不久之后中国发现，这些条约的累积效应是在各个领域横加践踏中国主权，试图迫使中国变得更"现代化"，或者换句话说，变得更像西方。这些条约从根本上影响了中国大众对欧洲、美国以及之后对日本的看法。不过，中国19世纪签订的其他国际协议，在保护当时世界各地的大批中国移民方面，取得了一些成功，因此，一种关于中国经常被重复提及的看法是错误的：中国国内虚弱不堪，对海外侨民漠不关心。

到19世纪后期，许多受过教育的中国人都对他们的文化深感失望，因为无论儒家思想还是中国传统中的其他因素，似乎都不足以应对西方和日本帝国主义的挑战。他们对这些国家的财富和权力感到敬畏，强烈希望效仿并最终与之匹敌，与此同时，也对他们深感不满。他们对外国人日益加剧瓜分中国极度恐惧——那将使中国丧失作为独立实体的地位。这种情绪再加上对中国满洲统治者无能的日益绝望，鼓励了民族主义情绪的增长，而这种情绪的最终目标，是回归中国的自治。简而言之，中国希望通过有选择性地接受西方的发展模式，从而达到战胜西方、保存自己文明的目的。

1914 年，威胁着中国的各种势力的重心转移，此时它们在中国的力量最为薄弱。在 20 世纪的最初几年，欧洲列强之间的敌意积累放缓，他们的注意力开始转移，与此同时，新兴的现代化的明治日本首先打败中国（1895 年），之后打败沙俄（1905 年），表明了它已经成为一股主要的势力，值得尊重和恐惧。第一次世界大战爆发后，欧洲列强纷纷把在中国的霸权转让给日本，日本从此成为中国的头号帝国主义敌人。它找各种借口蚕食中国领土，定期发动局部军事打击。1937 年，日本全面入侵中国，迫使国民党政府远撤到内陆，并在重庆设立战时临时首都。与此同时，蒋介石所领导的国民党，急切地希望消除 1921 年成立的中国共产党对其权威所构成的威胁。

中国与日本的战争是第二次世界大战的一部分，中国对日本的抵抗对于盟军的胜利至关重要。1945 年那场战争结束后，国民党和共产党之间随即爆发了一场激烈的内战，这场内战最终导致国民党逃往台湾。1949 年，毛泽东隆重宣布“中国人民从此站起来了”，这标志着中国共产党建立了中华人民共和国。在接下来的几十年中，为了对抗冷战时代不断转变的政治局势，中国在国内和国际事务中的许多议程，都能表现出它想要摆脱西方列强与日本一个世纪的支配下所残留的经济与文化影响的决心。

20 世纪的中国对于外国文化表现出一种既迷恋又不安的复杂混合的感情。在政治上，中国经常采取矛盾的立场，一方面表现出对外国特别是美国的极大敌意，另一方面又表现出参与国际事务的意愿。但是外国人，尤其是美国人，因为“失去”中国而来的极强的反共情绪、国民党的游说以及越南战争时代的政治局势，一度拒绝和中国作任何接触。

还有一些定义很必要。在提及“中国”时，人们似乎容易忽视它巨大的地域差异，以及“中国”这一概念随着时间的推移发生的巨大变化。最简单的例子是，外国帝国主义对中国的影响在沿海地区大不相同，在19世纪后期，沿海地区的外国人已经很普遍，而在内陆地区，外国人仍然很少见，虽然报纸和电报的出现在很大程度上改变了这种情况。同样地，在18世纪晚期，帝国的疆界——构成了今天所认为的国家的一部分——向西一直延伸到毗邻克什米尔与阿富汗的帕米尔山脉，向北到达俄国边境的黑龙江，但是到了19世纪后期，帝国的边界比起18世纪则有所收缩。在其他时期，例如宋代(960—1276)，“中国”的概念既不包括现在的东北地区，也不包括甘肃省长城以西的地区。但是，为了避免每一次提到“中国”一词都要加以限定和烦琐的说明，读者自己必须牢记这些时空的变化。

“西方”这个词也是如此。从15世纪到18世纪后期，这个词通常指代欧洲与欧洲人，其含义随着来到亚洲建立了殖民地基地的西班牙人和葡萄牙人而发生了转变，最终在英国与荷兰在亚洲取得支配权后固定了下来，虽然这一时期也有其他欧洲人出现在亚洲，但是并没有让“西方”含义再变化。18世纪80年代以后，“西方”一词也包括美国人。但总体上来说，在19世纪末以前，美国人在中国的历史和意识中一直处于次要的地位。自那之后，出于多种原因，美国接管了“西方”的领导地位，欧洲则屈居其次。

尽管本书可以为研究中国史、欧洲帝国主义以及世界史的专业学者提供一些参考，但它不是为他们而写作的。当然，这本书是写给那些想要从历史的角度去更多地了解中国与世界交往情况的普通读者,以及那些持中国长期倾向于孤立、对外部世界怀有敌意的老观点——这些观点并不真实——的读者。虽然单凭一部作品不可能颠覆根深蒂固的刻板印象,但笔者希望这本书能够有助于纠正人们对中国与外国交往历史的错误观念,这种交往往往是中国和欧美的交往,但有时也不尽然。

中国有着悠久的历史,直到近两百年之前,一直习惯对希望与之交往以及生活在其境内的外国人施加权威——不论是官方层面还是个人层面。这并不意味着中国对来自国外的知识和思想怀有敌意,只是它更愿意谨慎行事,以防那些可能破坏它按照自己方式运行的思想自由传播。尽管全球力量的竞技场在 20 世纪后半叶已经相当稳定,但是目前的中国,还在不断努力在吸收国外影响和保持自主权之间做出平衡,并且寻求在许多方面保持特色鲜明的国家认同,这是对既往斗争的更为复杂的延续。

第一章　16 世纪前中国的世界主义

629 至 645 年间，唐代(618—907)僧人玄奘远行印度求取佛经。玄奘回国后，翻译了数量过千的梵文经卷，并将他的路途见闻记录下来，保留了对当时中亚的珍贵描述。玄奘这一史诗级的旅程，不久就被改编为杂剧和话本，并被全国各地的说书人所传诵，成了通俗文学的代表性主题。到了 16 世纪，它成了伟大的中文小说《西游记》的核心内容。在英语中，故事以经历了很多冒险的"猴子"而为人所知：

在小说中，神奇的猴王陪伴玄奘旅行，保护玄奘脱险。玄奘的传说被一遍又一遍地讲述，它从很早就把国际交流的思想植入了中国的传统。

20 世纪初，玄奘无意中再次在阐明中、西方文明之间的一些早期联系中扮演了一个角色。1907 年，匈牙利裔英国探险家斯坦因(Aurel Stein)穿越中亚，来到中国西部的绿洲敦煌。敦煌是古代丝绸之路上的一个重要驿站，自古以来，商人和信教人士就沿着这条路往来于中国和西方。敦煌附近是一个巨大的石窟建筑群，几个世纪以来，石窟的墙壁上装饰着大量描绘佛教中天国的壁画。这个石窟群中，还有数千份古代的经卷和装饰华丽的纺织品，它们在大约 900 年前被藏在了一个被墙封住的侧室中。斯坦因希望说服掌管这些文书的道士允许他阅读这些古代文献，于是他告诉道士,自己是如何沿着玄奘的足迹穿过亚洲,回溯到这里的。斯坦因显然熟悉并且钦佩这位中国古代名人,这使他成功地与道士建立了联系,就在当天晚上,这个道士向探险家展示了他所照看的一小批宝藏。第一批以这种方式被从藏经洞中取出的文献,正是玄奘很久以前从印度带回并翻译成中文的一些经文。继之而来的还有很多文献。大部分,例如壁画,都是佛教题材,但是也有儒家、道教、袄教以及景教的材料,显示出这里与波斯、吐火罗(在现在阿富汗)和粟特(在现在的乌兹别克斯坦)以及中原地区的联系。还有一些与宗教无关的文献,敦煌丝织品上的绘画同样证明了文化的充分融合。上面所描绘的人物,其面部表现出所谓希腊式佛教的传统——一种被认为是受希腊化艺术影响的印度风格,同时他们衣服上的褶皱和住所的场景又是明显的中国风格。也许这些画作成于许多不同的艺术家之手。因此,作为中国与亚洲其他地区丰富交流的代表,唐僧玄奘的遗产在 20 世纪帮助人们了解了这些交流在一千多年前带来的文化多样性。

早期中国与其他文化的交往有三种广泛重合而又同等重要的方式:政治,包括外交和战争;宗教与知识交流;还有贸易,中国丝绸——后来是瓷器——占据了重要地位。中国的外交、战争往往和国家的安全与扩张进程联系在一起,而且常常会创造出贸易机会。与此同时,和平的商业交流常常导致没有任何冲突或协商的扩张,例如,从事长途贸易的中国商人在边远地区永久定居并建立新的聚居区。因为人们更倾向于以中国的方式处理外交关系,贸易进一步与政治联系在一起;由于这涉及了与外国人进行的正式的商品交易,所以实际上是一种政治化的国际贸易形式。

同样,国际贸易也与进出中国的思想交流紧密相连。例如佛教——这种发源于印度的宗教,随着僧侣、弘法者以及穿梭中亚地区的商人来到中国。其他宗教——包括伊斯兰教和基督教——都紧随佛教之后，但没有任何一种宗教能与佛教的坚韧相匹敌。在知识传播领域也是如此，很多宗教以外的知识借助国际贸易驼队和帆船跨越了世界，许多旅行者带来了天文学、数学、哲学和技术的最新突破。中国也不仅仅是进口商品和思想的被动接受者。随着时间的推移，无数的中国文化元素——无论是物质的还是精神的，包括像佛教这样起初来自国外的文化——都找到了通往亚洲其他地区的道路，特别是朝鲜、日本以及越南。

与其他文明的早期接触中，最终有所重合的领域是宗教与政治。与欧洲一样，在中国，这些有时与早期外交政策有关，例如，传教士会兼任其他国家的大使。但是与欧洲不同的是，宗教战争几乎不见记载。这是因为中国并没有单一既定的国家宗教，而且在不同时期所流行的宗教也都缺乏基督宗教那样强烈的福音主义色彩。中国的皇帝也不像日本天皇那样，被认为具有神性。但是在“天子”的位置上，他被赋予了特殊的品质。这些品质对国际贸易环境的发展做出了重要贡献，我们将在下一节讲到。

理想化的中国世界观

古代的中国人——由他们的君主所代表——声称身负天命，承因天命他们就有充分的理由以明确的政治、文化和道德权威来统治他人。即使在外来者的统治下，这一原则也完整地保留下来；因为重要的是道德的操守和仁慈的统治，而非种族出身。最初，中国古代文明与周边其他各民族相比，那种相对较高的发展水平和复杂的政治组织，也许在某种程度上证明了这种文化自信。至少在中国的古典时代，其临近地区大多是未定居的部落；

很多是游牧民族,而非中国那样的定居农民。他们的文化并不发达——例如,他们中少有本民族的文献,而他们的政治结构也不够稳定,没有一个集团可以自认为是国家。

到早期帝国时代(公元前 2 世纪到公元 2 世纪),这种世界观的前提已经酝酿了好几个世纪。他们设想宇宙分为内圈和外圈,有时更具体地设想为一系列渐变的同心圆。在这个宇宙中,一个人的文明程度取决于他与内环中心的关系。与许多其他社会一样,中国把自己置于中心;换句话说,它把自己看作是最文明的,把离中心最远的人看作是最野蛮的。至少在理论上,假设大多数外来者都渴望"更似中华",并最终或多或少会被同化。然而,这一论点有一个致命的弱点,因为从其逻辑结论来看,它意味着大多数(如果不是全部的话)中国人都是中国以外世界的后裔,这些外国人此前经历了文化适应的过程。

汉朝(前 206—220)建立了一个处理外部事务的理想模型,希望能够解决不如人意的现实,即一些外部的人并没有特别倾向于被同化或抛弃自己的文化。这个模式后来被历史学家称为朝贡体系。这实际上是一系列的措施,象征外来者臣服于中国的统治。它最重要的特点如下:首先,朝贡国的统治者或是他的使节必须到中国来表示臣服。特别值得一提的是,这位使者不得不拜倒在中国皇帝面前,在仪式上承认自己的归属地位。其次,朝贡国必须将一名重要人质,比如储君,送到中国宫廷。第三,朝贡国必须向中国皇帝进献土产作为贡品。

这个系统的功能是互惠的。作为朝贡者象征性臣服的回报,中国会保证朝贡国的安全,但是实际的军事干预往往取决于朝贡国的稳定与中国的利害关系。中国还会回赠以奢华的礼物,并赐予其精心设计的荣誉及头衔。这些都意在收买朝贡国,虽然往往耗费巨大，但是比起建立和维持一支常备军来迫使朝贡国臣服，还是划算的。最后，这些外国人被允许在几天内开展受到精心控制的贸易活动，然后被带往边境，礼送出境。

然而，这一模式过于乐观，因为尽管中国声称，仪式性的效忠并提供当地土产表明了朝贡国臣服于中国的君主权威，但朝贡国并不一定也这样认为。相反，对于朝贡国家来说，整个过程主要意味着以和平的方式获得必要的中国物资，而不必在边境的突袭中窃取。虽然在某些情况下，中国皇帝的认可可能会提高首领在地方争端中的威望，但他们并不太关心相对地位的问题。

此外，一个根本性的悖论使朝贡框架存在缺陷。因为只有当其他国家默许或至少同意不公开质疑中国时，它才能正常运作。而只有当中国强大到足以迫使其服从时，这种默许才有可能实现。但正如经常发生的那样，事实往往并非如此。中国只是简单地适应了现实。事实上，中国的君主从很早的时候就很清楚，他们的帝国及其周边地区只是文明世界的一小部分，中国之外也存在着其他类似的文化。例如，汉朝给罗马帝国最东部的领土，即当代叙利亚，授予了尊号“大秦”，完全省去了他们在与其他国家打交道时偏爱的居高临下的词汇。

中国自认为远远领先于邻国所需的先决条件，随着时间的推移而逐渐消失。特别是在 220 年汉朝灭亡后，中国本身在政治上常常分裂成几个小政权，其中没有任何一个有足够的力量要求其他政权臣服。此外，尽管中国声称外国人渴望进入中国的政治和文化轨道，但现实并非如此。尤其因为周边国家变得更加强大和稳定，且拥有受过良好教育的精英阶层，这些人也不再去寻求中国保护的可行性。

简而言之，虽然朝贡制度所体现的理想一直延续到 20 世纪，但从很早以前，中国就必然会经常背离这种理想。也就是说，无论理论基础如何，无论中国在公开场合如何坚定地表明自己的优越性，中国处理同其他国家和文明的关系都是高度务实的。

早期帝制时代（前206—581）

中国、东南亚、中亚诸国、印度之间的交通——如果没有更远的地区，其非正式的开始时间一定是在帝制时代之前。但是我们的故事从汉朝开始，大约在公元前200年，汉朝将自己的首都建在了丝绸之路东端的长安（今西安）——位于中国的西北方。大约在同一时期，罗马和亚历山大各自在地中海地区的政治和文化上崭露头角。

汉朝显然有意通过外交使团，以及官方和非官方贸易的形式，与其他国家建立政治和商业联系。公元前2世纪后半叶，野心勃勃的汉武帝（前141—前87年在位）两次派遣使者张骞前往西域（前125年左右）为外交和商业探路。张骞在中国的宿敌——匈奴游牧部落中被囚禁了数年，匈奴人理所当然地将他视为间谍。最终，张骞回到家乡，带回了大量关于中亚和更远的西方生活环境的信息，这些地方他要么亲自去过，要么派人去调查过。一定程度上得益于他和后来汉朝使者们的“西域之行”，中国开始与中亚进行定期贸易。

汉代中国的主要出口商品是丝绸和黄金。相应的，中国进口香料、羊毛织物和对于军事至关重要的马匹。机缘巧合下，异域的细菌也不可避免地会随着国外商品溜进中国；一般认为，天花就是在1世纪从印度传入中国的。

战争和贸易以各种方式相互促进。一方面，汉朝军队有时会招募中亚商人加入他们向西推进的军队。另一方面，驻扎在边境上的普通士兵会用一些朝廷发给的服装换取金钱；他们可能还越过中国与其敌对邻国的边界，走私武器和其他商品，但我们对这些活动并不了解。对这些战争频仍的遥远地区的认知至少激发了人们的一种欲望——对具有异国情调的外来奢侈品的冲动。至少班氏兄弟交流的例子反映出这点。两人一个是著名的历史学家，另一个则是争战中亚的高级将领。这位历史学家（班固）敦促弟弟给他买一些当地的好地毯，然后把它们寄回家。

外交使团和商团之间有时很难区分，因为货物交换是汉朝与其他国家关系的重要组成部分，商人和官方使节的角色可以互换。数个来自波斯北部帕提亚的使团到达中国，中国人则称其地为“安息”。其中一个使团出现在公元 10 年，因向中国皇帝赠送鸵鸟而闻名。在此 8 年前，一个不可考证的国家自海上而来，带来了同样不寻常的犀牛作为礼物。在 1 世纪的晚些时候，据说中国特使在前往罗马的行程中被帕提亚人阻止，按照中国的传统认识，帕提亚人竭力维持自己在这两个大帝国之间的中间人角色，为此，他们跟任何想取而代之的人大肆渲染旅途中的困难。罗马上层社会非常渴望中国的丝绸，并称中国为“丝绸之乡”，而中国人则看重地中海的玻璃和珊瑚。

尽管帕提亚人阻止中国和罗马帝国直接接触的努力取得了很大的成功，但在 166 年，还是有一支著名的使团代表“安敦”到达汉地，而“安敦”已被确认是罗马皇帝马可·奥勒留（121—180）。使节们带来了象牙、犀角和玳瑁等礼物，这些东西可能是他们在长途航行中从所经的北非港口获得的。

汉朝末年，中国开始巩固与通过海路交通的诸国间的零星联系。这一发展一方面是因为在汉朝做出收缩后，陆上丝绸之路的不确定性日益增加，也是因为汉朝在中国南方重建秩序努力的崩溃。无论如何，丝绸之路的直接通道被切断了，所以他们必须找到其他途径来获得他们想要的进口奢侈品。由于这些原因，不迟于公元3世纪，广州已成为一个繁荣的海外贸易港口。与此同时，中国人开始向海外迁徙，特别是迁往日本和东南亚，同时也沿着陆路贸易路线外迁。从这个时期开始，由于移民、商业交流、军事远征，以及越来越多的佛教僧侣和朝圣者在中国和印度之间旅行，大量关于域外国家和文化的文字记录开始出现，使中国国内的人也可以更多地了解世界。

早期佛教

尽管中国人可能在更早时就知道了佛教的存在，但它第一次出现在中国的记载中是公元1世纪。它经由丝绸之路上的敦煌而来，那里是本章开头提到的画有壁画的寺庙之所在。起初，它鲜有中国信徒，而主要服务于域外的商人及其他群体，但是随着汉帝国在2世纪末走向瓦解，在首都洛阳建立起了佛教机构，系统地汉译佛经随即开始，这一域外宗教逐渐被广泛接受。

佛教的核心教义是，世界既不是确定的，也不是真实的，而自我并不存在。佛教认为，这种幻觉是人类苦难的根源，使人陷入嫉妒、情欲、仇恨、骄傲等世俗情感的泥潭。这些导致他们去做那些给他人带来痛苦的罪行，而这些罪行反过来又使他们陷入无尽的轮回，使他们的来生变成可怕的苦难。佛教声称，他们提供了一条从这一不可改变的过程中获得救赎的道路，呼吁人们放弃这个虚幻的世界，过一种修行的生活，专注于奉献、精神净化和善行。

佛教的许多教义，起源于与中国截然不同的印度文化，与儒家有关家庭与社会和谐运行的传统信仰格格不入。这些信仰在中国早已盛行，后来成为占主导地位的国家意识形态中长期不变的组成部分。比如，儒家以家庭为导向的社会结构中，对孝道的要求包括延续家族的重要义务，这与佛教对修道和独身的要求背道而驰。同样重要的是，儒家思想关注的是现世的世界，而不是来世的世界，孔子特别强调说："未能事人，焉能事鬼……未知生，焉知死？"①相比之下，佛教关注的中心问题之一，是生命的无尽轮回、死亡以及人因为前世犯罪孽而在转世后形成的不同境遇。佛教教导人们：人在今世的所作所为直接影响到他在来世的境况。对一些中国人来说，现时现世服从于理论上的未来存在是不可接受的，而永恒轮回的概念则具有深远的颠覆性，因为它暗示着一个人在生活中的地位，无论是君主还是乞丐，是人还是蝼蚁，都不是固定不变的。

早期的佛教僧侣试图说服中国人，佛教与中国本土的道教相似。这种说法取得了一定的成功，因为道教同样呼吁精神净化，以此作为一种超越世间罪恶、达到完美之世的手段。因此，他们运用某些道教的观念和词语，去介绍佛教的理念。这种"移花接木"的策略相当成功，因为它帮助佛教在已有的道教团体中传播，这可能有助于佛教符号和思想传播到更远的地方。随着时间的推移，佛教建立起独立的存在，并成为中国的主要宗教之一。它的引人之处在于，它为填补关注今世的儒家与一度越来越抽象的

① 《论语・先进》，translated by D. C. Lau (London: Penguin, 1979).

道家之间的真空提供了精神支持。

220年汉朝灭亡后，佛教在进入中国方面尤其成功。随之而来的内战所造成的深远的社会动荡，间接地促进了佛教的发展，佛教需要确保寺院在当地社区作为社会福利机构的地位，这使得他们有可能去反驳那些质疑佛教社会效用的人。比如，许多在战争中丧偶的妇女，到佛教寺院寻求宗教生活的保护。许多其他需要帮助的人在佛教得以确立地位的进程中获益——佛教日益积极地开展活动，为穷人提供食物和住所。简而言之，中国传统社会在物质和精神利益方面对女性和下层社会贡献甚少，他们往往发现，佛教和寺院生活比儒家框架下的生活更能提供自我实现的机会。

佛教寺院在经济中也开始扮演重要角色，例如，僧侣举行需要佛教用具的宗教节日。许多这样的商品只能在国外买到，因此制作香烛的芳香植物、珠宝和贵重金属就成了长途贸易的重要组成部分。换句话说，佛教促进了贸易，提高了价格。寺院还经营典当行和金融互助组织，积极推动手工业发展，例如，他们赞助生产了数以千计的佛像。这些多重角色的作用，不仅整合了中国社会的佛教组织，而且最初几乎在不知不觉中强化了这些角色的政治意义。

佛教在中国日益增长的影响力扩展到了艺术和建筑领域。中国最早的佛教寺庙，遵从独特的印度艺术形式和风格，是以塔为中心的礼佛场所，从此开始经历了一个适应中国的漫长过程。例如，印度的舍利塔最终变成了多层的中国宝塔，成为中国古典景观的缩影。① 随之而来的还有新建筑风格的出现，如纪念性的石雕，以及精细的绘画和壁画，这些往往融入了佛教的主题。在

① 参见 Wilma Fairbank（费慰梅），Liang（梁思成）and Lin（林徽因）：*Partners in Exploring China's Architectural Past*（Philadelphia：University of Pennsylvania Press，1995），69，其中介绍了不同类型的塔及其与印度佛塔的渊源。

这些早期代表性的艺术品中，佛陀和他的弟子的特征和雕像风格显示出印度、波斯甚至希腊—罗马的影响，但随着时间的推移，这种外国起源的痕迹逐渐减少。延续了数个世纪之久的敦煌壁画，便可证实这种趋势。

佛教在其他方面受益于中国汉代以降的政治分裂。南方诸国认为自己是“更纯粹的”中国人，把佛教当作同化“蛮人”的工具，而这些原住民以前很少接触中国文化。北方诸国往往由外来族群统治，他们发现佛教是一种替代中国既有意识形态的便捷之选，既有意识形态往往敌视他们。一般来说，统治者公开利用佛教来支持他们对正统性的诉求，因为佛教传说提供了极为打动人的王者言行模式，在这种模式中，对宗教的虔诚保证了统治者在俗世的成功，而对佛教团体的慷慨施舍则换来了君主半神的地位。这些模式巧妙地补充了中国古代的普世王权理论。

实际上，作为佛教与君主们达成协议的回报，君主投资于宗教机构，并或多或少地允许佛教机构的运作不受限制。他们安排高僧宣布他们是佛陀的化身。君主们当然希望这种天赐之位的说法能让他们在政治上成为不容置疑的统治者，而佛教徒则希望，国家的认可能让他们在道教和儒家的竞争对手面前变得无懈可击。在很大程度上，这些策略对双方都有效。佛教的这种政治合作，使得统治者在任何层面上都难以抑制佛教的发展。总之，这种外国宗教作为一种信仰体系而得以推广，作为一种制度变得极其强大，它同时传播到中国的统治阶级和广大普通民众之中。

唐代的多元文化氛围(681—907)

历史学家将唐朝描述为一个“本土”帝国，以便与汉朝联结，并将其与前几个世纪分裂时期的一些“非本土”的王国以及后来的蒙古和满洲王朝区分开来。然而，这样的描述具有迷惑性，这一方面是因为它暗示着一种不受外国影响的固有的“中国性(Chineseness)”的存在，另一反面则因为唐朝皇室本身的起源和习性很复杂。拓跋鲜卑在一个世纪前建立了北魏王朝，统治了中国北方的大部分地区。作为其后裔，唐朝的皇帝在同族中喜欢说他们祖先的语言，而不是汉语，他们的婚姻家族关系和社会习俗也与本土的中国传统不同。他们避免与本土贵族的密切联系，而这些贵族也在一段时间内拒绝与帝国建立任何联系。唐朝统治者急于证明自己的合法性，他们成功地确立起一套凭证，将自己的家族确立为一个完全的中国家族，并压制了相反的证据。但同时他们也受外国很大影响，欣赏进口商品，大量使用外国人的服务。

例如唐朝的军队中就充斥着外族人。帝国在 7 世纪得到扩张，这是唐代中国权力与威望的一个重要组成部分，唐朝对沿丝绸之路的众多国家施加政治控制，其影响向西远达波斯边境，而这很大程度上要归功于伟大的唐太宗(627—649 年在位)对外敌的征讨。唐太宗的军队中还有其他外族人，例如，一位唐朝将领(译者注：王玄策)在当时的印度北部指挥着数千名泥婆罗(今尼泊尔)骑兵和吐蕃兵。一个世纪后，一位百济出生的唐朝将军在边境击败了一支吐蕃军队，与此同时，在中国腹地，另一支由一位契丹将军率领的有多民族背景的唐军，击败了由安禄山(703—757)发动的大规模叛乱。安禄山本人血统有一半是粟特人，一半是突厥人；他的军队包括许多非汉人的边境部队。分崩离析的唐朝在镇压叛乱后面临的主要问题之一，就是安抚众多躁动不安的外族军队。

在安禄山叛乱之前的几十年中，唐朝正值极盛之时，唐朝的首都长安是世界上最大、最多元、最国际化的城市，拥有近 200 万的赋税丁口。只有巴格达和君士坦丁堡可与之媲美。长安的人口来自世界各地。其中有来自中亚的东、西突厥人，来自日益衰落的萨珊王朝的波斯人，来自中国西北边境的回鹘人，还有来自撒马尔罕地区的粟特人——他们的语言是丝绸之路的通用语，还有阿拉伯人和犹太人，印度人——包括印度教徒和佛教徒，朝鲜人，吐蕃人，马来人，日本人，还有许多其他的外国人，他们的出身有时也不能确定。他们带来了商品、宗教、语言、风俗和文化，又将中国的器物、制度和信仰体系带回了自己的国家。

许多人从叙利亚和波斯出发，沿着丝绸之路的不同路线穿越中亚，从陆路来到中国。这些由历代行旅走出的道路或者向北通过索格底亚那的撒马尔罕和费尔干纳盆地的浩罕，或者从更遥远的南方经巴克特里亚通向今新疆的边缘。从那里又可以分为北方或南方的路线。北线沿着塔克拉玛干大沙漠外沿，沿天山山脉边缘，通向到吐鲁番和哈密的绿洲。南线是从帕米尔高原沿昆仑山山麓经和田，与敦煌绿洲北线交汇。还有其他一些旅客较少的路线。其中一个向南走得更远，从印度穿过缅甸，到达中国西南部的云南，这条商路至少在公元 8 世纪前一直通畅，之后与唐朝敌对的南诏兴起，这条路的危险性大大增加。另一个特别受佛教朝圣者青睐的路线，取道今天的尼泊尔和中国西藏地区。

还有一些人走海路，他们或从波斯湾的尸罗夫、乌剌国出发，或从南印度、锡兰出发，途经马来亚、爪哇和其他东南亚转口港，还有一些人从朝鲜半岛、日本出发，向南航行抵达中国。广州仍然是海外贸易的主要港口，但在中国东部沿海地区，外国商人团体如雨后春笋般涌现。

与长安一样，广州的外来人口也数以万计。那里的高棉人来自今天的柬埔寨，爪哇人来自今天的印度尼西亚，僧伽罗人和泰米尔人来自今天的斯里兰卡，占婆人来自现在的越南，此外还有印度人、阿拉伯人和波斯人。广州有理由被称为一个真正的多元文化城市，那里是名副其实的语言大熔炉，作为水手间通用语言的波斯语在当地的使用频率可能仅次于汉语。

从广州出发，可以通过广阔的陆路和水路网络在中国各地旅行，其中许多是为了适应迅速增长的交通状况而新建的。大多数人会前往扬州，它位于长江和连接中国南北的大运河的交汇处，是一个繁荣的商业中心，几乎所有的海运进口都要经过这里。他们从扬州出发，前往中国北方的政治中心。就像丝绸之路沿线的吐鲁番、敦煌等城镇以及其他海港一样，在沿途的许多城镇里，外国人都在聚居地经营着他们的商品。在向旧有的政治中心以外拓展经营的市镇与城市中，这些外国人社区发挥着重要的作用，它们同时也将国外的物品与观念传播到内地。

尽管唐朝人有着世界主义情怀，但他们似乎对外国人怀有某种矛盾心理。外来陌生人所带来的东西，无论是精神上的愉悦还是物质文化都使唐人痴迷，但他们并不总是喜欢或信任传播这些的人。有时，像其他许多人一样，他们用刻板印象对此加以掩饰。因此，他们倾向于将波斯人描述为富有的（因此令人嫉妒），将马来人描述为黑人（因此丑陋），将占婆人描述为赤裸的（因此不道德）。

对学者来说，从士兵、商人和宗教旅行者的叙述中，可以获得对中国以外世界相当多的了解。这样的作品——即使在这个前印刷时代还仅仅是手稿——也一定已经在唐代大城市的书店有售，此外还有多语种词典和被翻译的进口书籍。当然，有些说法也算是有所见地，也不那么异想天开。例如，帝国秘书省校书郎和收藏家段成式(863年)，很喜欢了解奇闻异事，他的笔记中提到，东非人“(拨拔力国，在西南海中)不食五谷，食肉而已。常针牛畜脉，取血和乳生食。无衣服，唯腰下用羊皮掩之。其妇人洁白端正”。①

虽然段氏的作品以现实为基础，但其他人的作品则充满想象力，其中还置入真实地点或事件的名称，以给人真实感。段氏自己也写虚构和描述性地理。他关于“波斯国王女儿”的故事，就发生在一个陌生的地方，反映了他对外界神奇潜力的感知。

唐诗中充满了对外国人、外国风格和外国方式的借鉴。一些诗人持中立态度，但另一些诗人则谴责这种明显全盘接受外国文化的做法：

> 自从胡骑起烟尘，毛毳腥膻满咸洛。
> 女为胡妇学胡妆，伎进胡音务胡乐。②

在元稹(799—831)的这首诗中，“胡”一词被用以蔑称“不文明”。“咸”和“洛”指唐代的两个都城——长安(古称咸阳)和洛阳。胡乐是指隋朝(581—607)引入的一种叫“法曲”的音乐，在唐代非常流行。在另一首诗中，与元稹同时代的白居易明确指责，玄宗对这类音乐的热情导致了唐朝的衰落。

在唐代中国，外国居民在特别指定的地区居住和经商。他们

---

① 段成式《酉阳杂俎》，850页，转引自 Frank Dikötter(冯客)，*The Discourse of Race in Modern China* (Stanford: Stanford University Press, 1992), 15. 有关外国人的其他中国特征，请参见 Edward Schafer(薛爱华)，*The Golden Peaches of Samarkand: A Study of Tang Exotica* (Berkeley and Los Angeles: University of California Press, 1963), 22. 关于唐代这一部分，非常感谢薛爱华的作品。

② Edward Schafer, *The Golden Peaches of Samarkand*, 28，引用了元稹《法曲》，译文稍作润色。

在某种程度上独立于地方政府。他们有自己的群体领袖,享有一定程度的治外法权,在只影响自己群体成员的案件中,并不使用中国法律,而使用本国法律。正如我们将提到的,他们被允许崇拜自己的神。但就商业而言,他们的自由度要小得多。

唐代的贸易和国际交流

到了唐朝,中国开始建造能够进行长途航行的船只。他们的船只在印度南部和波斯湾引发了赞叹,甚至可能远航美洲。在非洲北部和东部海岸发现了唐代的钱币和瓷器碎片,尽管我们不能确定它们是否是由中国船只运达的。其他的中国商品,尤其是与佛教有关的文本和工艺品,随着不断涌入的移民与往来的使节和商人大量进入日本、朝鲜半岛和东南亚。

由于多种原因,对外贸易大幅度增长。第一个原因可以简单归结为繁荣和国际化的唐朝宫廷与社会的吸引力。其次是航海技术的提高和阿拉伯人冒险精神的增强,阿拉伯人仍然控制着海上贸易。第三是中国出口商品的变化。丝绸一度是中国最受欢迎的产品,不过此时陶瓷开始作为主要出口产品类别展开竞争,以弥补中国失去的世界丝绸生产的垄断地位。垄断地位的丢失发生在蚕茧被走私到叙利亚的时候,在那里,大马士革提供了被称为大马士革锦缎的优质织物;养蚕业很快就传遍了小亚细亚和南欧部分地区,从 7 世纪开始,以君士坦丁堡为中心的丝绸工业成为拜占庭经济的支柱。尽管中国的丝绸需求量仍居高位,而且被贩卖到世界各地,但多样化的需求和技术进步,确实地导致了瓷器的发展,此时瓷器比以前的产品要精细得多,这极大地促进了瓷器贸易。鉴于瓷器的体积和重量,用海路运输要比用驼队走陆路运输更实际。因此，到唐代后期，中国的全部商路贸易已经开始从西北平原和横跨丝绸之路的大陆路线转向东南沿海。海上贸易变得和陆路贸易一样重要。

唐朝严格管理对外贸易。在广州，所有进口的国外商品和要售往海外的中国货物，都要经过一个由海关专员管理的商船局（市舶司）。这一制度使政府可以维持对珍珠、黄金、上等丝绸和挂毯等昂贵进口商品的有利可图的垄断地位；可以征收关税——有时高达30%，因而成为财政收入的主要来源；也可以限制诸如黄金、华丽的丝绸或铁等重要商品的走私——外国可以用铁来制造武器，有朝一日可能用来对付中国。

对外国人的种种限制和控制有时激起抗议，偶尔甚至引发暴力冲突。例如，在7世纪晚期，一位外国船东谋杀了一位广州官员，而原因正是这位官员以官方制度的名义巧取豪夺，让船东无法容忍。但对大多数外国商人来说，中国贸易的巨额利润显然超过了在中国按中国人的条件做生意的成本和不便。

在唐代，外来物品被中国的物质文化完全吸收，以至于它们的外来源头有时会被遗忘。这种融合的一个例子是椅子，它来自中亚，在唐朝被认为是典型的中国元素，也是一种身份的象征。它被用以区分中国人和那些继续坐在地垫上的人，例如当时的朝鲜人、泰国人、越南人和日本人。

在所有进口的物品中，最精致的是那些来访的显贵送给皇帝的礼物。其中包括来自印度的孔雀，从吐火罗来的鸵鸟，由朝鲜半岛人和室韦人从东北带来的苍鹰、黑貂皮和豹皮，从中南半岛来的大象，从吐蕃来的藏獒，还有据说是费尔干纳盆地的汗血马。中国渴望得到汗血马用于军事用途，因为没有马种可以与之匹敌。

在城市里——特别是长安，有专门的集市出售各种各样的珍奇物品。在集市中，有香料，如阿拉伯或非洲的没药和乳香；颜料和染料，如靛蓝和蔻丹；武器——在集市中武器的秘密交易是一笔大生意；还有波斯商人贩卖的各种珠宝，例如珍珠、珊瑚、青金石、孔雀石、玉石、大玛瑙。这里有新的食物，例如菠菜，还有和现在北京的清真餐馆中类似的馕。还有来自撒马尔罕的桃树，来自波斯的枣椰树，它们的果实不仅可以品尝，还可以用来改善肤色。葡萄酒用葡萄酿制而成，这是一种从国外新（或者重新）学来的乐趣。印度棉花在中国仍然是一种奢侈品。市场上还有治疗牙痛的丁香，用来做药膏的芦荟，藏红花——一种高价的进口货，可用来做香水、染料，也作药用。

尽管仍存在争议，但外国人自身也已经进入了具有异国情调的进口商品名录。一小部分外国奴隶，例如非洲人、突厥人和马来人，由阿拉伯人或东南亚人贩卖，出现在了唐朝的主要城市和宫廷中。不知来路的侏儒激发了宫廷对奇人异事的热情。外国的妓女非常普遍，其中包括帝国后宫的年轻的朝鲜半岛妇女以及来自“西域”——可能是索格底亚那或者吐火罗地区——的男孩。

> 鬈发胡儿眼睛绿，高楼夜静吹横竹。①

现存当时的陶俑中，包括许多外国士兵、马夫、魔术师、驱魔师、音乐家、舞者等等，他们有着浓密的头发或西亚人的鹰钩鼻。他们的服饰表现出波斯或突厥的影响，包括翻领、豹皮帽子、窄袖的束腰外衣、紧身的袍裙、长飘带、长褶裙、长靴（女性和战场上的士兵都穿）、突厥洋葱圆顶式样的头饰、突厥风格的小帽，还有堆

① Schafer, *Golden Peaches*, 54. 引自李贺《龙夜吟》。

发发型和“回鹘人发髻”。不久，外来风格在中国上流社会中便蔚然成风了。

这一趋势引起了一些异议。保守人士指责这些时髦的中国男女都缺乏得体的礼仪，尤其谴责一些女性在公共场合抛头露面的嗜好，他们通常批评这种趋势偏离了传统的中国服饰模式。9 世纪，著名诗人白居易谴责了当时在女性中流行的赭面风尚，即在吐鲁番绿洲风格妆容中用成块儿的赭色涂面（斜红不晕赭面状）。然而，他自己也不能免于异国情调的诱惑，为一次宴饮搭了一个突厥风格的青毡帐。

中国人喜欢异域的舞蹈风格，它们往往带有很浓重的色情意味，并伴随着陌生的旋律和奇怪的乐谱。他们观看来自“西域”的全女子乐队和戏班的演出。他们对波斯人的马球运动产生了兴趣，男女都喜欢在马背上挥杆嬉戏，并把马球传到了日本和朝鲜半岛。就算是那些买不起奢侈品的人，也能耳闻目睹来自其他文化的人的言行，从而获得一种超越他们自身文明的对世界的认知。

唐代的思想交流

佛教僧侣是思想交流的主要渠道，他们往往学识渊博。除了传播自身的宗教信仰，他们还是中国和其他地方之间思想和科学知识传递的重要媒介。那些来自印度的人尤其以他们的医术而闻名。唐朝皇帝不止一次派遣印度僧侣率领探险队到爪哇和苏门答腊岛等遥远的地方去采集稀有的药材和树脂，这些药材和树脂被认为是有效的治疗工具。许多中国上流社会的人不仅被那些专精于主流医术知识（例如眼疾）的人所吸引，也迷信古鲁上师、催眠师、瑜伽大师、苦行僧和其他自称可以创造奇迹的人,其中包括与佛教神秘分支怛特罗教有关的符咒师,这一宗教于8世纪从印度传入。

一些印度的智者发现,对长寿的追求——长期以来一直与中国的道家方士相关——特别吸引他们的中国赞助人。公元648年,一位中国使节(王玄策)从印度战场带回了一位战败的国王和一位方士,这位方士声称自己已经两百岁了,知道如何制造延年药。唐太宗在宫中为他提供了一处地方,用来调制炼丹所需的原料,并指派一位高级官员来为他提供他需要的一切。虽然在服用长生不老药后,皇帝的健康确实有所改善,但皇帝最终认为,这种改善是由于他虔诚的信仰,而非药物。这个方士最终被遣散,皇帝不久后的死亡使他名誉扫地。

外国在思想领域的影响扩展到哲学、数学和天文学。大约在这个时候,尽管中国人仍拒绝使用另一种从国外引进的"0"的概念,但是他们接受了外国的逻辑学与三角函数的概念。而特别引人注意的是,受波斯语希腊思想影响的印度天文学在中国取得了支配性地位。中国早期天文学家中最伟大的人物之一是密宗僧人一行(活跃在720年代),他组织团队绘制星座图,并测量星体的高度。天文学在政治上的重要性超出了它作为一门科学的意义,因为预测日食等现象和控制历法是帝国的特权,因此对天象的准确了解就相当于政府的一种工具。在8世纪的大部分时间里,中国官方天文学由三个印度家族主导,但从长期来看,印度在中国天文学领域的影响相对并不重要。

外国僧侣还帮助中国研发火药技术,这是中国最著名的"发明"之一。早在公元前4世纪,中国就已经在战争和熏蒸消毒中使用了熏烟,但是,制造炸药所需的混合原料的提纯,应该是在唐朝末期发展起来的。具有讽刺意味的是，这是道家寻求长生不老药的化学实验的副产品。唐代道家文献表明，中国人对硝石——火药的关键成分之一——的化学性质有一定的认识要得益于来自索格底亚那的僧侣们所收集的信息。与其他许多事物一样，火药并不是孤立出现的，而是中国与中东联系的产物。

外　交

在唐代，访问中国的外国政要受到了与外国侨民不同的待遇。他们受到鸿胪寺的保护，这一机构位于长安，在国家六部之一的礼部监督下运行。这个机构全面负责外国官方来访者的接待及其需求。鸿胪寺官员与军事人员合作，在外国官方代表抵达后，立即接待他们，询问他们各自国家的地理、生活条件和风俗习惯。然后他们根据所学知识绘制地图，并将地图呈送给皇帝，同时将地图副本呈送给兵部职方司。除了简单地表示尺寸，这些地图通常还包含非常丰富的注释。除了当地的土产，一些使团还将自己领土的地图作为礼物送给唐朝宫廷以示臣服。

作为交换，他们把中国商品带回家乡，送给自己的统治者或在本国的市场上销售；这些商品所蕴含的文化不可避免地随着它们到达异域。日本在这方面的印记尤其明显。5 世纪时，日本采用了中国的文字系统，到了唐代，它又接纳了更多中华文明的鲜明特征，包括中央集权的政治结构、城市规划（日本的奈良和后来的平安京都是以唐长安为蓝本的），以及土地所有制。一些日本派驻中国的使团，除政治使节外，经常带着大批佛教僧侣。因为此时，佛教伴随着儒家思想和中国文化的元素，已经经由朝鲜半岛传播到日本和越南。如同中国佛教徒去印度求经拜师一样，日本佛教徒也以同样目的到访中国。因此，在唐朝，国际联系网络不仅吸引外国商品进入中国，还将中国的影响力扩展到东亚的许多地区。

使团是贸易和知识交流的媒介。他们同样也是外部世界信息的主要来源。贾耽（730—805）是唐代中国著名的地图绘制家，而且擅长绘制海路图，以其丰富的地理知识闻名于世。8世纪晚期，贾耽任鸿胪寺卿多年，绘制了大量地图，其信息大量收集自他任职期间走访的来访政要。遗憾的是，无论是他的作品，还是同时代已知的关于外国风土人情的其他作品，都已经佚失。然而，仍然有一些像阎立本这样的宫廷画家的画作存世，这些画描绘了外国使者进贡和新征服的“西域”等主题，很可能是为了展示唐朝的权力。

就像进入中国的使团会受到仔细地询问一样，唐朝也特别要求中国派往海外的使团去收集他们访问过的陆地和海洋的地理及其他信息。例如，在7世纪，唐高宗（650—683年在位）就派使团到粟特和吐火罗去收集风物民俗，并绘制详细地图。最后，诏令官方诸史官纂修《西域图志》60卷，于658年上呈。

因此外交活动有很强的间谍成分。中国统治者不抱任何“这样的做法可以两全其美”的幻想。他们很清楚自己使团的侦察活动，也常常担心朝贡使团和其他外国访问者可能把他们在中国学到的东西用于敌对目的。如果他们发现任何一个外国人问了太多的问题，或者更糟的是，画了太多的地图，就会以最大的怀疑来看待他。

此外，还有一些其他方式了解中国以外世界。例如，一些参加过唐朝军队远征的人会走得离家乡更远。751年，一名在撒马尔罕附近被俘的唐朝军官，最终找到了返回中国的路，途经现在的厄立特里亚和伊拉克，带来了有关这些遥远国度及其生活方式的第一手信息。

当时中国和印度之间有相当频繁的宗教朝圣者交通往来，这提供了另一个重要的信息来源。玄奘展开了一段史诗般的求经之旅，数年后当他回来时，唐太宗两次亲自接见了他。鉴于获得一手信息的好处，皇帝向玄奘仔细询问了印度的历史、风俗、地理、气候和物产，后来在长安建造了一座印度风格的砖塔——大雁塔，以保存他带回的经书。此塔改造后的形态，现在在西安仍然可以参观。然而，交流并没有达到普遍而完全的行动自由。对于当时的大多数普通中国人来说，出国旅行需要得到政府的明确许可。即便是玄奘，因为他的行程并没有得到官方的批准，当他再次接近帝国边关时，也一定要申请返回中国的许可。

关于唐朝与其他地域和文明的信息流通，我们可以得出两个主要结论。首先，大量的人员、货物和思想流入和流出中国，为相互获取知识提供了广泛的可能性。其次，皇帝和他的政府在收集这类信息方面扮演了相当积极的角色，我们可以肯定，中国统治者从很早的时候就清楚地认识到尽可能多地了解其他国家这件事的价值。

外来的宗教

在唐朝统治的头几个世纪里，许多外来宗教在唐朝繁荣兴旺。佛教就是其中之一，但是今天佛教在中国如此普及，并在政治上如此强大，以至于中国人通常忽视了它的异域起源。

虽然政府不鼓励中国人加入外国宗教，并任命了一个特别的官员来监视他们，但是唐朝早期对外国宗教总体上是宽容的。他们对于这些外国宗教的态度不尽相同，这要取决于他们对宗教影响的性质和程度认知的转变。在唐朝，信仰犹太教、伊斯兰教、祆教、摩尼教和景教的外国商人经常在中国建造自己的礼拜堂；其他宗教，如印度教，也可能有其代表。例如，仅在 8 世纪早期的长安，就有 4 座波斯"庙宇"，分属于祆教和摩尼教。

祆教是一种波斯宗教，其信仰基础是宇宙中善恶力量的对立。早在 6 世纪初，它就得到了唐皇室的祖先拓跋魏的保护。唐太宗（应为高宗。——译者注）为正在瓦解的萨珊帝国的王子卑路斯（Firuz）的政治避难提供了庇护，他允许卑路斯在长安修建一座祆教寺庙，服务其流亡的宫廷。虽然没有支持祆教，但唐朝表现出了帝国的宽容，祆教在中国赢得了一些信众，但它的主要支持者仍然是波斯商人。摩尼教是另一种融合了东方基督教、佛教和祆教二元论元素的波斯宗教，它于 694 年传入中国，但在不到 40 年的时间里，由于"妄称佛教，诳惑黎元"，在中国本土被禁止。然而，外国人仍然被允许信奉摩尼教，人们也一定程度上相信摩尼教徒声称的他们有改变天象的能力。例如，在 8 世纪晚期，摩尼教（中国学者欣赏他们的天文学知识）被邀请用他们神奇的仪式为干旱的乡村带来雨水。在这些方面以及唐朝对他们的矛盾态度中，摩尼教预示着 17 世纪到 18 世纪的耶稣会传教士的境遇：摩尼教显而易见的求雨技能使普通百姓十分敬慕，就像清朝皇帝敬慕耶稣会士的天文学知识一样。

中国最早提到基督教可以追溯到公元 4 世纪早期，但当时基督教的影响有限。在中国，早期的基督教大多是聂斯托利派。这个基督教的分支脱离了罗马，在巴格达选任了自己宗主教后，在 5 世纪时被斥为异端，因为该教派主张基督的神性与人性是分开的，因此贬低了人子基督和童贞玛利亚的地位，使其低于正统天主教所给定的位置。公元 7 世纪，聂斯托利派传教士到达中国，在一块树立于长安、共 781 字、用叙利亚语与波斯语写成的石碑碑文中记录了他们的经历。尽管他们属于异端教派，但很久以后，关于这些早期基督徒曾在中国兴盛一时的发现，在那些希望使整个中国皈依的欧洲传教士中仍然激起了极大的热情。

在像广州这样的商业城市中，可以看到清真寺和犹太教堂，也就是说，最终外国商人把伊斯兰教和犹太教都带到了中国。例如，中国第一座伊斯兰教清真寺于 627 年在广州建成，此时距使者穆罕默德去世尚有 5 年。但在当时这些信仰仍与中国本土人相隔绝，传播相当有限。

8 世纪中叶开始，汹涌的排外情绪标志着唐朝宗教宽容政策开始终结，一种更倾向于本土宗教与信仰的转变也随之发生。这种转变在一定程度上源于叛军安禄山的异族血统，他的叛乱造成了大范围的灾难，也使唐帝国的财富大幅下滑。政府开始对外人居住区施加越来越严格的限制。在这样的氛围中，一些知识分子开始回忆起佛教的异族起源，并对佛教机构的政治力量感到忧虑。

这种对佛教的敌意并不新鲜。公元 8 世纪早期，佛教与武则天和韦皇后联系起来，而她们的名字成了极端腐败的代名词，这让天平开始朝着反对外来宗教倾斜。之后在玄宗统治时期(712—756)，寺院各种滥用权力的行为引起了民众的注意。例如，富户可以通过受戒为僧、沙弥，或建造私家寺庙来逃税。这个问题不仅限于富人。例如，714 年，政府命令数以万计的自称为僧侣或尼姑的人还俗，回到税赋册中，此前他们凭借僧尼身份得以豁免赋税和徭役。这些滥用特权的行为，以及佛教机构日益增长的影响力，促使唐朝朝廷寻求方法限制佛教势力。朝廷将对佛教的全部控制权移交给鸿胪寺，此举旨在通过明确将其定性为域外之物来削弱佛教的影响力。与此同时，皇帝对佛教的主要竞争对手——道教越来越感兴趣。

外来者和他们的宗教思想的失势，最终导致845年颁布了大规模取缔所有外国宗教的政令。几千名外国宗教人员——几乎是所有当时在中国的外国宗教群体，被勒令还俗。外国宗教——甚至佛教，在中国都再没有完全恢复到从前的地位。

儒家思想处于这种反对外来宗教的最前沿。伟大的儒家政治家、散文家韩愈（786—824）在一篇著名的讽刺文章中，批评了皇宫里陈设的佛教物品。韩愈之所以反对佛教，一方面是因为他认为佛教是反儒家道德的迷信，另一方面是因为佛教是外来的。他的驳斥读起来颇有几分道理：

> 夫佛本夷狄之人，与中国言语不通，衣服殊制；口不言先王之法言，身不服先王之法服；不知君臣之义，父子之情。假如其身至今尚在，奉其国命，来朝京师，陛下容而接之，不过宣政一见，礼宾一设，赐衣一袭，卫而出之于境，不令惑众也。况其身死已久，枯朽之骨，凶秽之余，岂宜令入宫禁？孔子曰："敬鬼神而远之。"①

这篇著名的奏表其余部分在语气上甚至更加强硬。韩愈张胆直言，被流放到遥远的南方。但他的观点与日益高涨的民意是一致的。

唐王朝于907年灭亡。之后是一段六十年的中间期，根据中

---

① 韩愈的奏章转引自 William Theodore de Bary（狄培理），ed.，*Sources of Chinese Tradition*（New York：Columbia University Press，1960）.

国的算法，这是一轮历法周期（甲子），其间几个小国互相争夺霸权，最终继承这一局面的是宋朝（960—1276）。

从这段过渡期开始，区域和国际贸易大为扩展，这主要有两个原因。首先，技术进步促进了农业和手工业产量的大幅增加，以陶瓷工业最为显著。因此，无论是与国内其他地区的贸易还是与海外的贸易都有盈余。与此同时，对外国奢侈品的需求也增加了。贸易扩张的第二个原因是，唐朝解体后，因为各自军事力量薄弱，各个国家间保持了相对的和平，试图利用贸易来建立政治联系，他们在任何可能的地方巩固自己的支持力量。这种贸易扩张的趋势在宋王朝掌权后，仍然有增无减。

宋朝的商业发展和海上扩张（960—1276）

宋朝是一个经济、文化和社会都发生了巨大变化的时期，在许多学者看来，在这段时期里，中国文明在世界上处于领先地位。1127 年以前，宋朝的都城在中国北方的开封，而后宋朝被来自东北的入侵者赶到了南方。从 1127 年到 1276 年被推翻前，南宋在其重建的都城——杭州统治着一个领土被缩减的帝国。与此同时，在中国北方，外来入侵者宣布建立金朝，这个政权一直持续到 13 世纪初，之后被蒙古人灭亡。南宋也在 1276 年被蒙古人灭亡了。

正如我们所见，唐代中国已经融入了进出其东部沿海的海上贸易，并通过东南亚诸国进入印度，然后进入中东。与此同时，早在欧洲人出现之前，各种各样的外国团体在中国建立，中国的制度被其他国家采纳，海外华人团体的建立也加强了中国在亚洲贸易世界的存在感。

在唐朝灭亡后的几个世纪里,中国在海上崛起,处于领先地位。中国船匠开始建造巨大的远洋帆船,最长可达 90 多米,容量约 1250 吨,可运载 500 至 1000 人。这些技术部分借鉴自阿拉伯造船术的中国帆船,能够进行非常长距离的航行和运输大量货物。与此同时,在唐朝鼎盛时期主导海上贸易的印度人、波斯人和阿拉伯人,由于被国内的其他问题分散了注意力,到达中国的外国船只数量也减少了。这就留下了一个真空区域,新出现的强有力的中国商船队已经准备好,并能够填补这个空白。

宋人在地理、天文、制图、造船等方面取得了一系列重大技术进步。他们发明了指南针,从根本上提高了导航能力;不久,指南针就配备到了每艘中国船只上。他们还建立了灯塔和信标,比以前更精确地观测潮汐、风向、天气模式和星象,计算距离,并探测水深。经验丰富的水手们把所有这些新知识都记录下来,形成了一种新的技术文献体裁,其中包括海图、航路图、岛屿、洋流和暗礁的精确方位记录。

宋朝的作家还创作了大量有关外国资讯的最新的文献。这些广为流传的新信息中,大多是与生产技术相关的,但宋朝学者准备通过研究阿拉伯和印度航海家、地理学家的成果,扩大自己有限的研究视野,从而使与海外有联系的中国人有可能受益于外国人的经验。这其中最著名的,是赵汝适于 1225 年后所作的《诸蕃志》。赵汝适曾于福建沿海的泉州任福建路市舶提举,当时泉州已经超过广州,成为中国最重要的对外贸易港口。此外,泉州既有清真寺,也有印度教寺庙,供东南亚、印度次大陆和其他地方的商人使用。泉州允许外国人按照自己的法律自治,以示尊重穆斯林习俗,这说明当地有相当多的穆斯林侨民。赵汝适在叙述中详细地讨论了商业、异域国家以及他在工作中遇到的异国产品等话题。例如，他对埃及的描述是可查的中国文献中最早的，节录如下：

> 勿斯里国，属白达国节制。国王白晰，打缠头，着番衫，穿皂靴。出入乘马。前有看马三百匹，鞍辔尽饰以金宝。有虎十头，縻以铁索。伏虎者百人，弄铁索者五十人，持擂棒者一百人，臂鹰者三十人。又千骑围护，有亲奴三百，各带甲持剑；二人持御器械导王前。其后有百骑鸣鼓，仪从甚都。
>
> 国人惟食饼肉，不食饭。其国多旱；管下一十六州，周回六十余程，有雨则人民耕种反为之漂坏。有江水极清甘，莫知水源所出。岁旱，诸国江水皆消减，惟此水如常；田畴充足，农民藉以耕种。①

宋朝政府坚决促进国际贸易，因为它是财政收入中非常可观的一部分。在王朝建立后不久，他们的政策就定位在"招来与鼓励"外国商人。宋朝采取了多种形式的积极商业政策。988 年，皇帝派遣了一个使团到各个国家，带着精美的礼物打算吸引商人到中国来。与此同时，宋朝的使臣们会购买一些珍稀物品回来出售，如象牙、珍珠、药用的植物与动物角，以及香料等。在中国主要的贸易港口，市舶监官每年备办宴设以及其他庆祝活动，以鼓励外国海员和商人。被吹到海岸或损坏的商船受到中国政府的保护，其中包括免受当地官员虐待。如果这些官员成功地鼓励了对外贸易，他们可能会得到赐宴或升迁作为奖励。

---

① *Chau Ju-kua: His Work on the Chinese and Arab Trade in the Twelfth and Thirteenth Centuries, Entitled Chu-fan-chi*（《诸蕃志》），译自中文，并由夏德（Friedrich Hirth）和柔克义（W. W. Rockhill）注释，（St. Petersburg: Imperial Academy of Sciences, 1911; reprint, New York: Paragon, 1966），144.

如此一来,海外贸易迅速扩张。不过宋朝政府还是对其进行了控制,一方面为了维持其作为重要收入来源的功能,另一方面也限制了硬通货的外流。当时的进口关税约为10%。中央政府垄断了那些利润最高的商品,如象牙、珊瑚、犀牛角和鳄鱼皮。他们禁止私人买卖一切奢侈品,并保留了优先购买进口商品的选择权。政府也密切关注出口。一个中国商人想到海外去,必须申报目的地。如果后来他声称被风吹离航道,到达了其他地方,他必须立即报告,并在可能的情况下提出证据。他需要一份出口商品的清单和一张已付税款的收据。与唐代一样,虽然与东南亚非法的铁贸易依然繁荣,但可以用来制造武器的产品仍不能合法出口。同样,大米也不能出口,这大概是在饥荒或战争时期,朝廷需要存有多余的粮食。为了防范海盗的威胁,从事海外贸易的商人被允许携带武器,但他们返回中国时必须将武器存放起来;如果他们再次出海,他们可以拿回这些武器。

这些限制促使一些商人移民,主要方向是东南亚的商业中转站。还有一些则成了海盗。在整个亚洲海域,海盗和走私都是区域性的,且两者都非常有利可图。这样的不法行为给守法的商人带来了强烈的诱惑和威胁。但在海外贸易方面的合法投资也颇具吸引力,史料显示,那些不是特别富有的人,愿意把仅有的一点富余资金投入海外贸易。

宋代进出口商品种类繁多。当然,不同的市场寻求并提供不同的商品,但总的来说,中国最受欢迎的出口产品仍然是丝绸和其他纺织品、丝线、金属(包括金、银、锡、铜、锡铅合金)、陶器(从细瓷到粗陶器)以及茶叶。其他出口品还有漆器、半宝石、纸张、竹子、荔枝和书籍。

中国的进口商品同出口商品一样丰富。宋朝从契丹人建立的辽国进口马匹、毛皮、羊毛和奴隶；从日本买入用于制造火药的硫黄，进口珍珠和鹿茸以入药，还有寿材木料、武器和装饰工艺品；从东南亚进口诸如丁香与小豆蔻之类的香料，此外还有檀香、芦荟、水果、龟甲等；用四川的茶叶换取藏地的马匹；从印度和东非购入象牙和犀牛角；从叙利亚购入玻璃器皿；还有来自波斯的珍珠和来自地中海的珊瑚。其中一些进口商品，如象牙和犀牛角，受到政府的垄断，但就像铁矿石贸易一样，由于潜在利润相当可观，个体商人往往愿意冒着被捕的风险从事非法贸易。

宋代中国与亚洲其他地区交往的一个重要影响，是 10 世纪从印度支那中部的占城引进了早熟水稻。长期以来，政府努力推广这个一年两熟且相对耐旱的水稻品种，它使土地利用发生了革命性的变化，并为人口增长创造了先决条件。换句话说，早熟水稻是对中国影响最深远的进口产品之一。

尽管我们的相关了解不多，但在宋代，中国与其他文明的知识交流仍在持续进行。医学知识仍然是一个重要的交流领域。例如，一份 14 世纪早期的波斯手稿中，复绘了一份更早的中国解剖学文本的插图，这表明其他国家重视中国在这一领域的专业知识，就像中国重视其他国家的专业知识一样。此外，在 11 世纪，接种天花疫苗的技术传到了中国，它可能是从印度或波斯传入的。

繁荣的对外贸易带来的另一个影响是外国宗教团体的重新引入，在某种意义上，这些宗教团体可能从未完全消失。在 1127 年宋朝都城南迁之前，开封建立了一个犹太人聚居区。他们来自波斯、巴勒斯坦和也门，主要使用波斯语——这是中亚大部分地区的通用语言；他们在这里售卖“西洋布”——也许是棉布。1163 年，他们在开封建立了第一个犹太会堂，该会堂一直存续到 19 世纪才被毁坏（根据当地记载，这个会堂应该是晚清毁于火灾）。开封地区的犹太人从来没有超过 1500 人，分成 7 个宗族。但尽管有异族通婚，他们仍保持着独特的身份，部分原因是中国政府认为这些犹太人是伊斯兰教的一个分支，后者（伊斯兰教）仍在中国默默流传。一些中国犹太人确实皈依了伊斯兰教，他们至少有一个共同点，就是不吃猪肉，而猪肉是中国的主食。即使在今天，开封的穆斯林也可以分为两类：一些人声称自己是穆罕默德的后裔，而另一些人则认为自己的祖先是亚伯拉罕——他们可能是古老犹太群体的后裔。

元代（1276—1368）

蒙古的大汗忽必烈于 1276 年入主中国并建立元朝，此后中国实际上成了一个横跨亚洲的庞大帝国的一部分。这个帝国东边起自朝鲜半岛和中国东北地区，穿过西域、中亚以及西伯利亚部分地区，西部延伸到美索不达米亚和高加索地区。在这种情况下，中国人与西方世界有频繁而广泛的接触就不足为奇了。威尼斯人马可·波罗声称自己曾生活在元代的中国，这一说法至今仍存在争议。但是他对 13 世纪中国惊人的世界主义和繁荣的描述确实是足够准确的：

> 所有印度来的船只都来到这个港口（福建泉州），它们带着大量昂贵的商品、无价的宝石和又大又好的珍珠。在这里，所有来自中国南方的商人，或者至少是来自周边地区的商人，都在海上……我告诉你们，每有一艘装满胡椒的船开往亚历山大港或其他地方，要运到基督教世界，就有一百多

艘船开往刺桐(泉州)。在这个镇上装配的商品,量大到几乎令人难以置信……①

在宋朝,激增的贸易模式和对奢侈品的品位都是司空见惯的,蒙古人到来以后,很多方面延续了之前的势头。世界各地的商人云集中国。东海岸一线,山东、浙江、福建和广东的港口,遍布航海家和商人,他们来自越南、婆罗洲、爪哇、苏门答腊、蒲甘、印度、中东,以及朝鲜半岛、日本和更远的地方。

蒙古人对商业交流的控制超过宋朝,因为蒙古人想要获得巨大的利润,他们试图垄断国际贸易。1284 年,他们颁布禁令,中国商人只有在经过政府特别拣选并使用政府提供的船只和资本后才可以到海外进行贸易。蒙古人拿走了对外贸易利润的 70%,征收的税种繁多、税率沉重。尽管国际贸易仍很重要,但是最终的结果是,它已经陷入相对衰退。

辽阔的蒙古帝国促进了信息和商品的流通。元代中国吸收了波斯的天文学思想,大约在 1260 年,来自世界各国的学者建立了一个国际天文台。1267 年,波斯天文学家、地理学家扎马鲁丁(Jamal al-Din)为忽必烈制定了一个新的历法,但是它最终被一种可能是在阿拉伯历法影响下制定的中国历法所取代。他还给忽必烈带来了一个波斯的地球仪,还有包括浑天仪、天球、日晷、星盘在内的天文仪器,以及这些仪器的设计图。几年后,针对中国的制度与穆斯林的差异,中国天文学家郭守敬(1231—1316)根据中国的特殊需要修改了其中的一些设计。郭氏为北京天文台

① L. Hambis, *Marco Polo, la Description du monde* (Paris: Klincksieck, 1955);转引自 Jacques Dars(谭霞客), *La Marine chinoise du Xe au XIVe siècle* (Paris: Commission française d'histoire maritime/Economica, 1992), 139.

制作的天文仪器，一直使用到400年后耶稣会传教士建造出新的仪器为止。

与此同时，中国制图师继续绘制范围更广、精度更高的地图。得益于蒙古人控制的广大领土和天文学的进步，他们正确地测量了越来越多地方的纬度：朝鲜半岛的平壤、西伯利亚的贝加尔湖、蒙古的哈拉和林、中国南部沿海的海南岛。大约1320年，舆图绘制家朱思本（1273—1337）绘制了一幅地图，奠定了中国人未来几百年中世界知识的基础。他的地图包括欧洲大约100个地名的语音名称［Alu-mang-ni-a（近似现代德国，Allemagne）和Fa-li-hsi-na（现代法国）］。它展现了一个大约现在位于布达佩斯的小镇，并描绘了地中海。与当代欧洲地图不同的是，朱氏的地图也正确地绘制了非洲的形状和方位，以及非洲大陆北部的一些细节。像描绘戈壁沙漠一样，他同样用黑色来描绘撒哈拉沙漠。戈壁沙漠在今蒙古国西部，接近中国边境。它用一座展示着法老的塔表示亚历山大，并给出了大约35个非洲地名。至少在接下来的一个世纪里，中国的世界地图仍然完全以朱思本的作品作为基础。

在蒙古人的统治下，“阿拉伯人”这个词语主要指波斯人和中亚人。就像唐朝统治时期的印度人一样，阿拉伯人在中国的科技领域占据着主导地位。元朝历史记载，穆斯林炮手在1270年代帮助元朝最终打败了宋人，他们很可能向中国传递了军事技术和其他方面的信息。这样的知识是双向传播的：传统上认为，正是蒙古人将火药的配方从中国通过他们在亚洲幅员辽阔的帝国传到了欧洲，彻底改变了战争的面貌。

元朝的另一项重要进步是棉花产业的迅速发展，在他们辽阔帝国的其他地方，蒙古人也许已经知道了它们的优势。之前，中国的棉花种植基本局限于南部边境地区，但在蒙古税收优惠和技术信息传播的鼓励下，棉花种植成为当时中国经济的一个重要因素。国家推广棉花的努力得到了黄道婆（约生于 1245 年）的帮助。黄道婆后来被封为棉花的守护神，她把净棉和纺织原棉的技术传到了长江下游地区，之后那里成了棉花种植和生产的主要中心。

景教徒在蒙古人统治下取得了相当大的成功，蒙古人也认为，西方基督教世界的统治者是对抗穆斯林的潜在盟友，而穆斯林的政治力量阻碍了蒙古建立世界帝国的计划。在蒙古人治下的中国，大多数基督教徒都是聂斯托利派，包括忽必烈汗的母亲，她鼓励儿子们实行宗教宽容。聂斯托利派在中国南方建立了若干教堂，并维持着一些繁荣的团体，这令教皇任命的北京总主教方济会的若望·孟高维诺（JohnofMonte Corvino）懊悔不已，他于 1294 年来到中国，在北京建造了两座教堂，寄希望于能使许多中国人皈依正统天主教。

也许是受到母亲的影响，忽必烈并没有因为宗教原因迫害他的臣民。相反，他鼓励宗教多样性，其中部分是为了抵消儒家思想的影响。他本人私下将西藏喇嘛八思巴认作自己的导师，并与他共同建立对西藏的政教合一的统治。

1280 年代，一位来自中国的景教僧侣成了第一个到达欧洲的中国人。列班·扫马带着一名学生开始了他的朝圣之旅，他们的目的地是耶路撒冷聂斯托利派殉道者和教父的坟墓。在他们的教会和蒙古朝廷的支持下，这两名朝圣者穿越中亚，从一个绿洲到另一个绿洲，最终到达巴格达，在那里他们涉入了当地的宗教和政治事务。列班·扫马最终独自前往罗马和巴黎，肩负着波斯地区蒙古统治者的外交使命。蒙古统治者想让他说服教皇、法国和英国国王一起,发起一场反对伊斯兰教的十字军远征。两位国王正式接待了列班·扫马,并明确表示要加入他们所期望的联盟,但这位修道士到达罗马时,正值选立新教皇期间,因此无法完成他的使命。他死于波斯,再没有回到中国。

列班·扫马的冒险历程——正是这个来自辽阔蒙古帝国东端的基督教修士,在西欧的宫廷里进行外交活动——如果在蒙古人的国际主义背景下看,就不那么令人惊讶了。在中国,蒙古人按照明确的民族界线重组社会。人被分为四等:第一等级是蒙古人;第二等级是色目人,或是西亚人和中亚人;第三等级是1127年宋朝南迁后生活在女真人的金朝统治下的北方汉人;最低层次的是之前南宋治下的中国臣民。蒙古人更愿意雇用色目人在政府高层任职,因为他们认为色目人比汉人更可靠。除了列班·扫马,在不同时期,他们的政府中还包括来自中亚的穆斯林、西藏人、西亚人,以及马可·波罗这样的威尼斯商人。尽管在中国的官僚体制下,把这种责任交给外国人并不是惯例,但这种做法在当时已在亚洲各地普遍存在,在亚洲,国家的定义往往很松散。

蒙古人的开放思想扩展到了艺术领域。例如,忽必烈的追随者之一是尼泊尔画家和建筑师阿尼哥(1224—1306),他除了为皇帝画像,还设计了许多寺庙和亭台楼阁,将西藏地区和尼泊尔的建筑元素引入中国。

汉人学者是否像他们的蒙古统治者那样具有世界视野仍有待商榷。外族征服所带来的创伤,更容易使汉人认为,包括蒙古人在内的外族人都是他们所不屑的蛮夷,他们更钟情于汉人的文化。但证据显示,在异族统治下,文化的影响是双向的。

明代(1368—1644)

14世纪中叶,汉人的起义军推翻了蒙古人的元朝,建立了明朝。明朝是中国最后一个汉人帝国,夹在蒙古人建立的元朝和满洲人建立的清朝之间。明初,作为收入来源的海外贸易受到鼓励。随后半个世纪,主要为了阻止贵金属外流,朝廷又对其进行了严格的限制。而后,从1405年到1430年代早期,永乐皇帝(1402—1424年在位)历时二十年,一连派出七支主要舰队。船队由一个穆斯林太监——郑和(1371—1433)带领,通过东南亚洋面,航行到达印度、波斯湾的霍尔木兹海峡,最远到达非洲东海岸的马林迪。几十年后,葡萄牙船只从这个航道的相反方向驶来,寻找一条通往印度的东进通道。

中国最大的船队由300多艘船组成,其中62艘船长约150米,宽约50米,有3层甲板和9根桅杆、12面帆。这种中国的"宝船",大大超过克里斯托弗·哥伦布不到一个世纪后前往美洲时乘坐的单层、紧凑得多的船。整个船队还配有淡水船,因为他们非常关心持续的淡水供应,以保证旅行者的健康。它搭载了近2.8万人。船上有包括骑兵在内的军队;宦官与文官负责对外交流;翻译和伊玛目负责去和无处不在的穆斯林商人打交道;医生和药师要鉴别在中国已经有治疗功效的草药,并在一系列流行病风行时找到可能的新疗法;随行的还有工程师、水手、和商人。

永乐皇帝发起这些航行的官方意义,是为了查明被他篡夺了皇位的前一任皇帝是否真的如谣言般仍在人世并计划反扑。但是这些远航还有很多其他目的。首先,是向外邦统治者展示明朝的国力,并沿着朝贡路线与他们建立外交关系,以期像蒙古人那样,建立一个具有海洋和陆地双重基础的世界性帝国。出于同样的原因,中国还派出陆路使团前往朝鲜半岛、西藏地区以及穿行中亚,并与日本进行朝贡贸易,中国从这一贸易中所获甚丰。中国用精致的艺术品、书籍和其他一些文化和实用物品,从日本换得了大量武器,特别是刀剑。

贸易是航海的另一个重要部分。郑和率领的船队从孟加拉、爪哇、卡利卡特和科钦等地带回了许多朝贡的使节。他们带来的礼物包括一只长颈鹿,这是马林迪的统治者送给孟加拉国王的。永乐皇帝对这种生物非常着迷,以至于后来的使团带来了更多奇异的生物:斑马、鸵鸟、长颈鹿、豹子等等。远航船队不仅为中国商品,特别是丝绸、刺绣和精美瓷器开辟了海外市场,还带回了大量其他外国商品,尤其是香料。然而,14 世纪初,中国的外国商品流通远没有唐宋帝国那么广泛,部分原因是,保守者们批判船队的铺张浪费。

为了强调朝贡关系包括发展与中国的文化亲和和经济联系,航队还携带了数千份有教育意义的文献。《列女传》就是这样一部作品,它是一部关于历代模范女性的传记,最初是为教导中国女性而创作的。皇帝指出,通过传播这样的作品,“蛮人”可以开始文明的进程。这种方法特别清楚地表明,中国人认为妇女是文明行为的中心;它还说明中华帝国倾向于公开地尊重其他文化,同时私下承认它们的价值,这与传统中国男性对待他们女性同胞的态度相似。

每一次探险开拓都有来自中国清真寺的讲阿拉伯语的人,他们的工作是翻译和传达一个明确的信息:中国对伊斯兰教友好。这是必要的,一方面是因为穆斯林以前在中国为蒙古人收税,所以明初对他们极端敌视;另一方面的原因是,穆斯林商人此时与中国人争夺对许多贸易路线的控制权。郑和的海军在今天印度尼西亚的苏门答腊岛附近摧毁了一支强大的海盗舰队，之后，保护商船、确保通往印度和中东的海上通道的目标得到了极大的推进。

通过远航，明朝收集了大量关于远达非洲的世界范围的信息。官员们询问了前来的使者有关他们国家的地理情况，并根据他们收到的答复绘制了地图。官员们还询问这些人的风俗习惯，如果发现他们的外表特别具有异国情调，就会画出他们的相貌和服饰制成一种原始的民族志。郑和的许多同伴也写下了到当时为止世界史上内容最丰富的航海探险志。这类作品有 1434 年巩珍所写的《西洋番国志》、1436 年费信所写的《星槎胜览》和 1451 年马欢所写的《瀛涯胜览》，这些作品描述了中国与许多航队所到之处的关系，以及中国对这些地方的文化的态度，特别是在南海、马六甲海峡和印度洋沿岸。此时，中国地图开始以一定的精度描绘印度次大陆的形状，这标志着相对于一个世纪前朱思本地图的进步。

总而言之，从 1298 年的《马可・波罗游记》，到 16 世纪初可能访问过中国的伊本・白图泰（ibn Baṭūṭah）那份关于中国的出了名的不可靠记录，这些文献提供了亚洲旅行的最详细记录。它们还提供了大量关于中国航运、航海和贸易的信息，在郑和的穆斯林顾问兼阿拉伯语翻译马欢关于圣城麦加的描写中，我们可以看到：

> 天方国
>
> 此国印默伽国也。自古里国开船，投西南申位，船行三个月方到本国马头，番名秩达。有大头目主守。自秩达往西

行一日，到王居之城，名默伽国。

奉回回教门，圣人始于此国阐扬教法，至今国人悉遵教规行事，纤毫不敢违犯。

其国人物魁伟，体貌紫膛色。男子缠头，穿长衣，足着皮鞋。妇人俱戴盖头，莫能见其面。说阿剌毕言语。国法禁酒……①

1433年，郑和逝世，中国的航海事业进入衰退期，中国宝船的航行也随之结束。远航是多种情况综合作用的结果。1449年，蒙古人在臭名昭著的土木堡之战中俘获了明朝皇帝，明朝失去了其威严。蒙古人仅在一年后就释放了皇帝，与此同时，他们变得更加大胆，明朝的注意力必须重新集中在北方的内陆边境。与此同时，在政府垄断压制下私人贸易的稳步扩张，意味着商品更难获得，价格也更高。这一事态的后果是纸币价值的崩盘，以至于明朝不能再把它用于对外贸易；作为替代，他们必须按照市场价格或提供等价货物，以获得他们对抗蒙古人所需的马匹和其他必要的进口物资。由于这些原因，再加上能够课税的人口基数随着自然灾害和官僚腐败的蔓延而不断减少，帝国的国库空虚，优先处理的事项已经变了，不再派遣精良的舰队。尽管如此，亚洲内部的海上贸易仍在继续，中国与来自亚洲和北非的一系列商业团体建立了联系。直到16世纪初葡萄牙人到来前，中国仍然是该地区最重要的外部力量。

---

① 马欢《瀛涯胜览》，1433年。译自中文，冯承钧校注，J. V. G. Mills 撰写导言、注释和附录（Cambridge, U.K.: Hakluyt Society, 1970），173-74.

欧洲人的到来和白银贸易的影响

葡萄牙船只在 16 世纪初抵达中国海岸，但由于不可避免的相互误解，一段时间以来，中国朝廷与欧洲商人之间的关系即使不算完全敌对，也显然是冷淡的。葡萄牙人希望输出他们的物质产品和宗教，但由于许多原因，他们在中国没有在日本那么成功——在中国，中央集权的政府实行更严格的控制。当时，中欧间的商贸仍处于走私贸易阶段。

到 16 世纪中叶，中日关系的持续衰退为葡萄牙商人带来了机遇。中国沿海被“倭寇”劫掠——他们实际上是来自中国和日本的走私商人，与日本进行非法贸易。日本的各种权力竞争者对贸易及对其认定的要求，使得中国首先限制与日本的贸易，继而在 1560 年，完全禁止了与日本的贸易。但因为不久日本发现了储量丰富的银矿，中国对来自日本的廉价白银有需求，日本对丝绸和其他中国奢侈品也有需求，二者保持着极其强劲的势头。因此，官方的禁令并没有结束中日贸易，这种贸易事实上没有中断，或是间接在东南亚港口由中国人偷偷进行，或者在葡萄牙人的船上进行。葡萄牙中间人的角色在白银贸易中是非常有利可图的。这一利润使他们有资本于 1557 年在中国人的默许下在中国澳门建立了前哨站（立足点），同时也资助东亚的耶稣会传教士，为其传教活动提供资金。就日本方面来说，白银贸易带来的巨额利润为控制它的人赢得了政治权力，最终日本退出了中国的朝贡体系，实际上在亚洲建立了一种商业资本主义。

来自新大陆的白银开始与日本白银争夺中国市场。正如我们所看到的，中国早已融入了亚洲内部复杂的贸易网络。然而，此时亚洲、欧洲和美洲之间的联系激增,其中也包括欧洲人在东南亚建立殖民地,这为国际贸易增加了一种新的维度。不仅如此,中国对白银的渴望正如欧洲人对丝绸与瓷器的孜孜以求,同样极具热情。白银不论是作为货币还是商品,都大受欢迎。最终的结果是,它在中国的价值是在其他任何地方价值的两倍。因此,有愿意冒险多次长途旅行的大胆的交易者,比如说,在欧洲购买白银,在中国以两倍的价格出售,然后将中国制造的货币兑换成欧洲两倍数量的白银,以此类推,他们因此发家。

国际白银流动的规模是巨大的。从西属美洲进口的白银数量很快就远远超过了从日本进口的白银。17 世纪早期,在西属美洲开采的白银中,大约有一半流向了中国。在西属美洲,新技术进一步降低了生产成本。有些白银直接被所谓的“马尼拉大帆船”(Manila Galleons)穿越太平洋,从阿卡普尔科(Acapulco)起航运至菲律宾——后者从 1571 年起由西班牙控制,之后从马尼拉用中国的帆船转运到中国。更多的新大陆白银途经欧洲,或是经过海路,或是通过中亚的贸易路线达到中国。17 世纪中叶左右,供需规律使中国白银的价值与其在其他地方的价值趋于一致,白银贸易的利润和发货量开始下降。

这其中的关键问题是,由于白银的存在,世界各地的经济通过一个高度复杂的国际贸易网络,越来越紧密地联系在一起。在这个网络中,欧洲人主要扮演中间人的角色。中国对白银的需求实际上为西班牙帝国、日本德川幕府提供了资金,更间接地,还为大西洋奴隶贸易提供了资金。在美洲部分地区,非洲奴隶被用来交换白银,白银最终流入了中国。总之,随着 16 世纪结束进入 17 世纪,中国已经不可逆转地融入了快速增长的全球经济。

世界贸易流动格局的变化和中国沿海海盗的衰落,促使更多的中国人移民到东南亚。自宋朝以来，海外华人的定居有了长足的发展，并一直持续至今。一些人是为了躲避 13 世纪蒙古人毁灭性的入侵而移民的，而在明朝，包括中国穆斯林在内的其他一些人则脱离了明朝庞大的舰队，分散在沿途地区。随着华人群体的扩大，他们开始获得政治影响力。到了 16 世纪，中国人在越南地区拥有强大的影响力，在明朝所处的时代，儒家思想已经成为越南的国家意识形态；华人影响力增大的情况同样发生在今印尼境内的诸王国和在当地继之而起的荷兰殖民地以及菲律宾。

欧洲殖民者经常感到来自中国的威胁。但与此同时，他们也离不开中国人的服务，比如在与当地人打交道时充当中间人，在当铺和收租等不受欢迎的行当中充当中间人，以及在参与利润丰厚的中国贸易时充当敲门砖。由于中国政府拒绝西班牙人在中国建立前哨站，马尼拉的中国商人在中国和西班牙美洲殖民地之间的贸易中变得至关重要。

到 1603 年，马尼拉的中国人已经多到足以让西班牙人认为起义一触即发。为了先发制人，西班牙人发动了一场大屠杀，大约有两万中国人在这场大屠杀中丧生。这一暴行并没有得到已经衰落的明朝政府的回应。然而，随着时间的推移，幸存者和新移民与他们的家庭所保持的联系，帮助中国与外部世界建立了一种新的关联，这种关联变得越来越重要。

总之，从很早的时候起，中国就已经成了从叙利亚到日本、从朝鲜半岛到印度尼西亚的国际网络的一部分。将这个网络连接在一起的是商业、宗教、知识分子以及所有其他人。无论是正式还是非正式途径，中国主动与外国接触的次数至少和它被动接受的一样多。中国深知其他强大文明国家的存在，审时度势，而以战争做后盾通过外交手段同其他国家建立联系，时而通过商业贸易建立关系。在国际商业流通中，中国对丝绸和瓷器生产的垄断使其商人占据了优势地位。远途商旅既有海路也有陆路。回程旅行者的记录，使那些没有走出去的人有可能对更广阔的世界有更多的了解，往往极大地激发他们对其他文明的兴趣。

不仅中国走向了世界，许多国家的代表也来到中国，追求其他文明所羡慕的中国特产。作为交换，他们给中国带来了各种各样的本土产品，中国人对这些产品十分喜欢，以极大的兴趣和愉悦的心情接受了它们。外国人引入了新的宗教，分享了科学知识，并和中国建立了外交关系。在这个过程中，中国极大地丰富了自己对于世界的认识和知识。同样重要的是，中国的一系列商品、思想和中国人走出国门，他们在传播中国思想和物质的同时也把中国一些最具特色的制度带到了海外，比如政府体制。简而言之，潮流是双向流动的，流入和流出中国，创造了一个遍布亚洲的关系网。早在欧洲人出场之前，中国就不可避免地以多种方式卷入了这个网络；而欧洲人的到来使这个网络的触角伸得更远。

第二章 16到18世纪的中国和天主教

> 若朕派僧侣至尔国宣教，则尔意若何？尔等欲我中国人尽为教徒，此为尔等之要求，朕亦知之；但试思一旦如此，则我等为如何之人，岂不成为尔等皇帝之百姓乎？教徒唯认识尔等，一旦边境有事，百姓惟尔等之命是从，虽现在不必顾虑及此，然苟千万战舰来我海岸，则祸患大矣……先皇帝父优待尔等深入内地，颇为儒士所不满。①
>
> ——雍正皇帝（1723—1735年在位）

麦哲伦和达·伽马等人的探索性航行，为欧洲扩张提供了广泛的可能性，葡萄牙则抓住了这种可能性，在15世纪末确定了在亚洲的两个主要目标。首先是经济上的：他们想从穆斯林商人手中夺取亚洲和欧洲之间利润丰厚的香料贸易的控制权。自明朝海上力量衰落以来，穆斯林商人一直主宰着海上航线。第二个是宗教上的：他们希望在亚洲、非洲和巴西夺取一些土地，弥补天主教会在欧洲新教改革中失去的一些地盘。

15世纪末，葡萄牙和西班牙达成了一项将欧洲以外的世界

---

① 引自Rogers, "For Love of God: Castiglione at the Imperial Court," in *Phoebus* 6, 参考Arnold Rowbotham, *Missionary and Mandarin: The Jesuits at the Court of Peking* (Berkeley, University of California Press, 1942), 178.

一分为二的总协定。在1494年的《托尔德西利亚斯条约》中,教皇亚历山大六世宣称,要正式承认西班牙和葡萄牙在世界贸易路线上的统治地位,将葡萄牙的势力范围划分为亚洲(菲律宾除外),西班牙的势力范围则是新大陆(巴西除外)。在所有新发现的领土被完全划分之前,这是一个值得注意的准则。实际上,它的目的是把对欧洲扩张的控制权交到天主教手中,而此时天主教权威正遭受新教改革的首次冲击。

然而,葡萄牙和西班牙并不能将其他欧洲国家排除在东亚市场之外。他们在东亚仍是最主要的欧洲商人,葡萄牙人占据了澳门,同时在印度的果阿港有一个更重要的殖民地中心,西班牙人则占据了菲律宾,这一情况一直持续到英国和荷兰分别于1600年和1602年成立东印度公司,并成功占领了部分香料市场。荷兰人很快在印度尼西亚的巴达维亚和中国的台湾岛建立了与西、葡竞争的殖民贸易基地,西班牙人则也在台湾岛维持了一个前哨站。事实证明,伊比利亚人以及天主教对亚洲人精神"市场"的统治更为执着。虽然伊斯兰教的扩张在东南亚部分地区给天主教带来了一定的竞争,但在中国,伊斯兰教的普及程度较低,而且在接下来的两个世纪里,并没有欧洲新教徒挑战天主教在中国传教的垄断地位。因此,从1600年到1800年这段时间被称为中国的"天主教世纪"。

本章探讨欧洲天主教传入中国的情况,重点介绍欧洲天主教最引人注目的支持者——耶稣会的传教士。一方面,我们很难把接受西方宗教与交换商品和世俗知识分开,但另一方面,正如中国人自己常常提出的那样,为了清楚起见,我们将在本章和下一章尽可能分别对它们进行考察。虽然这种做法不可避免地会造成一些时间上的重叠。本章主要讨论16世纪晚期的基督宗教,当时明朝正进入衰退期，到18世纪早期，由于一些原因，当时中国的潮流决定性地转向反对外国宗教。下一章的重点是货物和思想的国际交流，主要涉及乾隆皇帝统治时期(1736—1795)，在他的统治下，对外贸易和对欧洲世俗知识的兴趣都达到了新的高度。

与传统认识相反，中国很少单单以冷僻为由而拒绝外国知识。外国起源既不是一种推荐理由，也不是接受它的绝对障碍。中国对基督宗教的接受主要受三个因素的影响。首先，中国某些传统信仰与基督宗教要求信徒只崇拜上帝的要求是兼容的。第二，与耶稣会传教士的传教方式有关——他们是基督宗教在中国的主要倡导者，在提出宗教问题之前，他们会利用数学和天文学等世俗知识来吸引中国人的兴趣。耶稣会士们确实引起了人们的兴趣，但这种做法适得其反，因为它使人们对他们的真实意图产生了怀疑。影响中国接受基督宗教的第三个因素是中国发生的重大政治变革。1644年，曾经将蒙古人驱逐出境的明朝(1368—1644)，被来自东北的满人所取代，满人建立了清帝国(1644—1911)。对于大多数普通中国人来说，王朝的转变可能仅仅意味着停止军事活动，重新开始正常的生活周期。但是对于文人阶层——他们是耶稣会传教活动的主要目标，满人占领中原的毁灭性经历，完全影响了他们的看法，除此之外，还使他们对外国人和外国文化产生反感。现在我们来看一下1583年欧洲传教士首次到达中国时的情况。

晚明中国

从表面上看，明末的中国确实社会繁荣。中国的地理面积与欧洲大致相当，而人口超过 1.5 亿，远远超过当时欧洲的人口。空前的农业繁荣赋予商业交易新的重要性，也推动了地区和全国市场的扩张。与此同时，政府将之前的实物税和徭役并行的税收形式，合并为单一的用白银支付的货币税，促使人们将日常生活中使用的铜钱兑换成白银。换句话说，此时货币特别是白银的使用无论是在新兴的市场经济中还是在国家的财政收入体系中都变得更加普遍。

这些潮流促成了城市化的趋势，特别是在长江下游繁荣的江南地区。城市化反过来又推动了一系列有关的发展，包括男人和妇女中识字的普及，各种书籍出版更加宽松，对妇女教育有了新的关注——在此之前，教育的主要目的一直是为男人的科考做准备，在这样的环境下，这一关注具有高度创新性。

同一时期，消费文化的迅速发展，赋予了物质财富新的社会意义。上层社会的成员开始前所未有地大规模收集艺术品和古董，以此作为高雅品位的标尺和社会地位的象征。奢侈品——不仅仅是进口商品——风靡一时。精美的日本工艺品，尤其是漆器和金属制品，成为奢侈品消费的支柱(在日本，中国的奢侈品进口同样受到重视)。当时其他流行的收藏品还包括作为宠物饲养的来自新大陆的火鸡、藏文的宗教典籍——对它们的钟爱多出于仰慕其声望而不是宗教虔诚，以及来自朝鲜半岛的纸和毛笔——用它们来为书画艺术的表现力增光添彩。总之，晚明文化既不敌视对外贸易，也不排斥外来影响。

在晚明，我们也看到了知识生活领域的宽松氛围。几个世纪以来，儒学被迫做出一些调整，以对抗来自佛教的竞争。在 11 和 12 世纪，宋代学者朱熹(1130—1200)和其他人发展了一种修正后的哲学，它比原始的儒家思想更加形而上。后来被西方人称为儒家新版本的理学。它特别强调道德的严谨性，通过教育和学习来追求自我修养，以及热心公义的行动主义。它成功地抵御了佛教的挑战，成为科举制度的正统思想基础。因此，它形成了每一个雄心勃勃的年轻人的教育之基础，直到 1905 年科举制度被废除。

在 15 世纪，大哲学家王阳明（1472—1529）试图修改朱熹的论点，提出理在人心，因此人心自秉其精要。这表明，对儒家美德的追求可能根本不需要强化教育，甚至根本不需要任何正规教育。对于一些晚明学者来说，王阳明的思想也提出了一种可能性，即在儒家的框架下，更多的个人主义和平等主义也许是可行的，尽管这是一种相对非传统的框架。与此同时，其他寻求新方法的人，也尝试了用不同方式创新性地结合儒释道三家的思想。

这种折中主义精神遭到一些学者的强烈反对，他们担心放弃正统会直接导致堕落和私利。但重点是，就文化、思想、经济和社会而论，晚明在很多方面都是一个充满活力的时代，是一个真正开放的时代，此时，人们对脱离传统生活和思维模式的可能性持开放态度。它为植入基督宗教的种子创造了肥沃的土壤。

在繁荣的表象下，明朝开始显露出动乱的迹象。皇帝对朝政失去了兴趣，退回到宫廷生活的乐趣，留下太监和官吏来管理国家。派系纷争和极端腐败成为当时的政治法则，这似乎证实了儒家学者最可怕的担忧。中央政府对帝国的铁腕统治逐渐削弱，基础建设开始崩溃。

天灾人祸并行。现在的研究将 17 世纪早期异常恶劣的天气作为全球小冰期的一部分，这种天气毁坏了农作物，也就破坏了众多民众的食物来源，以及牲畜赖以为生的依靠。政府因不能维持国家仓储而无力再提供救济，以瘟疫形式出现的一系列可怕的流行病蹂躏了大半个中国，一些地区损失了一半的居民，尸横遍野。总人口——衡量繁荣程度的一项指标——开始明显下降。幸存者往往极度贫困，几近绝望。一些人聚在一起组成武装民团，地方官员无力阻止或镇压，起义之火燃遍全国。

这些团体往往互不相干，没有特定的意识形态或斗争目标。但是，随着越来越多心怀不满的人投充其中，他们开始占领大片领土，掠夺居民，甚至破坏了政府表面上维持的权威和控制。与此同时，东南沿海的海上贸易扩张，导致了国防和经济领域的长期问题；北方边境的外敌发现，当他们频频进入明朝境内时，几乎遇不到任何抵抗。

清朝的入主与明遗民

1644 年，面对大规模的农民起义，明朝最终土崩瓦解。取而代之的是来自东北的满人，他们宣告建立一个新的清帝国。清政府又用了 40 年的时间，才建立起令人信服的合法性，成为天命所归的全国统治者，而此前，这个国家仍然处在极度分裂当中。明朝朝廷的残余力量向南逃窜，并多次试图重建旧政权，其中的忠诚人士进行了顽强的抵抗，但满人逐渐战胜了所有的反对者。前明将领吴三桂（1612—1678）叛逃到清朝，从而促成了满人入关。1673 年，他与另外两个南方藩王叛乱，他们联合起来的军事力量以及所控制的领土可以横贯中国的南部和西南部。满人直到 1681 年才平定了三藩之乱，从而在整个中国南方确立了统治。

与此同时，台湾岛成为反清活动的基地。在明朝人的想象中，它仍是一个相当野蛮而偏僻的地方，但西班牙、荷兰商人和“倭寇”都把它作为基地。1640 年代，荷兰军队驱逐了最后一批西班牙殖民者和当地海盗，一直盘踞到1662年。是年，郑成功（西方人称之为国姓爷）在岛上建立了自己的据点，没费多大力气就将他们赶走了。

郑成功的母亲是日本人，父亲曾经效忠明朝，于1646年变节降清，他是一个海盗集团的首领，他时而支持被打败的明朝，时而又与清朝谈判，在一个不同寻常的国际环境中经营发展。郑成功在日本平户港长大，荷兰人在那里设有一个贸易站。他在那里看到了欧洲武器的潜力，并在后来有效地利用这些武器对付荷兰人和清政府。在对抗清政府的战役中，他从荷兰人和英国人手中购买武器、炮手和重要物资，并报之以贸易权。他的护卫也配备了从澳门葡萄牙人手中逃出来的非洲奴隶。

在1650年代，郑成功以残明势力的名义，以福建沿海的厦门为基地，控制了的中国东南和西南的主要地区。出于对其进一步发展的担忧，羽翼未丰的清政府相对宽容地接受了荷兰使团所谋求的贸易特权，以期获得他们的军事支持。但是由于没能从满人手中夺回前明的首都南京，郑成功退守台湾，在那里荷兰人并不是他的对手。清政府认为进一步与荷兰结盟没有什么好处，因此对使团之后提出的在更多地方进行更频繁商业交流的请求不予理睬。

郑成功于1662年死于台湾。他的后代无视清政府的权威，一直留在那里，直到1683年台湾最终被清政府控制。这也标志着中国大规模向岛上移民的开始。在随后的年代里，郑成功在中国和日本都获得了神话般的地位。他被尊称为儒家的忠诚者、反帝国主义者、中国民族主义者。因此，不论在事实上还是象征意义上，他都代表了东亚和西方关系转变中的一个关键人物。

对前明的忠诚在受过教育的中国人中引发了深刻的矛盾心

理。那些浸透了道德上令人信服的中国传统忠诚观念的人，必须解决一个情感问题，即他们是否可能转而向征服他们的政权效忠。国家分裂的混乱和被完全征服的毁灭性经历使明朝的知识分子士气低落。许多人此时表现得忠义，这是传统道德的一个关键组成部分，它要求那些被认定为是亡国遗民的人向被推翻的君主或王朝献出自己的生命，以表现他们的忠贞不贰。

实际上明朝的效忠者主要采取了两种方式。第一种是参加积极的武装抵抗，这常常导致殉节。第二种则是更长期、更微妙的，它导致了文人氛围的重大转变。很多学者，在自责和愤怒地相互指责的痛苦中，争论着明朝灾难性崩溃的原因。在他们寻找解释的过程中，许多人谴责了他们眼中明末宽松的思想和道德氛围，他们认为，当时可能有太多的人“不问世事”，而太少强调要为国家利益去追求实际目标。因此，严格的正统道德伦理的复苏，以及对经典研究和经世致用重新燃起的兴趣，重回汉族知识分子的主流，他们希望能找到一种方式，来弥补明朝衰落时期的放纵。从这个角度来看，对新政权的支持尤其令人反感。

这些问题也引起了清朝新统治者的共鸣。没有知识分子的支持，新政权的合法性仍有待商榷。此外，满人是少数民族，他们迫切需要中国士大夫的一定程度的合作，以帮助他们统治全国。因此，学术正统也得到了清朝官方的鼓励，因为它有助于确定清廷作为中国传统维护者的身份，从而使那些可能质疑他们合法性的人感到挫败。

总的来说，无论是前明的拥护者，还是新的在位者，都认为中立的立场是不够的。在这种动荡的气氛中，选择决定了对当事人和历史至关重要的判断。这些问题与天主教在中国的命运息息相关。

天主教来华早期的传教工作

天主教传教士是向中国介绍欧洲及其文化的先锋。在当时派传教士到中国的几个不同修会的成员中，数量最多、最引人注目的是耶稣会的传教士。耶稣会成立于1540年，他们的目的明确，就是让海外的异教徒皈依。第一批来中国的耶稣会士于1583年在中国定居，希望能吸引大量的人皈依他们的天主教。许多人在中国度过了他们的余生，生活在中国人中间，讲中国的语言，学习中国的文化。

耶稣会在中国的宣教领域处于领先地位，它1540年由军事神秘主义者罗耀拉（Ignatius Loyola，1491—1556）创建，是一个高度军事化的修会，肩负着使海外异教徒皈依的特殊使命。耶稣会有时被称为"反宗教改革的突击队"，他们称自己的领袖为"将军"，认为自己的首要目标是为基督征服世界。耶稣基督自己"从一个安静崇敬的对象转变成一个军事化人物，带领他的纪律严明的修会与魔鬼作战"①。

耶稣会非常重视教育。他们利用他们的学院来推进欧洲上层阶级的天主教教育，并为未来的传教士提供西方经典著作、历史、神学、数学、物理、形而上学、天文学、逻辑学和道德哲学等方面的全面通识教育。年轻的耶稣会士也接受了严格的训练，以便在不同的知识分支之间建立联系，并能够剖析和捍

① David E. Mungello（孟德卫），*Leibniz and Confucianism：The Search for Accord*（Honolulu：University of Hawaii Press，1977），9.

卫他们的信仰。简而言之,这些传教士往往是第一批在海外代表欧洲文化的人,他们都来自那个时代的知识先锋。这些对于中国尤为适合,中国文明的悠久和复杂孕育了中国知识分子的文化自信,传教士希望这些知识分子能够在皈依基督宗教的道路上起到带头作用。

17 和 18 世纪,约有九百名耶稣会士在中国工作。其他的方济各会、多明我会、奥古斯丁会和世俗的法国驻外使节会也在中国有优秀的代表,但他们的人数一直较少,而且存在感相对较低。不同宗教团体的成员常常在教义或策略问题上彼此有激烈的分歧,甚至在某一修会内部,就某些问题也存在着争论。这些分歧所产生的争吵和相互对立对在中国传教的长期目标产生了重大影响,因为这些破坏了对身涉其中之人以及基督宗教事业的尊重。

中国皈依者的总数很难确定,因为传教士有时会挽救并皈依垂死的人,而一些皈依者后来放弃了信仰;此外,我们也无法一直评估传教士宣传的准确性。17 世纪上半叶,皈依的汉人可能至少达到了数万人。在那个世纪末,据当时耶稣会的观察者估计,在中国工作的大约 60 名传教士每人每年都要使 500 到 600 人皈依天主教,每年的总数都超过 3 万人,这还不包括每年被传教士收容的数千名被遗弃的儿童。在 18 世纪,周期性的打压造成了相当大的摩擦。尽管如此,据估计,到 1800 年,中国各地可能已经遍布 20 万到 25 万皈依天主教的人。这个结果在很大程度上归功于耶稣会传教士的努力。

耶稣会士的策略

1. 自上而下的策略

耶稣会传教士的策略，既给他们带来了最大的成功，也造成了他们最大的失败。许多最重要的成就通常要归功于利玛窦(1552—1610)，他是 1583 年第一批到达中国的耶稣会士之一，他为未来 200 年耶稣会在中国的传教工作设定了标准。他们考虑的第一个策略，是把注意力集中在受过教育的上层中国人身上，而不是其他宗教团体所针对的普通百姓。正是由于这种自上而下的战略，耶稣会传教士被安置在了中国皇帝的宫廷。

自上而下的战略有两个基本原理。首先，耶稣会希望为天主教的传入获得中国的政治支持。其次，他们希望出现雪球效应。耶稣会认为，一旦精英皈依，普通民众就会追随他们的社会精英，加入外国宗教的怀抱。当然，耶稣会士并没有严格遵守利玛窦的准则。甚至在他生前，他的一些同行也积极地在普通人中传教，到 17 世纪末，他们的大多数皈依者都是平民。

利玛窦对三位主要学者的转变，是自上而下战略最显著的证明，这些学者都获得了很高的政治职位。他们被后人称为中国早期基督教会的三大支柱(开教三大柱石)，为传教士提供了强大的庇护。他们每个人都对所认识的欧洲传教士的个人品质留下了深刻的印象，也都对西方的科学知识非常感兴趣。但许多中国人最终并没有接受基督宗教，这也是事实。对于这些人，以及中国第一代天主教徒中其他受过高等教育的人来说，这似乎打破了平衡：基督宗教承诺在一个非常不安定的时期，提供道德上的确定性。

其中第一个受洗的是徐光启(1562—1633)，他的老家徐家汇现在是上海市的一部分，后来那里有一个耶稣会图书馆和圣依纳爵主教座堂。1600 年，他们第一次见面，徐氏对利玛窦印象深刻，几年后他在南京受洗。此后不久，他考中进士，并被分派到著名的翰林院工作。后来，徐氏开始与利玛窦合作，首次将欧洲书籍翻译成中文。他们一起翻译了西方地理学、天文学、水力学和数学方面的著作，最引人瞩目的工作是他们将利玛窦的老师克里斯托弗·克拉维乌斯(Christopher Clavius)修订的欧几里得的《几何原本》的前六卷译成了中文。徐氏在他的一些关于农业和三角函数的自著作品中也采用了西方的思想。徐光启后来成了大学士，成为帝国最高等级的文官之一。因此，他处于促进耶稣会事业的有利地位。

三大柱石中的第二人是李之藻(卒于 1630 年)，杭州人，1610 年由利玛窦亲自施洗。那时，两人已经相识九年了。李氏最初被利玛窦所吸引源于耶稣会的地理知识，他认为利玛窦是一个非常博学和有道德的人，他的是非感几乎是绝对正确的。起初，李氏对皈依有抵触，可能是因为他不想把他的妾送走，而这是教会教义所坚持的。直到在一场严重的疾病中，利玛窦对他照顾有加，李氏才最终同意接受洗礼，并放弃小妾。利玛窦不久就去世了，但李之藻成了传教士的有力支持者，一个重要原因是，他对传教士向他介绍的西方科学发现有着浓厚的兴趣。李氏给自己的西学译作起了一个模棱两可的名字——《天学初函》，这表明他对西学的兴趣是复杂的。在这里，天几乎肯定既是指宗教，也是指天文学。

在李之藻的影响下，杭州士大夫杨廷筠(1557—1627)于

1612 年皈依天主教，成为三大柱石中的第三位。杨氏的知识追求范围在某些方面是明末知识分子生活的典型。在此之前，他一直积极宣传正统的理学和佛教。但在他皈依之后，杨氏说服了包括他父母在内的许多家人成为基督徒，并与他们一起组成了一个团体，在这个团体里，他们可以一起提高对天主教教义的理解。和徐光启、李之藻一样，杨氏也大量出版书籍，传播他从欧洲传教士那里搜集到的西方科学、地理、哲学和宗教方面的信息。与他的许多同时代人一样，他也开始质疑长期以来所持的关于中国文化独特性的观点，例如，他推测，尽管在环境和历史上存在差异，但人类是一样的。当然，这样的观察并没有让杨氏，或者他所信奉的天主教，受到他同时代那些更传统的人的好感。

杨廷筠还花了一些精力来明确区分天主教和佛教。对他来说，天主教的力量来自它的道德严谨性和人道主义，这与佛教的态度大相径庭。例如，他注意到，佛教允许他养妾，而更为严格、不可改变、天赐的基督教律法却不允许他这样。（尽管像李之藻一样，杨廷筠也做了个人的思想斗争，但他还是送走了他的妾室——他两个儿子的母亲。）此外，杨氏更喜欢天主教，因为佛教不加区别地关注所有的生物，而天主教把人提升到了一个更高的层次。显然，把精力投入帮助有需要的人，比从屠夫手中拯救动物更有价值。拯救了一个人的生命，也可以尝试拯救他或她的灵魂。杨廷筠试图表现出天主教之于佛教的优越性，与此同时，他取消了对于佛教寺院的资助，这为佛教在新来者面前节节败退提供了实在的证据，也加剧了佛教徒对这种外国宗教的敌意。

除了这三大柱石，在明清朝代更迭之前，耶稣会士还成功地使近两百名宫廷人员皈依了天主教。这些人包括太监和宫女。但中国的耶稣会士无可避免地卷入王朝鼎革之际激烈的政治斗争。明朝灭亡后，一些传教士跟随着被围困的朝廷逃向南方。在有影响力的天主教徒、忠诚的太监庞天寿（死于1657年）的帮助下，耶稣会士皈依了永历皇帝的妻子、母亲、长子，以及皇太后，太后还取了天主教的名字——海伦娜。他们不顾一切地为失败的明朝寻求帮助，也许这是许多皈依者的一个缩影，他们认为归信外国宗教带来的不仅仅是精神上的帮助。1650年，庞太监和海伦娜皇太后都写信给教皇和罗马的耶稣会会长，请求他们代祷并帮助他们抵抗满人。皇后的信有部分内容是这样的："更望圣父与圣而公一教之会，代求天主保佑我国中兴太平。俾我大明第十代帝，太祖第十二世孙，主君等悉知敬真主耶稣。"[①]但当他们的耶稣会使者能够传递信件时，明朝已经无可挽回了。

另一方面，对于1644年留在北京的传教士来说，把他们的注意力转移到清廷似乎是唯一现实的做法，因为清廷欢迎耶稣会所能提供的服务。但对于受过教育的汉人来说，满人雇用外国人的意愿让他们想起了蒙古人，并加剧了他们的担忧：他们的新统治者计划首先摧毁他们的政治权力，最终摧毁他们的整个文明。

耶稣会传教士为清朝历代皇帝提供了各种各样的服务，他们的贡献无疑产生了好处——皇帝即使不认同他们的宗教，但仍然认可了他们的存在。但他们的工作逐渐为他们在宫廷中带来的影响力，激起了各方的敌意。这种怨恨并不奇怪。在这样的社会中，接近皇帝是政治影响力的关键一步，任何成功获得这种权力的人必然会同时树敌。

从长远来看，耶稣会士转而效忠新政权，在另一个方面给他

---

① 引自 Lynn Struve, *Voices from the Ming-Qing Cataclysm: China in Tiger's Jaws* (New Haven: Yale University Press, 1993), 237. 原始信件藏于梵蒂冈档案馆。

们的使命带来了致命性的后果:这在很大程度上败坏了他们在中国文人阶层中的名声。这些人虽然失去了政治权力,但他们在数量上仍然强大,在社会上仍然有影响力。以前,他们既是耶稣会传教活动的主要支持者,也是传教活动的主要目标,但现在,他们认为外国传教士既是政治叛徒,也是满人攻击中华文化的工具。中国文人在这两方面都瞧不起传教士。清政府有意限制传教士与中国士绅接触的政策,也助长了二者逐渐疏远的趋势。通过欢迎传教士进入满洲阵营,新政权有意识地剥夺了中国精英们这种潜在的、不可控的智识和精神激励的源泉,并把它留给了满人自己。耶稣会放弃了原来专注于中国精英的政策,转而专注于新的清朝宫廷的权力来源,从结果来看,这是一个可怕的误判。

在权力转移的高度紧张氛围中,天主教合作者的角色进一步损害了耶稣会士的地位。其中一个叫朱宗元(生于1609年)的人,1631年在浙江杭州受洗,教名为柯西莫。在杭州,有一个蓬勃发展的天主教群体,朱宗元通过自己的写作聚集了相当多的追随者,他希望这些作品能说服人们皈依天主教。他认为,不同的国家有不同的价值观,而这种差异并不一定意味着低人一等。他接着说,把外国人说成野蛮人是错误的,中国可以从其他文化中获益良多。天主教可以作为指向真理道路的指针。在对这些论点进行逻辑论证的过程中,朱氏不久转而支持满人,并带动了许多已经被他说服、改信天主教的人。朱氏的观点预示了19世纪末和20世纪初的思想家的观点,他们认为外国的影响常常使中国文化复苏,而此时,中国文化好像已经达到了一个停滞的点。

清初,新的闽浙总督是一个来自北方边疆的人,他和他的家族成员一起皈依了天主教。他在满人征服前就为他们服务,在满人占领北京时,他就接触了天主教。因此,在信仰天主教总督的政治领导下，在朱宗元和其天主教信徒的怂恿下，这个曾经坚定反清的省份——浙江，落入满人之手。在这种情况下，耶稣会寻求的天主教皈依的雪球效应，导致了大规模的政治忠诚改变。对明朝遗民来说，这个繁荣的沿海省份出乎意料地迅速落入满人手中，似乎与信仰天主教的汉人合作者脱不了干系。

1630 年代以后，耶稣会会士很少能再取得像“三柱石”和“太监庞天寿”这样的显著成功。但是天主教并没有在受过教育的中国人中逐渐消失，尤其在地位较低的学者中，它仍然存在。一些中国第二代和第三代天主徒中的精英，比他们的前辈更多地吸收了外国宗教。到 17 世纪中后期，成为天主教徒并不像以前那样是一件值得注意的事。事实上，17 世纪晚期，很多中国天主教徒信教的原因很简单，因为他们的父辈之前就是天主教徒。可以说，这是一个家庭问题，许多后来的皈依者，从未与欧洲传教士有过直接接触。但随着天主教代代相传，一个人的信仰也染上了儒家孝道的色彩。

对于这些后来被教育的皈依者来说，天主教常常成为他们自己文化中的一股创造力量。他们寻求中国信仰和天主教信仰之间的兼容，重新审视中国的传统观念，而这是早期皈依的学者所做不到的。例如，有些人毕生从事跨文化研究，试图证明天主教如何加强了传统儒学，而佛教却与之相悖。例如，儒家思想的五常——君臣、父子、夫妇、兄弟、友朋，以及相关的美德——仁、义、礼、智、信，这些似乎完全符合天主教的律法，而中国长期以来对佛教的批评之一，就是它们对这种社会秩序的漠视。后来的皈依者，也比他们的前辈更加强调通过促进社会福利来表达他们的天主教信仰。

他们的整体方法，有时被称为“因地制宜”，在本质上不同于

“三柱石”。例如，对杨廷筠来说，天主教最强烈的吸引力在于它在一个动荡时期的道德坚守，而对后来的信仰者来说，这种吸引力虽然仍然存在，却被一种深刻而有意义的方式所补充，那就是天主教实际上可以为儒家思想做一些事情。对于这些第二代和第三代的中国天主教徒中的精英，研究相对较少，所以我们对他们和他们的信仰还不是很了解，也不认为他们的信仰很丰富。我们知道，虽然他们在同时代的学者中普遍缺乏重要的影响力，但他们有时也获得了相当多的本地追随者，从而促进了天主教在农村的传播。

2. 对世俗知识的运用

耶稣会士在中国的第二个独特的任务策略是利用世俗知识作为诱饵。他们希望在试图使中国人相信天主教的根本真理的问题出现之前，建立一种或多或少平等的知识关系。此外，由于认识到中国文明的不同寻常的古老和复杂，他们担心对中国基本价值观的直接挑战，可能很容易适得其反。

这一政策相当成功，但它在中国产生了两个重要后果。首先，在策略上搁置任何可能的关于改变信仰的讨论，让一些中国人对欧洲人的真实意图产生了怀疑。起初，传教士似乎只是想讨论科学、技术和伦理道德，以交换信息。逐渐的，中国人才明白，欧洲人希望说服他们接受天主教。其次，许多中国人追求他们从传教士那里学到的科学技术知识，至少和他们追求掌握欧洲宗教和哲学的热情是一样的。换句话说，中国人对天主教的谨慎态度与他们接触天主教的方式有很大关系。

利玛窦再一次定下了基调。他的博学与对中国语言和文化的精通使他能够用中文出版许多作品，这有助于他迎合喜好自己的中国读者。以1595年出版的《交友论》为例，它借鉴了西方古典传统，就像中国学者借鉴中国古典文学一样。这本书在利玛窦博学的朋友中很受欢迎，它传达了一种令人振奋的信息，利玛窦旨在推广欧洲文化中一些更高尚的方面，但并不包括宗教。利玛窦以非凡的记忆力给人留下了深刻的印象，这对中国学者很有吸引力，因为他们的成功都依赖于吸收大量经典知识的能力。

利玛窦也开始展示一种能制造精巧而复杂的物品的传统，如威尼斯玻璃制成的棱镜、精致的时钟、机械玩具和雕刻品。考虑到明末人们对进口奢侈品的狂热，这些奢侈品很受欢迎，尽管它们的受欢迎程度促使一些欧洲人得出了一个错误的结论：中国人最欣赏的是小东西。耶稣会士在受过教育的中国人中展示的另一项技能是制图学。例如，利玛窦在墙上挂了一张世界地图，他在上面为参观者们描绘了他从罗马到中国的旅程。这幅地图是根据当时的中国和欧洲的资料绘制的，并不是所有的资料都能达到他努力展示的准确性标准。但很多人觉得它很吸引人，并鼓励他为中国人绘制了一系列世界地图，其中包含了一些欧洲的最新发现。在下一章我们将看到，耶稣会制图学和天文学一样，是西方知识传入中国的重要组成部分。

耶稣会传教士通过传播世俗知识，使人们注意到本国文化中一些最令人兴奋的地方。他们所服务的皇帝之所以雇用他们，主要是因为皇帝们都在不同程度上对这些博学的欧洲人所能提供的信息和技能非常感兴趣。

尤其是康熙皇帝（1662—1722年在位），他对西方科学知识非常感兴趣，并开始亲自学习这些知识。他宫廷里的耶稣会士教授他内容广泛的科目，并给他的许多儿子上课，我们可以从史景迁所作的《康熙：重构一位中国皇帝的内心世界》中读到：

> 1690 年初，我常常一天和他们一起工作好几个小时。我与南怀仁检查大炮制造的每一步骤；让他们建筑一个带有操作机关的喷水池；在宫廷里建造一架风车。养心殿里新的一组是后来由博卡德和杜德美加进去的，是由我的长子胤禔直接监工，由我负责时钟和机械监造，然后完工的。徐懋德教我在大键琴上弹“布延州”的曲调和八音阶；德礼格教我的儿子们音乐理论；噶兰狄尼在宫廷里画肖像画。我也学会了计算球体、正方体、圆锥体的重量和质量，测量河岸的距离和角度。后来的巡游途中，我就把西洋人的这些方法介绍给我的官员们。当他们计划河务工作时，告诉他们怎样才能获得更精确的数据。我自己在地面上安置测量工具，带着我的皇子们和随从侍卫们，用他们的矛和棍子标出不同的距离；我把算盘放在膝盖上，用尖笔写下数字，然后用画笔改动它们。我向他们演示如何计算圆周；如何估计一块土地的面积——哪怕这地形像狗齿样不规则；在地面上用箭头为他们画出图表；以几秒钟流经水闸的水流量得出全天的流量，从而以此来计算河水流量。①

世俗知识的应用并没有使中国人大规模地皈依天主教。除了很多中国人对传教士的真实意图心生猜忌，另一个主要问题是，耶稣会倾向于让科学看起来严格而不可改变，就像宗教真理一样，具有永恒的价值。因为他们希望，科学的准确性启示，会让中国人认识到犹太-基督教上帝的完美。然而，科学知识正在不断地发生变化。事实上，耶稣会只是把他们的世俗知识作为达到

---

① Jonathan D. Spence（史景迁），*Emperor of China：Self-Portrait of K'ang-hsi*（London：Jonathan Cape，1974），72 - 73.

目的的一种手段，他们所提供的，不过是他们认为实现皈依目标所必需的东西。下一章我们将更详细地讨论耶稣会传教士在中国的世俗活动。

3. 融通策略

通融策略与耶稣会不同寻常的策略——尊重他们试图改变的那些人的本土文化——是一致的。这种政策使人回想起早期的教会，当时它必须适应希腊、罗马和其他文化，但在中世纪，这种文化的谦逊消失了。对许多16、17世纪的欧洲人来说，异教等同于低人一等，而通融与其说是实用主义，不如说只是不合时宜。中国通融策略的采用要归功于利玛窦，他认为如果耶稣会士要带领中国人进入教会，一定程度的通融是必不可少的。这一观点得到了证明，即中国人极不情愿放弃某些传统习俗。

通融意味着在不损害天主教诚信的前提下，最大限度地适应中国人的生活方式。这是一个在两套坚定的原则和假设之间取得平衡的问题，每一套原则和假设都来自一个前提，即一方最终将承认另一方文化的普遍真理。正是因为这个原因，耶稣会士花了几年的时间学习中文。他们试图通过带有学术注疏的中国古典文献，利用中国自身的语言去理解中国文明。他们了解中国宗教、中国的文化习俗、中国的政治体系，他们中的大多数人把他们的一生都奉献给了传教事业。他们开始像中国学者那样着装和生活，希望尽可能平等地面对他们。

耶稣会士发现他们的信仰或原则与中国人的有三方面的冲突：一是中国礼仪的问题，即对家族祖先和孔子的尊敬；二是什么样的措辞适合描述“神”(God)以及其他天主教概念的问题；三是，天主教对一夫一妻制的坚持和中国上层社会的纳妾习俗的冲突。

中国的敬祖和敬孔的习俗，带来如下问题：如果这些行为从根本上是宗教的，那么它们将构成一种偶像崇拜。在这种情况下，想要皈依天主教的人必须被说服放弃这种做法，才能获准加入教会。但如果它们只是世俗性质的民间仪式，那么中国的皈依者可以继续执行这些仪式。

耶稣会会士认为，取缔尊重祖先的传统形式，将打击儒家价值观的核心——孝道，而孝道是中国社会和政治结构的关键。这样即使是最坚定的天主教皈依者也会觉得难以接受。因此，妥协生出了实用主义。在中国的"礼"问题上，耶稣会士内部也有尖锐的分歧。一些人真诚地相信，因为中国的习俗不涉及与天主教上帝崇拜相同的崇拜，所以他们不会抵触天主教神学。另一些人则认为，通融是一种临时但必要的权宜之计，没有它，皈依几乎是不可能的。

其他的压力巩固了耶稣会对通融原则的承诺。由于他们一贯把中国人描绘成高度文明的，以便在欧洲为他们最终的皈依获得额外的荣誉，他们几乎不能承认，这些文明人如此依恋的仪式实际上是异教性质的——因为按照定义，异教徒不是文明的。因此，一些中国习俗必须被明确定义为非宗教的，以避免被认为是异教徒的做法，如果它们是非宗教性的，就不应该有任何理由要求皈依者放弃他们。耶稣会的立场变得越来越坚定，因为他们要保护自己免受来自其他修会的攻击。

不管有什么实际的理由，通融政策给耶稣会造成了许多问题。在中国，这一策略使他们被指责反复无常。例如，一些传教士建议他们的皈依者在他们向祖先表达敬意的地方崇拜上帝，不管是家族祠堂还是家里的正堂均可。但对中国人来说，这似乎是把天主教的上帝等同于祖先,这与传教士关于支配一切的最高主宰的主张相矛盾。耶稣会对中国信徒提出的其他建议更直接地违反了中国的法律和习俗。当天主教把上帝和他的世俗代表——教皇置于中国皇帝之上时,它显然干涉了既有的政治秩序。利玛窦自己偶尔也有莽撞的时候,他曾经告诫他的中国追随者,牺牲掉服从一个低级的父亲(例如皇帝或是自己的父亲)的代价,来服从一个更高级的父亲(例如天主教中的上帝)是完全符合孝道的要求的。但在中国,这相当于煽动叛乱或违反孝道,这两种行为在律法中都被谴责为非常令人发指的罪行,应处以立决并株连全家。正如一位学者概述的那样:"当他们要求人们认为上帝是他们最亲密的关系,放弃自己的父亲和母亲,并将他们的君主放在第二位,把国家的方向交给那些传播天主教义的人,这意味着前所未有地违反了最常规的原则。他们的学说在中国怎么可能被接受呢?"①

在欧洲,耶稣会的通融使其容易受到容忍异端的指控。在随后的辩论过程中,他们多次遭到指控。这场辩论被称为"礼仪之争",持续了一个多世纪,对来华的耶稣会传教团体和整个耶稣会都造成了巨大的伤害。批评人士坚持认为,由于中国的礼仪包括对偶像的尊重、对孔子和祖先的崇拜,就像他们是神一样,如果迁就,会使《圣经》十诫中的至少两条变得毫无意义。即使通融带来了更多的皈依者,这对许多欧洲天主教徒来说也是无法接受的,即使出于不同原因,这在中国天主教界也同样不能接受。但如果他们指望中国会温顺地顺从,他们就没有考虑到伟大的康熙

① Jacques Gernet(谢和耐),*China and the Christian Impact*,最初的法文版为 *Chine et christianisme*,1982;英译本(Cambridge, U. K.: Cambridge University Press, 1985),59. 翻译自《四库全书总目提要》,三十四卷,李之藻注《天学初函》。

皇帝。

1692年，康熙不顾汉人谋臣的建议，颁布了一项宽容法令，实际上是允许中国的天主教徒享有宗教自由。该法令允许传教士在他们的教堂里做礼拜，虽然没有允许布道和传布福音，但是也没明确对其禁止。这似乎是天主教在中国的一次重大胜利，也激起了许多耶稣会士的希望，他们认为这是帝国皈依的前奏。

但是康熙对天主教的正式宽容并不意味着帝国对外国宗教的热情。康熙放宽对天主教的禁令，一方面是为了报答传教士的技术服务，另一方面是为了感谢耶稣会为领会和欣赏中华文明所做的调和努力。宽容法令似乎表明，使用世俗知识的政策正在发挥作用，但实际上，它所做的最多的是承认天主教促进和谐、服务于公共道德，因此并不等于有用刑罚惩治异端的意图。

教皇试图将罗马对中国天主徒的管辖权正式化，这使得康熙不再对外国宗教抱有宽容的态度。1705年，教皇派遣使者到中国，寻求皇帝批准他扩展对中国天主教徒的权力。康熙断然拒绝了这个提议。在他看来，中国人如果有可能效忠于除他自己以外的其他权威，会对他统治他的人民构成直接的威胁。1720年，教皇的第二个使节到达中国，但也没有成功。耶稣会传教士于是寻找创造性的方法，以绕开教皇和皇帝的对立立场。例如，他们试图修改一些丧葬习俗，但实际上并没有完全取代这些习俗。他们建议，丧者的亲属为棺材支付费用，而不是为葬礼祭品提供银子。

教皇的使团和法令预示着，中国对于天主教传教士布道的宽容即将结束。康熙担心一些西方人可能会伪装成传教士，以掩盖一些更黑暗的目的，于是制定了一套领票制度。所有希望在中国生活的西方人都必须承诺终生留在中国，这既是对传教士的要求，也是对奸细和奸商的要求。此外，传教士还必须同意让中国的皈依者尊敬孔子和祖先。拒绝在领票上签字则意味着被驱逐。

部分地受到欧洲教会体制内那些憎恨耶稣会成功的人士的影响,教皇很快颁布法令,称祭拜祖先和祭祀孔子是不可接受的。第一个反对耶稣会立场的教皇诏书发表于1707年,1715年得到确认,1742年被再次确认。简而言之,教会不允许中国天主教徒继续履行他们的传统敬拜,因为这种偶像崇拜与天主教的做法不相容。任何想要皈依天主教的中国人,首先必须放弃这种做法。没有折中的余地。

康熙读到1715年教皇法令的中文译本时,亲自评论道:"览此告示,只可说是西洋人等小人,如何言得中国之大理。况西洋人等,无一通汉书者。说言议论,令人可笑者多。今见来臣告示,竟是和尚道士,异端小教相同。似此乱言者,莫过如此。以后不必西洋人在中国行教,禁止可也,免得多事。"①

关于耶稣会调和的第二个主要争议领域是,是否使用现有的中国术语来描述天主教上帝,或者这些术语是否太过混乱,已经被"异教徒组织"玷污。就像仪式问题一样,这样的辩论充满了陷阱。古代中国人崇拜上帝(Lord on High)和天(Tian),一些耶稣会士相信,这些与他们自己的无所不知、全能的神非常相似。但是,如果欧洲人用同样的词语来称呼他们自己的神,中国人会不会不明白天主教的神实际上是不同的呢?是创造一个像"天主"这样的新名词更好呢,还是传教士应该为"神"的名字设计一个合适的音译呢?虽然耶稣会士自己并不这样认为,但一些中国人发现,把中国经典著作中的至高无上的君主与西方宗教中的上帝等

---

① 引自 Gernet, *China and the Christian Impact*, 186. 教皇的有关诏书是 *Ex Illa Die*; 1742年又有 *Ex Quo Singulari*.

同起来,不是侮辱,就是欺骗。

在17世纪,这些问题变得更具争议性,因为它们成为努力证明古代中国思想与圣经思想一致的一部分。传教士们相信,所有的人类历史都可以在《圣经》中找到,他们提出了一个理论认为在《圣经》中大洪水时代之后,中国人从地中海地区向东迁移。欧洲人可能真诚地相信这个理论,但对中国人来说,其含义是不可接受的。为了将中国历史与西方历史等同起来,犹太-基督教历史实际上剥夺了中国人自己的历史。它要求他们与祖先断绝关系。这正是耶稣会信徒在仪式争论中所反对的。

正如李之藻所说,欧洲和中国的皈依者都试图证明:"东海西海,心同理同。"①他们认为欧洲宗教的主要观点与中国人的传统思想是一致的。其基本目的非常相似,但重点略有不同。中国人试图展示天主教信仰内在的中国性,而传教士试图展示古代儒学在很大程度上与天主教是一致的。他们认为中国人曾经知道《圣经》中的神,但不知何故,他们失去了智识的指引。在这两种情况下,他们的动机都是证明来自西方的新思想在本质上不过是对中国古代形成的思想的修正,因为他们认为在这种情况下,自己更有可能获得认可。

中国人和传教士各自编制了一份中国经典的语录清单,这些语录似乎揭示了它们与天主教的密切关系。例如,有一部这样的作品,给出了中国经典文献中出现的65个"上帝"或"天"

---

① 李之藻注释的利玛窦1602年的地图,引自 Willard J. Peterson(裴德生),"Why Did They Become Christians? Yang T'ing-yün, Li Chih-tsao, and Hsü Kuang-ch'i," in Charles E. Ronan, S. J., and Bonnie B. C. Oh, eds., *East Meets West: The Jesuits in China*, 1582 - 1773 (Chicago: Loyola University Press, 1988), 142.

的词语,其中33个选自《尚书》,26个选自《诗经》,3个选自《孟子》,2个选自《论语》,1个选自《中庸》。这些文本都是中国古代经典的基础著作。然而,这样的证据可能会被一些人重新解释。他们试图用它来败坏欧洲人的名声,表明天主教只是中国思想后来在西方的一种堕落。最后,虽然有持不同意见的人,Catholic Christianity在中国被称为“天主教”,也就是“天国的主的教义”。

融通策略的第三个大问题是天主教对一夫一妻制的坚持与中国的纳妾制度的矛盾。一个天主教徒只能有一个妻子。通奸是违反神的律法的。但是,当望教者有一个或多个妾时,该怎么办呢?纳妾在富裕阶层中是一种普遍的做法,因为“孝”要求生男孩,来延续家族的血脉。传教士拒绝一个不能送走自己妾的男人的皈依。这可能就是1608年李之藻延迟皈依的原因。从天主教徒的观点来看,这个问题是清楚的。但对中国人来说,情况并非如此。从良心上讲,一个女人是不可能被随便打发走的。她实际上像一件用过的物品,她出生的家庭不一定会把这些物品拿回去,因为这不仅会造成面子上的严重损失,还会造成巨大的开支,而且很可能之后就没有人想要她。她可能会被送给一个没有能力娶妻的穷男人,或者被卖作娼妓。

学者王徵(1571—1644)在听到明朝灭亡的消息后就自杀了,他的公开忏悔显示了男人和女人在纳妾问题上所遭受的创伤。王氏的痛苦,是许多他的同时代人考虑皈依时的代表问题,他提出了一个解决方案,而且许多人或许并不出自善意,可能已经采取了同样的措施:他们把妾室禁闭在家里,不再与她们同寝。当王徵改信天主教后,他决定永远不娶妾。但是因为他的妻子没有儿子,他的家庭对他施加了压力。后来他后悔了,想把她赶走:

乃室人哭恳勉留之，几至反目，而妾因痛哭几殒厥生，愿言进教守贞，誓死不肯改适。……今立誓天主台前，从今而后，视彼妾妇，一如宾友，自矢断色，以断此邪淫之罪，倘有再犯，天神谙若，立赐诛殛。伏望铎德垂怜，解我从前积罪，代求天主之洪赦，罪某不胜尽祈之至。①

对一夫一妻制的坚持也引发了关于妾的子女地位的问题，正如一个愤怒的诋毁传教士的人所说："吾友周国祥，老贫无子。幸买一妾，举一子，才二岁。夷教之曰：吾国以不妾为贤，不以无后为大。周听之而逐其子之母，今不知此子活否？"②

传教士们试图想出办法来避开妾的问题。如果一个皈依天主教的男子的正妻拒绝成为天主徒，传教士允许他娶一个妾。但是他们没有权力去开放这样的权限，此外，这种做法明显违反了中国法律。有时耶稣会会忽视妾的存在，因为他们认识到其中的艰辛。一位批评家指责道：他们这样做的时候，对望教者是特别有影响力的。此外，他还指责传教士的放荡行为："且欲一切国王之皆从邪说，尽去其后宫妃嫔，而等于编氓，然其自处，又延无智女流，夜入猩红帐中，阖户而点以圣油，授以圣水，及手按五处之秘媟状。"③

因此，通融策略的这一方面，就像"礼仪之争"和宗教术语的争论一样，使得想要挑剔的中国人很容易嘲笑耶稣会是矛盾和虚伪的，他们的宗教与中国的习俗没有希望相容。

---

① Albert Chan, S. J.（陈纶绪）, "Late Ming Society and the Jesuit Missionaries," in Ronan and Oh, *East Meets West*, 171 – 72，引自《崇一堂日记随笔》。

② ［明］夏瑰琦《圣朝破邪集》，第 207 页，引自 Gernet, *China and the Christian Impact*, 190.【译者注：原文引文有误。】

③《佐辟》，引自 Gernet, *China and the Christian Impact*, 191.

总之，通融是一把双刃剑。毫无疑问，这是耶稣会士获得最大成功的原因之一，他们时常会遇到抵制天主教的情况，特别是由于天主教使中国人远离了一些最神圣的习俗。它也帮助传教士获得了康熙皇帝的信任，在康熙皇帝的权威下，他们在中国获得了最大的影响力。然而，最终，通融策略及围绕它的极端敌意是中国和欧洲的耶稣会政治命运衰落的主要因素。中欧双方都担心失去控制和完整性。康熙认为，把对中国臣民的控制权交给教皇是对他主权的威胁，而教会人士则担心，把对中国皈依者的控制权交给一个不信仰宗教的皇帝，会破坏天主教的完整。在中国，通融策略使人们增加了对教义不一致的怀疑，导致人们对耶稣会士失去尊重。而在欧洲，它导致了 1773 年耶稣会的解散——在当时被称作“废止”。因此在中欧两方，耶稣会会士失去的可能比他们得到的要多。然而，拒绝通融策略的其他修会的传教士，在他们的皈依努力中也收效一般。

天主教、宗教信仰和“迷信”

当耶稣会传教士将天主教重新引入中国时，他们不得不与佛教抗争，因为佛教已经深深扎根于中国的土地上。中国人和欧洲人都察觉到佛教和天主教的异同；他们只是用不同的方式来解释这两个宗教之间产生了相当大的敌意。这种敌意的部分原因是像杨廷筠这样的人皈依，使佛教失去了政治和经济上的支持。但其中也有一些原因与耶稣会的策略有关。第一批抵达中国的耶稣会士，包括利玛窦，最初都装扮成佛教僧侣，因为佛教乍看之下与天主教有很多相似之处。然而，耶稣会的传教士们之后认识到，中国的学者们并不像欧洲的牧师那样在习俗中受到尊重，佛教本身在最具影响力的群体中也没有很高的威望，当他们发现这点后，就穿上了儒家学者的外衣，希望借此增加与中国学者平等交往的机会。一旦耶稣会士做出了这样的转变，他们就转而强烈反对佛教。

耶稣会将佛教视为天主教在中国人心中的潜在竞争对手，并攻击它是纯粹的迷信。这一策略为他们赢得了中国人最初的支持，他们反对佛教的缺乏社会良知，认为天主教是反对佛教的工具。但这自然带来了一些对立，既有佛教徒自己，也有其他人，他们认为这两种宗教之间的差异如此之小，以至于可以忽略不计。对天主教原创性和独特性的批评，使人们注意到它与佛教的相似之处，例如，禁止杀戮，使用宗教图像和仪式，以及对天堂和地狱的信仰。传教士们认为这些相似之处是魔鬼设下的陷阱，是为了迷惑人们去追随错误的教义，因此他们更加强烈地谴责佛教的做法。关键是，虽然传教士的成功和像杨廷筠这样有影响力的皈依者的热情，确实引起了佛教僧侣和他们强力的支持者对天主教的敌意，但是耶稣会本身对佛教的诋毁也负有相当大的责任——尽管佛教表面上与天主教相似。

具有讽刺意味的是，传教士谴责佛教的“迷信活动”激怒了佛教的支持者，但正是这种活动在引导普通人采信天主教的过程中发挥了重要作用，这些人并不一定分得清欧洲宗教和本土的流行的信仰，他们只根据神在需要时提供帮助的能力来判断神是否灵验。由于这些人的文化素养有限，关于他们对天主教的了解，我们的认识还远远不够，但零散的信息让我们对天主教在中国基层的传播有了一定的了解。

关于基督教在人们中发挥功效的记录，常常是在奇迹故事的背景下发生的。这些故事对中国人来说已经很熟悉了，因为它们在佛教传统中广为流传。此外,中国天主教奇迹传说中与佛教类似之物,可能有助于在普通民众中传播天主教,因为当思想看起来有些熟悉时,就更容易被接受。但是中国的天主教奇迹故事中包含的一些元素使之具有了天主教的特色。比起传教士与他们的精英信徒之间崇高的教义辩论,这些故事格调甚低,但即使是受教育程度最高的人,也不总是对这些故事的说服力有所免疫。李之藻在被利玛窦护理病愈后的转变就是一个很好的例子。

每一个奇迹故事的寓意都是,只有信仰天主教的上帝才能带来救赎。通过考察这两个故事,我们可以大致了解它们的总体风格。两个故事都在17世纪早期,起源于福建省繁荣发展的中国天主教徒群体中,那里的意大利耶稣会士朱利奥·阿莱尼(1582—1649)时而被称为来自西方的孔子。这两个故事都取自一位学术皈依者编纂的一本讲道德的书,书中引用的内容如今只剩下故事本身。

第一个故事讲述了一个名叫张适的虔信皈依者的死亡,他的领洗名字是弥格尔。这个故事广为流传,产生了相当大的影响。它被解释为天堂和地狱真实存在的证据,是中国人可以上天堂的证据,也可以说是从此过上幸福生活的证据——当然,前提是他们改信天主教。它显示了天主教的上帝主持着一个神圣的审判,就像佛教传统中阎王所做的那样,但在这个例子中,上帝是由使徒马太协助的,还有一个协助者不是别人,正是利玛窦自己。弥格尔·张适(Michael Zhangshi)的死曾有过奇迹般的预言:当他祈祷时,他的床帷上出现了21个金色的字。最后五个字是“三年将受予”。他死的日子,就是这件事后三年的那一天。

> 而神往亲见天主判一人罪人发下地狱,又一童子发往孩

童所，三判迨，弥格尔张先加诃责，赖宗徒圣玛窦及上德西泰利玛窦先生侍侧，并为祈祷。主乃呼弥格尔，天神曰：准之化光天罢。尔时闻命，声震如雷。弥格尔旋甦觉遍体异热，亟呼挥翣，而详为阖家述前状。述毕，泰然长游。

耶稣……觉初尚呵责，有圣玛窦及利玛窦者旁为转祈，方许登化光天焉。斯盖绝而暂苏时，备告其父若舅者。临终作书遗言且临终作书，别教会诸友。①

这里再现的第二个奇迹故事是关于一个家庭，在一个女人奇迹般地从恶魔的附身中恢复后，这个家庭进而改信天主教。这本故事集的学者编辑认为，这名女子要为自己负部分责任，因为她表达了自己对未来丈夫的不满，助长了魔鬼的气焰，但这个故事本身似乎并不意味着她的丈夫或其他家庭成员会责怪她：

张奇勋者，泉之筍江人也，世以操舟为业。妻傅氏，武荣望族。女少丧父，未及笄许配勋。居常怏怏不乐，意张非吾偶夫。家祀有邪像，张仅尺许，俗所云章相公者也。夜来每就傅寝，傅魂尝从魔往。所居皆金阙玉楼，种种珍异。云欲取傅为夫人，如是者三年，傅容日黄疸，其姑异之。询知其故，即与成婚，冀可免魔难也。先是，或一月一至再至，及是无夕不至。傅与夫同卧，魔亦与傅共枕。夫不胜忿，私以钉钉邪像之脐，傅氏不知也。是夜复至，以脐肠示傅，血迹淋

① Nicolas Standaert(钟鸣旦), "Chinese Christian Visits to the Underworld" in H. T. Zurndorfer (宋汉理) and L. Blussé (包乐史), eds., *Conflict and Accommodation in Early Modern East Asia*: *Essays in Honour of Erik Zürcher* (Leiden: E. J. Brill, 1993), 58, 翻译自熊士旗《张弥格尔遗迹》,第 8a－8b 页。这部作品的创作日期不得而知，但死于 1627 年的杨廷筠写了一篇序言，所以回忆录一定是在这个日期之前写的。

> 漓，傅病日甚。绝粒者二三月余，濒于殆矣。夫患之家，延师巫驱禳，百端不效。
>
> 夫翁倏闻天主圣教，于是造堂叩恳，请教友至其家，洒圣水贴圣号于卧房，是日方暮，邪魔复至，不敢入其私室。第就其厅求合。翌日，教友复奉十字圣架至其家。魔遂绝迹。傅病渐痊，饮食如故。举家感恩，均奉圣教，受圣洗云。时崇祯癸酉春月事也。①

对一些与传教士有过接触的中国人来说，正是道教关于提炼长生不老药的理念吸引了他们对天主教的关注，正是因为它承诺了永生。瞿汝夔（1605 年前后在世）是一位颇有成就的科学家，拥有丰富的技术知识，他最初被利玛窦吸引，是因为耶稣会会士可能知道他所热衷的炼金术。后来，瞿氏皈依了天主教，他发现这个宗教作为死亡的安慰剂，它所提供的精神慰藉，比炼金术更有说服力。

炼金术和延长生命的可能性有时会产生离奇的结果。1678 年夏天，耶稣会驻杭州的信徒们开始着手将他们其中一员卫匡国（Martinus Martini，1614—1661）的遗体转移到他们新建的天主教墓地。卫匡国已经去世 17 年了，尽管中国的棺材以密封闻名，不过按道理他的尸体应该已经腐烂。但他的“头发、胡子和指

① E. Zürcher（许理和），“The Lord of Heaven and the Demons—Strange Stories from a Late Ming Christian Manuscript，” in G. Naundorf，K-H. Pohl，and H-H. Schmidt，eds.，*Religion und Philosophie in Ostasien*：*Festschrift für Hans Steininger am* 65. *Geburtstag*，（Königshausen & Neumann，1985），368 - 69，翻译自李九功《励修一鑑》，第 9b—10b 页。

甲……完好无损，坟墓也没有难闻的气味”。[①]

卫匡国的身体状况在杭州居民中引起了轰动，他们认为耶稣会士可能带来了一种可以永远保存身体的神奇物质，此时，他们对天主教产生了更大的热情。这与耶稣会士们试图传达的永生准则大不相同。直到 19 世纪中期，卫匡国死后近 200 年，他的尸体还在极其缓慢地腐烂，这一直让人兴奋不已，人们纷纷前往耶稣会墓地朝圣，为他修剪头发和指甲。

对一些传教士来说，炼金术的诱惑是不可抗拒的。1735 年，巴多明(Dominique Parennin，1665—1741)用他的物理和化学知识表演了“魔术”，为他的学者听众带来了天主教的启蒙。他的手段并不十分有效，正如我们看到的，炼金术的名气是一件危险的事情，因为怀有敌意的观众可能会指控这些“魔术师”犯下最十恶不赦的罪行。

违反律法

使用奇迹故事和“魔术”来鼓励皈依的负面影响，炼金术或魔力可能性的承诺，以及传教士传播的关于耶稣创造奇迹之力量的故事，这些都使中国人倾向于怀疑奇迹创造者就是麻烦制造者。他们知道耶稣自己毕竟是因触犯了律法而被处死的。在中国也有法律反对那些用宗教来掩饰颠覆行为的人。

中国广泛容忍佛教、道教、伊斯兰教和藏传佛教等宗教，只要

① David E. Mungello, *The Forgotten Christians of Hangzhou* (Honolulu: University of Hawaii Press, 1994), 56-57，引用了耶稣会 1678—1679 年信件，此信现在保存在罗马的耶稣会档案馆。关于卫匡国的身体影响的描述主要来自孟德卫的阐释。

他们遵守法律；中国也容忍白莲教等民间流行教派。白莲教是一个松散的非正统宗教组织，以反叛倾向著称。但针对宗教团体的法条，具体包括以下不可接受的违法行为：篡改帝国时宪的人，因为一个人有权这样做，就暗示着他的权威超越了皇帝；通过声称拥有法力来欺骗他人的人，其中可能包括炼金术；那些聚集了大量潜在的无序的男女众人、违反公共道德的人；还有那些用来生为今世殉道者提供奖励的人。天主教受制于这些法律，而一些信徒的活动似乎滑向了危险的边缘，接近了这些类型的禁止行为。此外，传教士宣扬人类的兄弟情谊和所有人的平等，这种教义不幸地让人联想到白莲教。对于中国人来说，社会秩序基于这样的前提——一个人的角色取决于他在复杂的等级制度中的地位，所以他们确实很难接受这样的观念。这些观念与社会组织的基本概念完全冲突。

因此，建立一个令人信服的反对天主教的案例并不难。传教士和他们的同伴们暗中运作，在这个国家的许多地方聚集起来，形成了组织。他们未能维持适当的等级制度。他们在海外有广泛的联系，他们得到了外国资金。他们的组织很强大，他们似乎服从一个权威中央的领导。也许他们是奸细，他们对制图学的兴趣肯定暗示了这种可能性。在这种背景下，此时，中国人回忆起1590 年代在朝鲜半岛作战的日本军队中有 1.5 万名皈依天主教的人，其影响令人不寒而栗。此外，中国人意识到已经在亚洲部分地区殖民的外国以这样或那样的形式接受了天主教。因此，与天主教的许多敌人一样，认为外国宗教的传播可能是入侵的一个不祥的前奏，并不完全是牵强附会的。

这种怀疑突显了西方对宗教所扮演角色的看法与中国人的看法有根本区别。在信奉天主教的欧洲，政教分离的企图是新鲜事物，教会声称拥有世俗领域的权威，但在中国，情况正好相反：皇帝的权力包罗万象。他是天子，是天地之间唯一的媒介。宗教机构的领导不可能对他有权威，宗教也不可能独立存在。在中国，宗教要么是专门为国家服务的，在这种情况下它是正统的，如果不是，它就构成了异端。因此，几乎不可想象一个中国的统治者会正式接受一种承认另一个领导者的外国宗教，更不用说允许这种宗教在中国制度化。换句话说，中国的宗教观念对天主教在中国的传播是一个不可逾越的障碍，因为天主教似乎充满了颠覆性的潜力。在这种情况下，天主教未能在中国获得广泛的收益，也就不足为奇了。

天主教在中国影响力的下降

在18世纪，中国皈依天主教的总人数下降了约三分之一，传教工作不得不转入地下。天主教在中国影响力下降的主要原因是，18世纪早期康熙皇帝和教皇之间关系的崩溃，但还有其他因素，尤其是耶稣会士在一场极其激烈的皇位继承斗争中站在了错误的一边。这引起了最终的胜利者的敌意，继位者就是雍正皇帝。1724年，雍正帝禁止天主教，命令所有天主教徒放弃信仰，除了那些为朝廷提供技术服务的人，将所有外国传教士驱逐到澳门。雍正的继任者乾隆皇帝和他父亲一样厌恶天主教，禁止传教士到各省传教。但是强制命令时断时续，欧洲传教士团体在整个18世纪仍然设法在中国农村传教。

对天主教的打压，在一定程度上是由于统治者对大型集会可能引发后果的担忧，从1754年的一起刑事案件中，我们可以看到这一点。就在北京郊外，一群公开修行的天主教徒引起了官方的注意。该团伙头目曾因劝人信教而受到惩罚；如今他似乎定期向人数众多的各种会众传道。官府销毁了在挨家挨户搜查中发现的十字架和宗教经文。进一步的调查显示，这个团体是在北京周边为皇家工作的耶稣会士使他们的中国学徒皈依，而学徒们再返回他们的村庄传经布道后形成的。①

离北京越远，事情就越容易。例如，在中国西部的四川省，天主教徒的数量成倍增长，特别是在 18 世纪下半叶。到 1800 年，仅四川就有大约 4 万人皈依天主教。这种增长正好与全国的趋势相反。

在 18 世纪晚期四川众多的天主教团体中，最引人注目的也许是天主教贞女团体。该学院是由（反耶稣会的）巴黎外方传教会（French Society of Foreign mission）发起的，其前身是中国妇女中发起的一场抵制婚姻、献身宗教的本土运动。它的成员发誓要保持贞洁，并把她们的一生奉献给社会工作和在女子学校的教学事业。当然，他们的目标是让学生成为天主教徒，并主要专注于传福音，但为女孩提供教育的事情是如此不同寻常，以至于接近于革命。

大多数天主教贞女来自富裕家庭，通常是天主教徒家庭，他们愿意支持自己的女儿；而中国社会不允许独身妇女群体独立生活。像白莲教一样（它总是受到颠覆政府的质疑），天主教为女性的宗教热情提供了出口，并赋予她们一定程度的权力，这在正统的儒家框架内是不可能的。天主教的贞女学院经常受到儒家学者的攻击，他们认为女性的贞洁誓言即使不是彻头彻尾的颠覆社会，也是反社会的；因为婚姻是一种道德责任。但是这个组织稳

① 马世璘撰《成案所见集》，1805 年，谢奎辑，卷 16，第 3b 页。

步发展，到 19 世纪末，有 1000 名妇女加入了这个组织，它直到 1950 年才最终解散。

一些记载表明，清朝对传教士颠覆活动的恐惧并非完全没有根据。例如，在 1746 年的福建省，当地的耶稣会拒绝了一名中国男子的借贷后，该男子指责传教士付钱让人皈依，非法交易武器，并煽动人们造反。这对传教士来说很不幸，一些当地的土匪是天主教徒，他们家里有欧洲的武器和钱。当地传教士设法逃脱了，但一名来自多米尼加的主教在这一事件后被处死。

随着 18 世纪传教士在中国的影响逐渐减弱，耶稣会在欧洲也迅速失去了地位。葡萄牙政府在 1759 年驱逐了耶稣会士；到 1762 年，那些在澳门的耶稣会士也被驱逐出境，他们的财产被没收。其他国家也纷纷跟进。1773 年，教皇在全世界取缔了耶稣会。两年后，该命令在北京被执行。已经在中国的耶稣会士仍留在这里，但是没有新的来华者了。

18 世纪最后四分之一的时间里，中国出现了一波打压天主教徒的浪潮，特别是在 1784 年和 1785 年，紧随两次大规模回民起义中的第二次之后。这是因为，与有时想知道中国是不是一个穆斯林国家的英国人形成了有趣的对比，伊斯兰教的外国起源，导致许多中国人将其与天主教混淆。反天主教活动声称，这是对可能发生的叛乱的先发制人的打击。在清朝皇权的鼎盛时期，天主教在中国的影响降到了最低点。

天主教和佛教之比较

在中国从国外接受的两大宗教中，佛教比天主教扎根更深。其中一个原因与各自宗教的体制结构有关。如上一章所说的，1

世纪,佛教从印度传入中国。它以一种零星的方式出现,伴随着商人、旅行者和一些穿越中亚的僧侣来到中国。后来,中国人前往印度学习更多的佛教知识,并收集佛经带回翻译。佛教向中国的传播一直不是宗教中心所主导的,不像罗马后来试图控制天主教在中国的传教活动。

相比之下,16 到 18 世纪的天主教传教士却在一种致命的缺陷下开展活动:他们的整个工作都在罗马教皇的集中指导下。这严重限制了他们的行动自由和根据实际经验作出判断的能力。许多支配他们行动的决定,是在反宗教改革的教派的政治指导下做出的,与中国的情况几乎没有关系。这极大地限制了传教士的效力。而早期的佛教徒就没有这样的障碍。这种差异与佛教在中国成功扎根有很大关系。

第二个原因与当时中国的政治环境有关,包括中国是否是中央集权。佛教在中国扎根时,汉朝正在衰落。在汉朝于 220 年灭亡后,随之而来的是近四个世纪的政治分裂。16 世纪晚期,当天主教传入中国时,中国正进入一个社会和政治的不稳定时期,但由于种种原因,这种相似性只是表面上的。首先,中国明末的政治瓦解到清政府统一只持续了大约 60 年。其次,清朝新政府施政纲领中包括对思想自由的严格限制;臣服清朝后,汉人学者不太愿意在思想上冒险。明末的开拓性氛围,使传教士事业如日中天,而中国人对自己文明陷落的危险忧心忡忡,外族占领的经历,使任何外来信仰体系几乎自然成为被怀疑的对象。最后,耶稣会为新政权服务的决定,使他们失去了许多汉人精英的同情,这是遗民情节和原始民族主义情绪的结果。在这一时代背景下,外国传教士的忠诚的转移,对经历了异族占领的汉人来说,是非常危险的。

第三，与早期的佛教徒不同，天主教传教士对思想性辩论的重视远远超过社会行动，但也有一些例外。此外，由于种种原因，他们的经济角色并没有融入中国社会，然而，正如我们在上一章所讲到的，佛教和国际贸易是紧密相连的。明清时期，天主教传教士与欧洲商人之间的联系较为松散；商业和宗教在很大程度上仍然是分离的。商人被限制在沿海地区，而传教士遍布全国各地。此外，英国人和荷兰人在外国商人中占有相当大的比例，他们是新教徒，不太可能与天主教传教士、法国人、西班牙人、葡萄牙人或意大利人形成紧密的联系。

第四，当佛教出现时，它唯一真正的竞争对手是道教，而佛教与道教有一些相似之处。道教就像是本土植物，而佛教就像缠绕在它周围的藤蔓，它依附于道教之上，然后蓬勃发展，甚至在某种程度上压倒了它。在那个时候，作为一套国家运作原则，儒学仍然是相对较新的和不稳定的；更重要的是，它没有试图解决精神需求。因此，佛教不考虑社会地位，通过向所有人提供救赎，来填补这一空白。相比之下，当天主教到来的时候，人们还有其他的选择，佛教和根深蒂固的宋明理学更适合竞争中国精神生活的方向。佛教的政治角色也是它的一个优势。在一个政治权力不断竞争的时代，它为争取统治者提供了另一种合法性来源。相比之下，耶稣会士的政治影响力从未达到这样的规模，最终给他们带来的麻烦就多于收获。

第五，天主教的非此即彼的做法与中国的习俗格格不入。中国人那些把宗教仪式当作向不可见的力量请愿的表达，他们感兴趣的，主要是它的功效。他们不觉得混合和搭配不同的信仰有什么奇怪的地方。佛教能够在这个传统中找到自己的位置，但是天主教宣称的排他性和绝对信仰的要求，实际上是一个不可逾越的缺点。

综上所述,16 到 18 世纪,天主教在中国的传教活动,由耶稣会士主导,由于中国国内的文化和政治因素,以及欧洲的教会政治,未能达到预期的大规模进入中国的目的。作为一项宗教事业,在中国传教也并不是一场彻底的灾难,20 万左右的中国皈依者,这是一个相当大的数字,但对于一个到 1800 年历史人口已接近 3 亿的国家来说,传教士两个世纪以来的工作并不算太好的表现。传教士所取得的更大的成功,是使中国人有可能了解欧洲的其他知识分支,以及另外一些欧洲人与习俗。

第三章　18世纪的外国商品及异国知识

天朝物产丰盈，无所不有，原不借外夷货物以通有无。[①]

——乾隆皇帝（1736—1795年在位）

1792年，英国政府派马戛尔尼勋爵出使中国，以期超过欧洲其他国家以及它之前的美洲殖民地，获得对华贸易的绝对优势。但出使并不成功。长期以来，西方历史学家们推测，失败的原因是中国对于贸易的全面抵制，在对外关系的礼仪问题上，清廷严苛地坚持着分明的等级，并且完全反对革新与变化。但是当我们从中国方面的视角来审视这个问题时，结论便截然不同。贸易在清帝国内扮演着重要的角色，在区域内发挥着重要的政治与文化上的影响力。清廷不希望给欧洲国家无节制地进入中国市场的机会。在某种程度上，他们担心的不仅是失去对利益的控制，他们同样不希望有着截然不同文化背景的商品失控地在国内流通，这会对君主专制有隐性的影响，从而带来危机。简而言之，清廷认为，不受控制的交易，对国家安全有潜在的危害。

18世纪的清廷对欧洲的复杂多样性有足够的认识，对国际事务比一般所认为的要熟稔许多，因而其措施十分谨慎。他们对

①《英使马戛尔尼来聘案》，见《掌故丛编》（北平，1930—1943年）第三辑，第16—24页，这段文字在第19b页。

欧洲人的认知部分来自朝廷中的传教士,部分来自定期而来的使臣,部分来自广州贸易,还有一部分是根据欧洲人在亚洲的殖民诉求得出的结论。中国近海的澳门作为一块飞地已被葡萄牙控制了两个世纪,马尼拉也几乎被西班牙人统治了同样长的时间,巴达维亚则是一直在东南亚有着强大殖民势力的荷兰人的中心。那些地方都有数量可观的华人移民群体,欧洲人则有时对他们表现出强烈的敌意。例如,在菲律宾、巴达维亚以及荷兰人占领的台湾,华人不止一次被袭击和屠杀,有时甚至数量巨大。英国的扩张已经触及了中国的领土,还没有直接对中国本身表现出厌恨的负面情绪。虽然清廷深知欧洲国家间的差异,但英国可能跟其他欧洲国家的意图没有什么不同。

本章内容考察了18世纪清朝同海外的国际贸易和思想交流的一些主要方面,18世纪是康熙皇帝晚期至乾隆皇帝去世的1799年。欧洲人并不是18世纪与中国交往的唯一外国人,但他们是历史舞台上最新出场的、最有决心去推销他们的货物和思想,并且整体实力最为强大的外国人。因此他们是本章所关注的主要问题——虽然不是唯一的。中国并不总是张开双臂欢迎新的到访者,这是事实。但是,这种慎重的考虑更多地出于实用主义,而非像欧洲人轻蔑地指控中国的那样,是一种反动的保守主义或是原始的狭隘主义。

盛清的战争与外交

从1644年建立到18世纪末的大约150年的时间里,清朝只经历过四位皇帝的统治。他们是:顺治帝(1644—1661年在位)、康熙帝(1662—1722年在位)、雍正帝(1723—1735年在位)和乾隆帝(1736—1795 年在位)。其中两位皇帝统治都超过六十年;为了不超过在位六十一年的祖父康熙而显得不孝,乾隆皇帝于 1795 年禅位,但实际上,在此后直到去世的四年间,他仍保持着实际统治。在王朝更迭战争的混乱后,这种长时间的统治造就了一个持续安稳的时代。这一时期里,人口增长超过了三亿,清朝正全力追求着巩固及发展他们的王朝。

清朝皇帝非常重视他们的满洲传统。他们既是中原的皇帝,也是广大内亚、中亚地区的汗,换言之,他们是一个囊括汉地的大帝国的统治者。他们对自己的定位既是仁德的儒家统治者,又是有着精致满洲传统的军事占领者。他们在统治中还一直试图建立精神上的至高地位,他们与威胁自己权威的达赖喇嘛竞争,后者在蒙古和西藏很多地区的清朝臣民中发挥着宗教领导力。换言之,清代的统治者采取了一系列的措施巩固他们的君主专制统治,并控制着代表它的途径。清廷同那些后来的,但最终颠覆其统治的西方列强一样,同样是"帝国主义者"这一称号的有力竞争者。

直到 19 世纪中叶,清廷并没有一个处理外交事务的专门机构,政府设置了一系列政策来维系帝国的稳定,保卫帝国的陆疆和海疆。这些政策一部分脱胎自中国处理类似事务的惯例,另一部分则是清廷从满人自身的内亚渊源中提炼出来的制度创新。政府内不同机构负责处理与不同族群相关联的事务。因为这套政策有很大的灵活性 ,在大多数情况下,清代中叶的政府在处理与外部世界的相关事务时,展现出非常强势的姿态。然而,政出多方的局面使得制定前后接续的长期政策很难实现。19 世纪时,大多数西方国家已经习惯用一个独立的外交机构或外交部处理外交事务,对外交事务缺乏集中管理往往会被西方国家看作是一个弱点。

理藩院负责处理北部、西北部的相关事务，这其中也包括俄国。理藩院是清廷为了转变管理方式而新创立的一个机构。对于蒙古、藏等民族，理藩院通过一系列交往中的礼仪规程来尽力消除汉地与这些民族间的文化冲突，从而更好地将这些民族整合入帝国的政治体系中。这种行为被认为是清廷在东亚大陆消除潜在威胁的一种手段。

1680 年代，清廷开始把它的注意力转向了中国的西北边疆。为了解决中国和俄国间的争端，清廷最初尝试利用荷兰或葡萄牙人，通过阿姆斯特丹和里斯本向莫斯科传递信件。由于荷兰人在俄国有很强的商业影响力，清廷尤其对他们的作用寄予厚望。但最终清廷自己解决了它和俄国间的纷争。1689 年中俄签订了《尼布楚条约》，条约在那些能够使用满文、拉丁文的耶稣会士的协助下得以签订。

《尼布楚条约》和后继于 1727 年签订的《恰克图条约》明白显示出清廷处理对外事务时会根据实际情况搁置自己关于藩贡体制的态度，同时，这两个条约也将中俄贸易限制为每年特定时间所进行的边境关卡贸易。中俄间的战争在 1680 年代结束，《恰克图条约》由此许可为北京的一个小规模俄国人社区修建一所俄国东正教教堂，俄方每十年向北京派遣一个传教团，每三年派遣一个贸易商团。尽管两份条约承认了国家间地位对等的原则，但清廷仍坚持要求俄国商人遵循一套暗示着宗藩关系的礼仪。

随着 1690 年代与俄国间敌对态势的消弭，清廷能够将它的注意力转向抵御准噶尔部，后者正对中国北部与西北的边疆构成威胁。一连串针对准噶尔人的战争一直持续到了 1750 年代，随着清廷所取得的一系列军事上的胜利，准噶尔人的势力最终被消灭，大片中亚的土地并入了帝国的版图。随着中国西北边疆长期以来游牧民族的威胁被消除，整个蒙古、西藏地区都被高效整合在了清廷的控制之下。至 1760 年代，清帝国已成为中国历史上疆域最为辽阔的帝国之一，理藩院的司法管理权限也随之大大扩张。

清廷政府机构中第二个负责处理同外国关系的部门是礼部，它是传统政府所设置的六部中排位第三的部门。礼部负责处理一些特定国家与中国的外交事务：那里的居民不是中国人，但在文化上同中国具有某种程度的相似性，例如朝鲜、缅甸、暹罗、越南、日本等，皆属此类。清廷希望获得这些国家对自己宗主国地位的承认，作为回报，清廷会授予他们一些有限的贸易权益，与此同时非官方贸易随着官方贸易一起进行且十分繁荣。追求贸易特权的欧洲人最初也是被纳入这种藩贡体系中的，他们同那些中国的中亚邻国们不同，最初并没有显现出什么领土野心。

此外，清廷还有第三个涉外部门，负责监管在华工作的欧洲传教士，这就是内务府——一个服务于皇帝、为其处理各种庞杂事务的部门。内务府监管传教团的职权表明他们很少会涉入与朝廷边疆体系相关的国际事务。但因为传教士实际上经常充当为数不多的几个欧洲国家外交使臣翻译的角色，所以这一时期传教士往往具有相当的影响力，这一点不应该被忽视。例如，清宫中的耶稣会士一般来自常年与荷兰、英国进行权力角逐的天主教国家，他们曾不止一次地对荷兰出使清廷的意图进行阻挠，而且总是对荷兰人加以诽谤，试图阻碍荷兰对华外交事务的进展。

然而欧洲诸国宗教信仰上的差异有时也会屈就于彼此共同的欧洲渊源。例如 1656 年一位葡萄牙籍耶稣会士曾向一位荷兰外交代表表示组织一场对中国的入侵并没有多难，但他认为最好等到更多的中国人皈依天主教后能充当"第五纵队"时再付诸实施。在其他场合，传教士为了给自己牟利，往往在向俄国传递有战略价值的信息时，充当唯一中介人这样的重要角色。换句话说，这些耶稣会士在政治上的态度从来就不是中立的。

贸　易

商业在 18 世纪的盛清扮演了重要角色。随着持续的和平与繁荣，国内的区域间市场网络变得越来越复杂，而国际贸易也空前繁荣。一种蓬勃发展的非正式贸易与通常被视为朝贡的正式贸易并存并相互独立。在北部，条约规定的边境口岸所允许的定期市场总是很繁忙。在西部，新疆地区为中国、俄罗斯和中亚之间的交流提供了一条通道，与古代丝绸之路遥相呼应。在东部沿海，繁荣的舢板贸易将海岸与台湾地区（自 1683 年以来就是清帝国的一部分）、日本、朝鲜和许多东南亚国家——暹罗、马来亚、菲律宾、印度尼西亚等等——联系在一起。舢板贸易给中国带来了胡椒、椰子油、大米、红糖、铜、木材、藤条、海参等必需品，带走了中国的陶瓷、纺织品和其他商品。

东南沿海省份的许多人——至少有数十万——以海上贸易为生，留在中国沿海的人们和迅速发展的海外群体之间有持续的商业和个人交流。清政府密切关注海外华人群体，因为他们时刻警惕汉人、总是存在的海盗和心怀不轨的外国人之间可能存在的勾结；清廷认为，只有坏蛋才会想要完全离开中国，而且一个永远不能被低估的风险是，他们将信息传递给不确定的敌对外人。这种担忧时不时会导致海上贸易的临时禁令，致使一些人从事走私和海盗活动，但官方从来没有任何要完全终止海外贸易的计划。

东南亚贸易对沿海社区的生计至关重要，这意味着这种禁令只在极端情况下才会实施。1680 年代结束的、对以台湾为基地的郑氏军队的打击，就是这种极端行为的一个例子。六十年后，是一个更安全的时代了。例如，1740 年，在巴达维亚的荷兰殖民者屠杀了一万多名华人侨民之后，乾隆皇帝拒绝了全面禁止海上贸易的提议，正是因为这项提议将使沿海省份的中国人生计艰难。

中国与没有正式建立外交关系的日本，关系仍然不友好。正如我们所见，自晚明以来两国关系便已冷淡，16 世纪中叶开始的、以葡萄牙人作为中间商的中日间接贸易，在 1630 年代被终止了。当时，日本因为害怕天主教的污染，禁绝了葡萄牙人，但中国常年需要的日本的银和铜贸易要经过长崎，这是日本唯一对外国人开放贸易、准许居住的港口。与此同时，1600 年后重新统一日本的德川幕府，以侮辱性的方式暗示暴力夺权的清政府的统治是非法的，并为明朝遗民的抵抗提供了道义和物质上的支持。在这种情况下，即使日本愿意恢复朝贡关系，也是不可想象的。

尽管日本抵触中国的宗主权，但是这一时期中国的儒家理学已经成为日本思想文化生活中的一部分。朝鲜和越南在明朝时期也接受了中国的理学作为他们的国家意识形态。因此，虽然东亚大部分地区在政治上没有凝聚力，在文化上也没有统一，但此时它们的运作遵循着源自中国的理学原则。将清朝时期的东亚描述为中国势力范围有些夸张，但是，考虑到理学的广泛流行，中国及其文化在该地区构成了一个非常重要的存在。

自 1683 年中国解除海禁以来，欧洲商人一直在中国沿海南北地区进行贸易往来，并且逐步放弃了很多假装朝贡的借口。到了 18 世纪中叶，英国人控制了中国的贸易。但地方官员对外贸征收的大量额外关税,以及难以接触到更高级别的政府官员,让英国人感到越来越沮丧。因此,在1759年,英国人试图直接向皇帝请愿,要求改变现状,建立一个更加正规的对外贸易体系。这一大胆的举动证实了清王朝已经部分形成的观点,即英国人确实是一支不可忽视的力量。

次年,清政府对英国的提议做出了回应,引入了旨在保护海上边界的限制性程序,并确保在华外国人只能按照中国的条件进行交易。与1727年中俄签订的《恰克图条约》一样,这些被称为"广州体系"的程序,旨在帮助清政府巩固海防,垄断商业利润,并控制与欧洲人的往来。

广州体系把对外贸易限制在单一的东南部港口城市广州。外国人只有在10月至3月的贸易季节,才被允许居住在广州,而外国女性则被禁止随行。西方商人被要求将船上的所有武器存放在中国官方,直到他们离开。他们必须通过有特别许可的商人进行贸易,这些商人被称为"行商"(汉语里的"行",意为"公司"),清政府授权他们负责支付所有的关税和其他费用,并为外国人的行为端正负责。外国人不得不利用这些人作为与朝廷任命的粤海关监督(外商称粤海关的长官就叫"户部",英语发音是"Hoppo",词源来自汉语的"户部"。——译者注)沟通的渠道。粤海关监督代表了清朝对欧洲人的权威,并帮助中央政府与他们保持一定的距离。

非正式的舢板贸易在很大程度上不受这些规定的约束,因为它主要是由中国本土居民与海外侨民进行的,因此不被视为外国的。1760年后,它作为中国内部事务被赋予了新的重要性。换句话说,大部分与东南亚的贸易——南洋贸易不受新规定的影响,继续在广州以外的港口经营。

从表面上看，广州体系的目的是控制西方贸易商，并为政府垄断国际贸易的利润。但最终事与愿违，其中原因有二：首先，这对行商们来说是灾难性的。许多人积累了巨额债务，却无力偿还，原因之一是为了维持官方的好感，他们不得不支付数不清的贿赂，原因之二是从欧洲商人那里赊购商品的做法。它们中的几个破产了。有些人因为不履行义务，而被流放到遥远的西北地区。赚钱的可能性还不足以抵消这些风险。作为一个群体，这些商人非常不稳定，但他们通常不被允许退出，特别是因为很难找到替代者。事实上，他们被迫继续下去的事实清楚地表明，清政府并没有打算完全废除这一贸易。广州体系最终失败的第二个原因，是许多欧洲商人对它完全不满意。他们并不认为，允许他们不受限制地活动的要求有什么特别之处，并经常被既有制度的限制和不便所激怒。

中国的司法制度日益成为中国人和欧洲人之间冲突的根源。随着越来越多的西方商人来到中国，清政府在执法方面变得更加严格。清初，当事件相对较少的时候，涉及外国人意外杀害中国人时，清政府通常接受经济赔偿。但从18世纪50年代开始，西方人开始采取更强硬的措施，并开始主张自己的管辖范围，不仅包括在中国领土上的西方人，也包括那些涉及中国人和西方人的事务。

1784年的一个著名案例就是一个例证。一艘英国船“休斯夫人”号，在广州附近鸣放礼炮，意外杀死两名中国旁观者。中国当局要求这艘船的船长交出炮手，但船长宣称，他不知道是哪个炮手开的火。于是，中国人逮捕了这艘船的管理员，也就是押运员，作为炮手的担保人，停止了所有与欧洲人的贸易，切断了居住在广州的西方人与停泊在此的欧洲船只——英国、荷兰、法国、丹麦以及美国的船只——之间的联系。尽管欧洲人之间存在许多竞争,但清政府似乎把他们视为一个大家庭,他们所有人都要对“休斯夫人”号事件负责。欧洲人对贸易的中止感到震惊,他们聚集在一起,把全副武装的商船开进港口以示抗议。于是,两广总督提议,除英国人外,所有西方人都可以恢复贸易。值得注意的是,除了美国人,所有人都这么做了。美国人在他们的独立革命仅十年后,已经把他们的第一艘中国贸易船“中国皇后”号发往广州。此后不久,英国人就把炮手交给了中国。

中国传统的法典中有非常具体和详细的关于杀人的规定,在通常情况下,只要得到皇帝的批准,就可以判处死刑。在意外死亡的情况下——比如“休斯夫人”号事件,可以宽大处理,因此总督提议宽大处理。但皇帝下令处决机炮手。

帝国的决定源于国内的政治考虑。正如我们在上一章所看到的,中国人有时会把基督徒和穆斯林混为一谈,因为每个群体都信奉一种外国宗教。1784 年,一群穆斯林五年内第二次在内陆地区造反。虽然乾隆几乎肯定地掌握了穆斯林和基督徒的区别,但他也看到了一些相似之处,例如,两者都服从一个皇帝无法控制的世俗权威。他还担心穆斯林的起义会很快导致基督徒的骚乱。此外,在“休斯夫人”号事件发生时,皇帝已经下令镇压所有在各省活动的基督教传教士。就他而言,他的行为完全符合中国的法律,他认为没有理由不这样做。但英国人对此感到震惊。他们认为,对炮手的处决证明了野蛮的官方实行了一种武断和异常残酷的司法制度。至少在一些人看来,中国的司法体系只配得上非常低级的人;后来,这样的观点使证明鸦片贸易的正当性变得更容易了。

尽管广州制度中存在着种种相互间困难和挫折,但那里的对外贸易蓬勃发展，部分原因是欧洲人对中国货的热情日益高涨——出口市场不断扩大的瓷器，长年流行的丝绸，最重要的是茶叶。茶叶成为欧洲人从中国进口的最重要的商品。快速增长的需求几乎完全来自福建省西北部的一个小山区，那里超乎寻常的商业刺激，是欧洲经济扩张对中国更积极影响的标志之一。

除了通过恰克图的边境贸易站向俄罗斯大量出口茶叶，中国茶叶的主要市场是英国，在那里，茶叶风靡一时。英国东印度公司大量进口茶叶，尽管该公司的垄断地位使其国内的竞争对手陷入困境，但它在欧洲大陆的同行也将大量茶叶走私到英国。交易如何支付便是个问题，因为在工业革命之前，欧洲生产不出什么可以与中国进行贸易的东西。在中国，只有白银的市场交易量几乎可以与茶叶进口相比。

到 1880 年代初，东印度公司因为茶叶贸易而面临财政困境。它必须找到一种白银的替代品——因为它从中国带走的东西是带来的三倍多。美国的独立已经剥夺了该公司的一些茶叶市场，并增加了竞争。几年后，英国通过了降低进口关税的立法，使走私活动无利可图，帮了公司一把，但这并不足以挽回它的命运，因为中英两国之间的贸易一直在扩大。

东印度公司抓住的另一个选择是鸦片。鸦片在英国的印度殖民地种植，可以在广州以三倍于原价的价格出售。中国自 17 世纪初就有鸦片，并于 18 世纪 20 到 30 年代开始传播。到 1860 年代，英国商人开始把它走私到中国，但规模相对较小。由于财政上的困境，他们此时有系统地加大了向中国出售印度鸦片的力度。尽管清政府努力禁绝，它的上瘾性还是确保了对其稳定的需求。

公司的鸦片政策非常成功。从 1780 年代起，为满足英国人饮茶的习惯，他们齐心协力地用鸦片代替白银。在接下来的半个世纪里，直到鸦片战争前夕，英国东印度公司通过其所谓的印度和中国之间的国家贸易许可，由英国人、印度人、亚美尼亚人和帕西人向中国走私了近 44.3 万箱鸦片，总价值 2.3 亿两白银。[①]该公司倾向于使用这些中间人与中国进行贸易，以保证表面上不违反清政府的鸦片贸易禁令，因为它不想危害其茶叶和其他商品的合法贸易。1792 年和 1793 年马戛尔尼使团成行时，英国用鸦片代替白银购买中国茶叶的政策才刚刚开始实施。

马戛尔尼使团

马戛尔尼使团是一个西欧强国首次尝试和中国在平等的基础上交往，并且“开放中国贸易”。使团有两个主要目标：

第一是请求中国放松对商业的限制，这既是因为英国政府认为拓展贸易是国家利益，也因为在工业革命早期，英国新兴起的强大的制造业利益集团妒忌东印度公司在对华贸易中的支配性地位，十分渴望为自己的产品找到新的市场。东印度公司被政府说服给予使团财政支持，但它抱着一种矛盾的心态，公司认为一旦使团获得成功，它高价值的对华贸易垄断便将可能被终结。

使团第二个目标是希望获得清廷的准许，在北京设置一个常驻使团，可以和皇帝直接联系，以此取代当时通过广东行商和地方官员的间接联系渠道，这样应该可以更容易维护英国人的在华

① 当时一两大约值三分之一英镑。一个高官一年可以挣一万两千两左右，而大多数普通老百姓一辈子看不到一千两。

利益。总之,最终缔结一项商业条约,内容包括使英国人的贸易活动可以超出广东的范围,看起来有希望解决当时他们遇到的所有问题。

马戛尔尼由大量宫廷扈从、科学家、语言学家以及其他一些人伴随,携带着精美的礼物,在经过漫长的海上航行之后于1793年夏天抵达中国。由于他的官方使命不是从事贸易而是向中国皇帝表达英国官方的敬意,所以他的船队被特许不受朝廷关于西方商人只能在广州活动禁令的限制,向北一直航行到天津——北京的外港。使团在此登陆,走陆路完成了旅程。

使团携带的礼物中,有一个配备了望远镜和其他天文观测器材的精美的天象仪、英国战舰精密的模型、纺织品以及武器。所有这些礼物质量上乘,意在夸耀英国最先进的科技和制造技术。正如使团秘书乔治·斯当东爵士所说:"英国最好的制造业的产品样品,旨在提高社会生活便利与舒适程度的所有新近的发明可以达到双重目的——使收礼者对即将获赠的礼物满意,激起他们对同款商品更为普遍的购买欲。"①在这方面英国人与耶稣会士很相似,传教士们希望即使中国人不皈依天主教,欧洲的艺术与科技也可以成为打开中国宗教宽容之门的钥匙,英国人希望用同样的钥匙打开中国的市场,从而得到更多的贸易机会。

礼物被陈列在北京圆明园,以防这些礼物精妙的机械结构在长途运输中遭到损坏,而使团则踏上了前往热河(今承德)的旅途,那里是乾隆皇帝宫廷的夏季驻地。在热河,乾隆皇帝接见马戛尔尼时展现了相当的好感,同时一起朝见的还有那些来自皇帝

① Sir George Staunton, *An Authentic Account of an Embassy from the King of Great Britain to the Emperor of China*, 3 vols. (London: G. Nicol, 1797), 1, 49.

内亚藩属的使臣们，他们也来到热河，以古老的方式向皇帝表达敬意。皇帝亲切而谦和地向马戛尔尼赠予昂贵的礼物，但否决了他的请求，有礼貌地让护卫将他们送回自己的船队，打发他们上路。皇帝通知广州的官员们要对外国商人严加监视，尤其是英国人。

大多数对马戛尔尼使团的研究都将分析的重点放在了使臣拒绝施行清廷所希望的跪拜礼上，认为这是使团失败的直接原因，但不应感到意外的是，实际情况其实更为复杂。整个插曲充满了相互间的误解。一般认为，马戛尔尼以为与中国之间的外交关系可以按他们在欧洲同样的方式来处理，而乾隆皇帝同样事先就认定，马戛尔尼应该遵循清廷接待外国显要时的礼仪惯例。双方都完全错了。礼物的交换也同样被相互的误解所困扰。例如，马戛尔尼没有意识到乾隆皇帝递给他的黄金权杖是和平与繁荣的珍贵象征，嫌弃地认为它粗劣，没什么价值；另一方面，乾隆皇帝认为英国人带来的大量旨在促进外交的礼物同他所见过的欧洲产品并没有本质不同，也没有更精巧。马戛尔尼不断转变立场，有意表现出和解通融的态度，但这使清廷更加确信英国人在隐瞒他们的真实意图，清廷感到非常不安，在这种背景下他们并不急于做出任何让步。

对于清廷来说，无论如何英国人的要求是不合逻辑的。他们想在北京设置一个使馆，但外国人定居京城实在离他们在广州做生意的同胞太远了，不能达成任何目的，他们只会成为又一个需要监管的群体。他们想要在更多的港口从事更多的贸易，但中国当局认为没有理由在外国人中对英国人特殊对待，英国人所需的货物通过建立在广州的行商系统可以随时提供，这点上中国保证对所有西方人一视同仁。从中国的角度看，乾隆皇帝认为没有中介商的贸易风险太大，因为这样太多的贪念会冲击从而产生矛盾冲突，至少也会分化对朝廷的忠诚。

回顾马戛尔尼事件可以看出，从一开始使团注定是失败的。由于英国人自身的海外活动以及天主教传教士在乾隆宫廷所作的种种暗示，他们在中国的商业前景并不乐观。大多数传教士都是法国人，他们认为信奉新教的英国作为其祖国长期以来的敌人，并不值得信任。总之，乾隆皇帝事先对大使的到来有所疑虑，与马戛尔尼的实际交往使中国人认为英国人并不诚信，而英国人对中国人的偏见也有所滋长，他们认为中国人并不愿意同外部广大世界交往。总而言之，这是一个不祥的开端。

中国与欧洲的艺术和科技

尽管乾隆表面上对英国的制造业不感兴趣，但他和许多其他中国人一样，对各种外国事物表现出相当大的兴趣，从他 1773 年与传教士蒋友仁（Michel Benoist，1715—1774）的一系列谈话中可以看出这一点。乾隆向蒋友仁请教西方科学、哲学、战争、地图学、航运和航海实践。在一次这样的谈话中，他严肃地问蒋友仁：你们西方的哲学家是否解决了一个困扰我们这里哲学家的问题——先有鸡还是先有蛋？蒋友仁尽力回答了这个问题。在乾隆皇帝漫长的统治期间，蒋友仁是在宫廷中生活和工作的耶稣会传教士之一，在此过程中他还向欧洲提供了关于中国的详细信息。

在清朝皇帝的宫廷里，耶稣会传教士的技术技能和多才多艺令人震惊。传教士们建造了一些天文仪器，包括一个象限仪、一个六分仪、一个天球、一个经纬仪、一个方位角和几个环架，以此装备的天文台,至今仍可以在北京参观。他们为皇宫建造了喷泉和运转的风车。他们在北京附近设计了一个新的夏宫,在那里他们安装了欧式喷泉,有欧式立面和欧式室内装饰的精致建筑外围布置了西式植物景观。他们移植了旱金莲、风信子和其他欧洲植物,并向朝臣们解释如何种植它们。他们制作精致的时钟和机械玩具。他们建造了一架大键琴,并开设了音乐课。他们为玻璃制造提供技术建议,监督其生产,并建造了自己设计的熔炉。他们自学了珐琅的艺术,以便能够满足皇帝对这种工艺的热情。他们制造了精细的水利设施和其他机械,并根据中国人的要求详细说明了操作方法和功能。他们设计大炮,并监督制造大炮的铸造厂。他们经营药房,在广州商人的帮助下,为皇帝提供稀有的欧洲药物:用于疟疾的奎宁和抗寄生虫病的硫化锑。他们组装了用于治疗神经疾病的电休克治疗设备,到 18 世纪晚期,他们对这种设备的运营取得了一些成功,以至于中国人准备好并愿意承担治疗风险。他们调查了整个帝国,在敌对状态结束后,会尽快前往新占领的地区进行测量。最后,他们作为宫廷画家创作肖像,特别是在乾隆时期,他们详细记录了清朝统治的胜利。简而言之,他们非常努力地工作,并取得了相当大的成功,以满足皇帝对审美的乐趣和实用科学技术的需求。

清朝皇帝最感兴趣的,是西方知识的这样一些领域,它们可以帮助清朝重新确认他们作为中国统治者的合法性、拓展他们的军事功绩、施展他们的帝国抱负,以及为他们掌控历史记述所作的努力。在这些兴趣领域中,天文学和相关的数学科学,与清朝证明其政治权威的努力有着最密切的联系。

天文学和数学

欧洲天文学是耶稣会士带到中国的世俗知识的支柱。许多耶稣会士在上船之前都接受过天文学方面的训练。此外，在从里斯本到果阿的 6 个月以及从果阿到澳门的 3 个月的海上航行中，他们有充分的机会进一步熟悉星空。在利玛窦到来前不久，历法改革在中国引起了广泛的争论，因此耶稣会的天文学家们虽然没有发起，但是也加入了这场争论。

1629 年，传教士赢得了一场由朝廷发起的比赛，他们获得了最准确的日食预测，击败了时任的官员，其中包括使用外来方法的穆斯林。结果，通过“柱石”徐光启的调解，他们被任命为明朝钦天监的官员。除了卓越的日食预测水平，他们对行星运动的几何分析、对球形地球的概念以及测量地球分区等所使用的方法，都比当时中国的得出了更精确的计算结果。

中国对欧洲天文学更高精度的接受，表现出了一种适当的谨慎。1629 年，十名钦天监官员签署了如下声明：

> 己巳年(1629)开始采用西法的时候，我们对欧洲的天文学同样也有所怀疑，但读了许多明白的说明以后，怀疑已消去了一半。后来，我们又参与了星辰、日、月的位置的实际测定工作，看到他们测算得很精确，怀疑才全部消除。最近，我们奉皇帝的命令研究这门学问，每天都和欧洲人进行讨论。要寻求真理，就不应该只限于书本上的知识，还应该通过仪器来进行验证；单靠耳闻是不够的，还应该亲自进行操作。

这样才能发现新的天文学是精确的。①

在1630年代，欧洲的耶稣会士和中国学者出版了大量翻译的西方著作，涉及历算方法、数学、测量技术和其他广泛的科学主题。

正如我们在上一章中看到的，耶稣会传教士在1644年政权变动后不久就为清政府提供服务。他们在天文学方面的技能，对寻求统治合法性的外来族群格外有价值。他们中的一人被任命为帝国的钦天监监正——钦天监是一个重要的国家机构，负责调整帝国的历法。在接下来的150年中，这一职位一直由耶稣会士担任，这既为他们带来了声望，也为他们提供了影响整个中国天文学方向的机会。

耶稣会在中国传教的前两个世纪左右，欧洲的科学正在经历卓越的发展，特别是哥白尼的日心说理论。哥白尼认为太阳是宇宙的中心，地球和其他行星都围绕着它，此类成就还有伽利略发明的望远镜。虽然传教士们确实告诉了中国同行关于望远镜的事，并最终制造了一台，但他们对日心说保持沉默，因为教会谴责它是异端。教会认为，如果地球和住在地球上的人不是宇宙的中心，这种神学上的暗示实在是太可怕了，简直不可想象。相反，那些感觉无法公开反对罗马的传教士，提出了丹麦天文学家第谷·布拉赫(Tycho Brahe，1546—1601)的体系，他把地球放在宇宙的中心，把太阳放在其他行星的圆形轨道的中心。

耶稣会传教士沉默了很长时间，因为他们担心迟来的真相会

① Joseph Needham(李约瑟)，*Science and Civilization in China*，vol. 3："Mathematics and the Sciences of the Heavens and the Earth" (Cambridge，U. K.：Cambridge University Press，1959)，456.【译者注：这段译文转引自《中国科学技术史》第691—692页，原书注释"西译文见 Bernard-Maitre，p. 445"，作者直接转引了英文，这段引文是作者从法文译成英文的，没有注出中文原文出处。我们一时未能找到原文。】

产生无法解释的矛盾。事实证明，这种担心是有道理的。1760年，传教士蒋友仁终于向乾隆皇帝提出了日心说，不出意外的是，中国学者对欧洲天文学产生了极大的怀疑，因为他们注意到各种不一致和不准确的地方。他们现在对日心说的分歧，似乎符合一种清晰的揭露矛盾的模式。结果，到18世纪晚期，帝国对欧洲知识的信心有所动摇，中国天文学家普遍认为，欧洲同行没什么可提供给他们的。

西方的传统观点，将中国对欧洲科学的怀疑归结为对外国思想根深蒂固的敌意，但这一假设未能反映出事件的真实顺序。的确，有人可能会问，耶稣会士这种不完整的传授中国一些新知识的方式，是否真的阻碍了中国的科学进步。此外，由于他们作为科学家的信誉受到了致命的损害，他们的沉默也使人们对他们宗教的完整性产生了怀疑，从而妨碍了他们皈依他人的能力。

欧洲人传入中国的宇宙理论需要引入新的数学元素，包括欧氏几何、实用天文学、编写算法、平面和球面三角函数。就像天文学一样，耶稣会截留了那个时代新发现的数学知识。它们并没有涉及概率计算、解析几何、微积分、数论的复兴或符号代数的发展。他们提出的新观点只是为了使他们的天文学保持精确。毕竟，事实是耶稣会士去中国不是为了传播欧洲的科学，而是为了传播天主教。

尽管有其局限性，耶稣会将西方科学引入中国，对中国学者和中国数学、天文学的整体进程还是产生了巨大的影响。正如一位杰出的中国科学史学家所写的：

王锡阐(1628—1682)、梅文鼎(1633—1721)、薛凤祚(卒于1680年)是中国最早对新的精确科学做出回应并对后世

> 产生影响的学者。简而言之，他们促成了一场科学革命。他们从根本上改变了人们理解天体运动的方向。他们从使用数值过程来产生连续的角度方向的方式，转向使用空间中连续位置的几何模型。他们改变了一种认知，概念、工具和方法成为中心重要的部分，因此几何和三角在很大程度上取代了数字代数，行星的绝对旋转及其与地球的相对距离等问题第一次变得重要起来。他们说服了中国天文学家：数学模型可以解释现象并预测它们。①

西方科学的引进也重燃了人们对中国本土科学的兴趣。明朝的覆灭表明，仅仅依靠抽象的原则来管理政府是行不通的，它重新唤起了人们对古典智慧和实用治国之道的学术兴趣。知识分子现在除了关注道德哲学，还把注意力转向诸如天文学、地理学和测量学等更实用的主题。

这一运动的一部分涉及重新包装古代圣贤，使他们不但是道德美德的典范，也是中国技术的倡导者。一个典型的例子就是传说中的圣王禹，他现在不仅因为杰出的道德才能而受到赞扬，也因为治理了洪水而受到歌颂——他成功地疏通了中国的主要河流。与此同时，梅文鼎等中国科学家断言，科学真理——包括最近的发现，甚至超越了古代圣贤的权威。所有这些认知趋势，导致了一个重要的学术运动的发展，也就是"考证"，或称证据研究，即探寻那些可以通过经验验证的知识。

考证学者的目标，简单地说就是实事求是。他们在学术事业的各个方面都追求精度和准确，不仅包括更技术性的学科，还包

① Nathan Sivin, "Wang Hsi-shan," *Dictionary of Scientific Biography*, XIV (New York, 1970 - 1978), 160.

括历史研究、文献学和考据学，这些使学者能够分析古代文献的真实性，从而在源头上重新发现真正的儒家思想。在所有这些项目中，精确科学的复兴提供了新的助力，它的流行则源于耶稣会对西方科学知识的介绍。换句话说，西方科学知识除了其内在价值，还融入到了对整个古典传统不断地重新评价之中，并将科学方法论带入了学术探求的主流。

为了引起人们对新知识的重视，一些著名学者编造了一个神话，说西方数学是从中国古代思想中演化而来的。这种做法并非源于文化沙文主义，而是为了确保中国可以接受外国的方法，在中国，在传统的认可下，创新可以更快地被接受。宣称西方科学源于中国，既赋予了外国知识合法性，又使数学和天文学的研究成为儒学回归本源的学术运动的一部分。

中国学者系统地恢复了他们本土的科学。在18世纪70年代和80年代，许多人参与了一项大规模的官修项目，把中国所有最著名的学术与历史经典作品整理成一部文集，他们重新发现和批判性地检查了中国古代的数学和科学著作。学者们不断评价这一恢复工作对于当时考证研究的重要性。

1799年，一位著名学者出版了一本关于天文学家和数学家的传记，其中37位是西方人。这本书将中国传统天文学和西方天文学结合起来，并引起了人们对西方天文学的注意。这部著作之所以具有影响力，是因为它的主要编纂者阮元(1764—1849)掌国子监算学，那里会教导崭露头角的士大夫们学习科学，这是儒家课程的一部分。阮元鼓励学生们思考如下问题：数学和天文学从印度和波斯传播到中国的日期和时间；从13世纪到耶稣会士的出现，中国在很大程度上依赖穆斯林作为知识的来源；欧洲和中国天文学的相对优点；以及欧洲和穆斯林天文学可能的中国起源。

数学和天文学被重新确认为儒家教育的重要组成部分，这一思想在 18 世纪达到了顶峰。尽管耶稣会前后不一导致了怀疑，但中国学者并没有抛弃西方的知识。学者们将中国科学的落后归因于宋明理学对形而上学而非数学的偏爱，而这种偏爱已经不合适了。正如 18 世纪中期著名学者钱大昕(1728—1804)所言：

> 天有度乎？地有周乎？吾不得而知也，而唯数有以知之。数起于一之端，引而长之，折而方之，规而圆之，千变万化，莫可控抟。古之达者，设为勾股径隅以穷其变，而天之高，地之大，皆可以心计而指画焉。祖冲之《缀术》，中土失其传，而契丹得之。大石林牙之西，其法流转天方，欧逻巴最后得之，因以其术夸中土而踞乎其上。欧逻巴之巧，非能胜乎中土，特以父子师弟世世相授，故久而转精。而中土之善于数者，儒家辄訾为小技。……自古未有不知数而为儒者。中法之绌于欧逻巴也，由于儒者之不知数也。①

总之，毫无疑问，西方天文学和数学的引进极大地影响了中国知识活动的方向。它的影响范围远远超出了我们所认为的科学直接涉及的领域。认为中国知识分子抵制这种西方知识的说法，不管出于什么原因，都是错误的。正相反，一方面，他们密切关注欧洲的天文学和数学，以保证他们从耶稣会士那里学到的东西是有意义的，另一方面，他们创造性地将西方科学知识及其方法纳入已有的学术辩论，极大地改变了中国学术探索的方向和界限。

① 钱大昕《潜研堂文集》卷二十三，转引自 Benjamin Elman, *From Philosophy to Philology: Intellectual and Social Aspects of Change in Late Imperial China* (Cambridge: Harvard University Press, 1984), 83.

地图绘制学

与数学和天文学不同，耶稣会在中国传播制图学时，充分考虑了中国制图学和地理描述的强大传统。耶稣会士和他们的中国同行之间，是合作而不是竞争的关系。耶稣会士用地图显示他们来自哪里，并阐明欧洲与中国的地理关系。他们第一部主要地图作品是 1584 年利玛窦绘制的世界地图。这是一张中国版本的欧洲人绘制的世界地图，是利玛窦从欧洲带来挂在墙上的。虽然这幅地图提供的信息并不像利玛窦想象的那么多，但它至少引起了一位明末皇帝的注意，并引起了与利玛窦有联系的中国人的兴趣。无论如何，他督制了数千份复制品，还有许多复制是在没有他授权的情况下私自刻印的。

更多的耶稣会士的制图随之产生。1623 年，旅居福建的传教士艾儒略（Giulio Aleni）出版了一本配图的地理专著，将欧洲地图与来自中国的信息整合在一起，皈依天主教的地理学家李之藻则为其作序。1674 年，时任钦天监监正南怀仁绘制了一幅更新版的世界地图，综合了新知识，并附有艾儒略著作的增订版。18 世纪中期，蒋友仁也为乾隆皇帝绘制了一幅新的世界地图。

在中国，最大规模的耶稣会制图工作，是在康熙皇帝的命令下进行的对清帝国的调查。随着帝国领土的不断扩张，清朝需要精确的帝国地图和天象图。起初，康熙授权朝廷的传教士对长城和北京周边地区进行相对有限的调查。他对结果很满意，很快就赞助了一项由耶稣会监督的对整个帝国的调查。

康熙皇帝的调查历时十年，从 1708 年到 1718 年。传教士们远行各地，利用帝国给他们的授权，进入内地传教和制图。他们用三角测量法绘制点，并通过仔细的天文和地理测量，尽力确定纬度和经度。只要有可能，他们就从当地官员那里收集信息，研究本地的作品和地图。他们经常使用中国的助手，并用西方的制图方法训练这些助手。这些本土资料和信息是他们绘制那些他们从未到访过的地区——例如西藏和朝鲜半岛——的地图时所必须参考的资料。耶稣会大规模调查中，对中国制图经验的依赖被其欧洲的耶稣会出版商淡化了，出于政治原因，后者将所有功劳归于传教士。

在中国，1717 年至 1726 年间，这些地图被制成四种不同的版本，后来被传教士马国贤刻在了 44 块铜板上。这次调查为后来一个多世纪的对中国地理的研究奠定了基础，在欧洲和中国都是如此，其中的部分重印出现在百科全书和随后出版的地图集中。

康熙皇帝的项目完成后，耶稣会测量大清国的工作几乎没有中断过。1759 年，乾隆皇帝挑选了两名传教士去考察广袤的新疆地区。他们绘制的地图被保存在皇宫里，但显然没有被普遍使用，可能是因为当时和现在一样，边境地区的地图太过敏感而无法传播。但 1764 年制成的乾隆舆图集无疑是基于两位传教士的工作，并且结合了耶稣会士和中国学者共同完成的其他制图工作的成果。1776 年，乾隆派遣一名做过新疆调查的传教士到四川西部，再次调查一个新平定的地区。

耶稣会士的工作逐渐进入公共领域。几乎可以肯定，这些也是 18 世纪 70 年代以后出版的《新疆回部志》和同一时期有关西藏的著作中出现的地图的基础。许多新地图是由传教士蒋友仁用铜版刻成的。蒋友仁是一位自学成才的工匠，他训练中国人掌握了铜板制版雕刻的工艺。因此,耶稣会制图的成果最终在中国广为人知,并在一段时间内成为最可靠的信息来源。此外,对于中国学者,尤其是很多与绘图机构合作的、倡导实证研究的学者来说,耶稣会地图学代表了欧洲知识有助于他们求实工作的另一种重要方式。这也标志着,传统上对外国人获取地图信息的谨慎态度有所改变。

艺术和建筑

在宫廷的耶稣会传教士艺术家们引进了西方的艺术技巧,包括透视法和明暗对比的使用,他们还学会了在自己的作品中融入中国风格。耶稣会士最著名的画,是他们为皇帝们以及他们的爱妻还有家庭成员们所作的画像。在一幅画像中,雍正皇帝戴着飘逸的西式长假发;而另一幅则描绘了一个女人,可能是香妃,她穿着圣女贞德式的盔甲。

乾隆画院的艺术家,无论是欧洲人还是中国人,都积极地参与和记录这个时代的胜利,尤其是军事上的胜利。这些图像记录包括:描绘新征服的地区(通常基于从传教士测量人员收集的信息)的图像、战功图、功臣像、战胜图以及皇帝的许多变装画像。这些作品通常是耶稣会士与中国人合作的成果。乾隆偏爱欧洲风格的肖像画,而不喜欢没有立体感、没有细致明暗表现的中国画法。他让传教士描绘最重要的人物,而中国艺术家则画背景和次要人物。这些画大多装饰了皇宫内的厅堂和亭台。它们是根据皇帝的命令绘制的,是关于清朝皇权的全面历史记录的一部分。

在耶稣会宫廷艺术中,最著名的是为庆祝平定新疆而新建的功臣阁准备的一系列战功图。1760 年,乾隆委托四位传教士艺术家创作了 16 幅描绘平定新疆期间重要战役和事件的场景画。是什么促成了这次合作呢?通过传教士,皇帝当然察觉到了欧洲对战争的认识。他曾经问过蒋友仁:“有许多欧洲版画表现了你们君主赢得的军事胜利。他们打败了谁,他们必须与什么敌人战斗?”①

也许,通过宫廷里的传教士,乾隆也知道了欧洲生产的战争画,比如法国凡尔赛宫和西班牙埃斯科里亚尔修道院那些作品。虽然朝廷只允许少数人接触到原件,但乾隆想要的是传播他的军事成就——这些事件的宣传价值太好了,不能浪费。受德国画家鲁根达斯(Georg Philipp Rugenda,1666—1742)根据原初战争画再创作的版画作品的影响,他决定大量复制这些战功图。由于当时在中国没有人懂得雕版技术,所以在传教士强烈的鼓励下,皇帝决定在法国完成这项工作。也许,乾隆已经听够了法国的强大,所以他想利用这个机会让法国国王知道他的军事力量。

这 16 幅战功图的复制品被法国东印度公司的船只运往巴黎,那里获得了 200 套铜版画的订单。在法国,这个项目委托给著名的版画家夏尔-尼古拉·科尚(Charles-Nicolas Cochin,1715—1790),他又安排了法国最著名的 8 位艺术家来做刻板。尽管从理论上讲,与法国东印度公司签订的合同为清朝皇帝保留了版权,但法国人还是为他们的国王和大臣们多做了几份复制品。因此,现在西方的收藏品中可以发现少数该套版画作品。乾隆让蒋友仁神父和他的中国助手制作了更多的复制品,这些复制

① *Lettres édifiantes et curieuses écrites des missions étrangères*, 14 vols. (Lyons, 1819; originally published in Paris, 1702 - 1776, and subsequently rearranged), 3, 427.

品装饰在帝国各地的公共建筑上，并作为官方恩宠的表示分发给有权力的官员。后来乾隆又委托中国画家和工匠绘制并刻板制作了一系列的肖像和战功画，以纪念新的胜利。

皇帝还雇用欧洲人作为建筑师。1747 年，乾隆命令意大利传教士郎世宁（1688—1766）为他设计了一整套欧式宫殿建筑群，就像他的祖父康熙曾让传教士为他建造风车和喷泉一样。在乾隆的事例中，这种对欧洲建筑风格的使用，可能是为了表达对这些建筑起源国家的某种愿望，就像在清朝其他园囿中，复制藏地建筑的想法一样。

位于北京西北郊的圆明园建筑群，在建筑技术和装饰风格上体现了欧式和中式的融合。中式瓦片屋顶与巴洛克风格的壁柱和欧式飞檐相结合。此外，在西方，这样的宫殿的灰色石墙是不加装饰的，而北京的宫殿是色彩鲜艳的，它的墙壁是朱红的，屋顶的瓦片是正黄色、蓝色、绿色、红色和紫色，并精心装饰了釉砖与鎏金青铜。室内装饰有绘画、雕刻、挂毯和欧式带有绘画的墙纸，这些是由外国使节们赠送或由广州商人购买的。为了用来展示乾隆皇帝收藏的大量欧洲科学仪器和装饰艺术，这些宫殿都配备了欧式家具，可能是由中国工匠参考耶稣会士向他们展示的版画制作的。园林也展示了中式和欧式风格的融合，这里将中国式的假山和植物景观与欧式的喷泉和园艺修剪相结合。

但这些宫殿注定不会长久。在 1799 年乾隆皇帝死前，喷泉已经干涸，1860 年整个建筑群被额尔金勋爵带领的英法联军洗劫。在 1911 年清朝倒台之前，连续的劫掠已经把乾隆皇帝建造的欧式样板夷为平地。

还有一些比圆明园更短命的是西式的喜亭、楼阁和门楼，它们一般在圆明园到北京中心紫禁城之间的御道上，为特定的场合而修建。在这种情况下,每个王公和京城的高级官员都自己出资修建私人小棚子,这是一种礼仪上的需求。一旦活动结束,这些建筑就被拆除了,我们现在则要通过记录庆祝活动的绘画去了解它们。例如,1752 年,从北京西北的一座宫殿到皇太后的宫殿——为她举行寿宴的地方——的行进路线上,树立起了几座具有明显西方特色的建筑物。其中一间有科林斯式的圆柱和一组上釉瓷板,瓷板上的人物有卷曲的棕色头发,在明亮的光线和云彩的背景下望着天空,看起来明显是基督徒。另一个山墙上有一个西方的钟面,上面的罗马数字显示差五分钟十一点。这些建筑是否真的是耶稣会信徒建造的还不得而知,但不管这些工匠是谁,他们显然熟悉欧洲建筑的许多基本特征。

然而,就像欧洲的"中国风"一样,随着欧洲人对他们曾经如此崇拜的、部分是想象出来的中国不再抱有幻想,这种风格也逐渐消失了,清朝人对欧式特色建筑的热情在 18 世纪末消失,但他们对欧洲火炮的兴趣,并不是这样。

火 炮

西式火炮在中国 17、18 世纪的许多战争中发挥了作用。火药随着蒙古人从中国传入欧洲。在那里,在欧洲国家之间不断的战争的刺激下,火炮的使用发展到了比中国更先进的阶段。然而,尽管西方的大炮相对更轻、更灵活,证据表明,中国仍然保持着火药技术的优势,这点不同于武器构造。在 16 世纪早期,欧洲商人通过日本、印度和东南亚把他们的武器装备和铸造技术带到中国。明朝不迟于 1604 年开始进口荷兰大炮。到 1620 年代,在葡萄牙铸炮工匠的指导下,中国工人在澳门铸造大炮,这些葡萄牙匠人的工作在整个殖民时代的亚洲都很受欢迎。在中国高层信徒的建议下，明朝的支持者不止一次购买了澳门制造的大炮，或者邀请葡萄牙的炮兵技术人员携带武器来对付满人。同样，满人也用西式大炮对付明朝。

到1642年，明朝深陷绝境的同时，传教士汤若望（1591—1666）在朝廷中已经皈依了很多人，并显示出他对天文学的精通，因此很多人对他非常尊敬。在一场关于保卫首都的讨论中，他对大炮问题的透彻理解引发了帝国的一个命令，即他要为没落的王朝铸造大炮。汤若望对本土火炮的改进主要在于，能够制造更小更轻便的攻城炮。他把它们的重量从七十五磅减到四十磅，铸造了五百多门炮。他还与一位中国同僚合作，写了一本关于炮术的著作——《火攻挈要》，流传至今。

明朝灭亡后，欧洲的武器继续得到满人的青睐。1673年，受到叛乱困扰的康熙皇帝命令他的钦天监监正南怀仁建造另一个大炮铸造厂。南怀仁不愿照办，就像之前的汤若望一样，他竭力坚持认为牧师是和平之人，对战争事务知之甚少。但皇帝威胁说，如果南怀仁不同意，他就将把所有天主教徒驱逐出中国，因此，传教士觉得有必要让步。不出所料，这些活动也遭到了欧洲耶稣会批评家的恶毒攻击，但教皇认为，耶稣会在中国的武器制造工作，属于“利用世俗的科学，来保障人们的安全和信仰的进步”。[1]

南怀仁的任务与汤若望类似，是铸造比满人现有的以及早先进口的那些更轻、更灵活的大炮，因为清军亟需能够翻山渡河的大炮。从他的设计中，中国工匠制作了引进的西式大炮，并改进

① Arnold Rowbotham, *Missionary and Mandarin: The Jesuits at the Court of China* (Berkeley: University of California Press, 1942), 98, 247.

了中国的大炮——主要是延长了炮管。它们有些是由青铜制成的,包括从旧的和损坏的大炮熔化的回收金属。其他的则是用铁做的,口径周围有一个青铜环,后部有一个青铜球,整体覆以漆制木壳。许多都有漂亮的装饰。这些大炮有各种各样的型号,都是前装的。

皇帝对大炮的生产很感兴趣。南怀仁通常会制作一份蓝图,并在北京附近的卢沟桥(马可·波罗桥)试验场制作一个大炮样品。如果这些被证明是成功的,皇帝有时会亲自参加测试射击的研讨,并下令铸造几门同型号的大炮。皇帝对试射的观察使他认识到瞄准目标的重要性。然后他命令士兵们参加实验射击,这样他们就可以更精确地学习瞄准的原理。皇帝相当欣赏南怀仁的工作,所以将自己的貂袍赏给了这位传教士,这实在是一项难得的礼遇。

在 15 年的时间里,南怀仁铸造了 500 多门大炮,超过了整个康熙时期大炮总铸造数量的一半。中国的记录给出了它们的一些名字,包括神威炮和冲天炮。冲天炮是一种迫击炮,俗称“西瓜炮”,因其球状的造型而得名。就像中世纪欧洲的惯例一样,南怀仁给每一尊大炮取一个圣徒的名字,并在发射前祝福它。在 19 世纪和 20 世纪初的多次冲突中,这些武器中有的被西方军队缴获,其中一些现在可以在欧洲的博物馆中找到。

南怀仁写了一本关于火炮的书,将其命名为《神威图说》,此书现在已经佚失了。在这项工作中,他写了炮弹重量的一致性和了解它的重要性,以及火炮的仰角对其发射精度的重要影响。这意味着,如果士兵们知道他们的目标和大炮之间的确切距离,他们的炮弹就能准确地击中这些目标。这无疑表明,只有在有准确的地面测量的情况下,优良的大炮才能达到最佳的效果。

直到王朝倒塌前，汤若望和南怀仁制造的大炮一直是帝国兵工厂的重要组成部分。南怀仁的大炮铸造厂在他1688年去世后继续运作，他的设计也至少在中国使用到了鸦片战争时期(1839—1842)。

虽然对这项工作的直接了解相对有限，但关于西方人技能的消息传开了。在1740年代，当被围困的清军在靠近西藏的四川省与叛乱分子作战时，其中有人认为，耶稣会铸炮匠人可能前来救援，不过并没有证据表明存在这样的计划。三十年后，叛军死灰复燃，清军在与他们的战斗中，有谣言称俄国的叶卡捷琳娜大帝派了一支军队准备加入叛军一方，这一传言毫无根据，但让清军大为震惊。

虽然在那场战争中，俄国军队并没有为叛军出战，但乾隆皇帝沿袭了他祖父充分利用传教士军事知识的先例，我们可以从1772年从北京写给罗马的记录中看到这一点："根据(皇帝的)命令，我们教堂的神父们有时被召去协助炮兵演习。在其他时候，我们被要求搞清楚那些欧洲商人带来的不同武器的用法，广东的官员们把这些武器呈送给他们的皇帝。最后……我们的神父……有人问他们是否能像过去那样铸造炮弹，他们回答说，目前没有人知道如何去做。"①换句话说，直到1770年代，耶稣会传教士可能违背了他们的意愿，不仅成了制造武器的帮凶，还成了向清朝出售武器的帮凶。当然，乾隆皇帝认为他们是军备专家，而传教士们似乎并没有阻止这种观点。从当时的记载来看，皇帝对计划保卫北京的一位传教士很感兴趣，但它也引起了中国人和

---

① *Archivum Romanum Societatis Jesu*, Jap. Sin., 184, 261-62; letter of Jean-Mathieu de Ventavon, S. J., to Father Imbert, S. J., November 4, 1772.

西方人的不满："他提出要做（这个计划）以减轻负担……皇帝采纳了这个计划，并决定向他解释一下，也许可以立刻执行。但是他的大臣们想找它的毛病；他们批评了它的每个部分。此外，我们（耶稣会士）担心在欧洲，我们会被指责'教异教徒战争的艺术'。"①

尽管如此，这一事件发生后不久，在与西藏附近的土民的战争中，一名耶稣会传教士再次帮助清政府使用大炮来对付叛乱军队。清军在陡峭的山路上运送重型大炮时遇到了困难，无法摧毁叛军在深山中的碉楼。他们解决这个问题的办法是，让工匠们携带数千块金属铸锭跟着军队，在有需要的时候和场合锻造成大炮。他们的目标是制造可以在山区使用的可移动大炮，但又要足够强力和精确，以摧毁敌人的碉楼。乾隆皇帝下令葡萄牙人主管钦天监，神父傅作霖（1731—1781）在1774年奔赴前线，设计并解决大炮的铸造与炮距测量问题，我们可以从皇帝的命令中看到这些："以前我们用臼炮攻击（叛军的碉楼），从而加速了我们的胜利。我们派遣鄂弥达将炮弹、大炮设计图和测距运到前线。如果他们的测距非常准确，可能对我们有所帮助。我们认为西方人比（中国人）更擅长测距……"②

这些再版并详加注释的设计（图）很可能出自南怀仁之手。傅作霖到达前线后不久，就进行了各种测距，主要是测量大炮发射的角度，正如南怀仁在其专著中所讨论的。这样就有可能使发射大炮的误差更小，从而使对敌军碉楼的炮轰变得更加有效。不

① Unpublished letter of Father Bourgeois dated October 30, 1769, possibly in the Xujiahui library, Shanghai, cited by Louis Pfister, *Notices biographiques et bibliographiques sur les Jésuites de l'ancienne mission de Chine*, 1552 - 1773 (Shanghai: Imprimerie de la Mission Catholique, 1932), 914.

② 引自 Fu Lo-shu（傅乐淑），*A Documentary Chronicle of Sino-Western Relations* (Tucson: University of Arizona Press, 1964), 273 - 74. 翻译略有改动。

久之后，清政府的工匠们又制造了一种新的大炮，可能是根据傅作霖带来的设计所做的，也可能是在他的实际监督下制作的。乾隆皇帝和其祖父康熙皇帝一样对使用外国的科学技术没有任何不安，当他认为这将帮助他赢得一场战争时，他没有任何犹豫。

我们必须考虑到，就像 18 世纪的欧洲人有时做不到的那样，皇权——国内控制和国家安全——是清朝鼎盛时期的主要关注方向。就像帝国的一位王公对一位耶稣会传教士说的那样——他赞美了蒙哥佛的热气球的优点："只有在战争中，我们才不考虑费用、困难和危险；我们准备尝试任何事情。"①

清政府对安全问题的关注，是他们限制移民和海外旅行的根本原因。但不管怎样，中国人还是越来越多地出国了，他们大多是为了赚钱，但也有一些人是被返国的外国传教士所吸引并随之而去。

海外华人

来自沿海地区的华人长期以来一直在海外经商和游历，到 17 世纪，东南亚各地都出现了规模庞大的华人社区，形成了一个庞大的移民群体。有些甚至走得更远。例如，在 1630 年代，中国理发师在搭乘从马尼拉回程的大帆船到达了新大陆后，因为要价低廉引起了墨西哥城当地人的愤怒。直到今天，墨西哥中部的一种刺绣女式衬衫仍以"普埃布拉的中国姑娘"（china poblana）命名。

---

① Jean-Joseph Marie Amiot（1718 – 1793），letter written from Beijing to Henri Bertin in France，July 1，1788，located in the Bibliothèque de l'Institut de France，1517，52.

在1800年以前，到亚洲以外的世界游历的中国人并不多。在18世纪，偶尔有中国人作为水手在外国船只上工作，当他们出现在欧洲或美洲的港口时，当地居民将之看作一件稀奇的事。一些人由某种途径到了罗马，在那里他们负责打理由传教士带回并保存在梵蒂冈图书馆中的中国书籍与手稿。其中一些人，主要是从东南亚的荷兰殖民地运来的囚犯，出现在非洲殖民地和锡兰，另一些则出现在印度西海岸葡属果阿的耶稣会学院的记录中。

第一批到欧洲的中国游客之一是沈福宗（Michael Shen Fuzong），他在17世纪晚期与耶稣会神父柏应理（Philippe Couplet，1624—1692）一起旅行。沈氏受到法国国王路易十四和英国天主教徒国王詹姆斯二世的接见。他在牛津工作了几年，在返回中国的途中去世了。没过多久，一个叫黄嘉略（Arcadio Huang）的福建人从罗马来到了巴黎。黄氏在他皈依基督教的父亲死后，被一个法国人从外国传教会收养。在巴黎，他找到了一份工作，为皇家图书馆的中文书籍编辑目录。黄氏与法国启蒙哲学家孟德斯鸠（1689—1755）进行了一系列对话，通过孟德斯鸠颇具影响力的著作，间接地影响了欧洲人对中国看法的形成。在他的法国妻子去世后不久，黄氏也在法国去世了，他们的小女儿也没能活多久。

一位回国的中国旅行者是范守义（Louis Fan Shouyi，1682—1753），他自己成了一名牧师。他所陪同的耶稣会传教士艾若瑟（Joseph-Antoine Provana，1662—1720），是康熙皇帝派到教皇那里的一个使者。艾约瑟在返回中国的途中去世，但范氏回去向皇帝汇报了他与教皇的会面以及他所访问国家的风俗和地理情况，包括葡萄牙和意大利。范氏的余生都在中国的传教工作中度过。另一位载誉而归的是胡若望（John Hu），他陪同耶稣会传教士傅圣泽(Jean Francois Foucquet,1663—1740)前往法国。胡氏在回到他的家乡广州之前,曾被关在法国精神病院——可能是由于文化差异,而不是他真的精神错乱。

当马国贤(Abbé Matteo Ripa)准备从中国回国时,皇帝正式宣布允许他带四个年轻的中国人去欧洲,以酬谢他付出的辛劳。他们就读于那不勒斯的耶稣会学院(Jesuit College),该学院由马国贤于1732年创办,由罗马的信仰会布道会(Society of Propaganda of the Faith)管理。那不勒斯耶稣会学院最著名的毕业生也许是李雅格(Jacob Li),他在马戛尔尼使团做翻译,以挣得回中国的旅费。使团的工作人员有时称李氏为"布朗"先生,可能是因为他名字里的"李"和李子同意。

由于内政部长亨利·贝尔坦(Henri Bertin,1720—1792)对中国的特别兴趣,一些中国人去了法国。其中最著名的是两个年轻人——杨德旺(1733—1798?)和高类思(1733—1790?),他们于1751年到1766年一直在法国。1759年,经过一段时间的学习,他们加入了耶稣会。1762年法国取缔该组织后,这两名中国人受到了贝尔坦的特别保护,最终得到了每人1200里弗的皇家津贴和其他官方奖励。当他们的耶稣会训练结束后,他们又在法国呆了几年。这两位中国人是法国文化爱好者——如亨利·贝尔坦和他的同事安·罗伯特·雅克·杜尔哥(Anne Robert Jacques Turgot,1727—1781)——构思的一个计划的一部分,该计划旨在与中国建立一种特殊的知识分子关系,以便在某种程度上给中国留下法国是欧洲文化领跑者的印象。在法国的赞助下,高氏和杨氏与两位科学院院士一起学习了物理学、自然史和化学,二人声称对中国人的才能留下了深刻的印象。高氏和杨氏还学习了雕版艺术,他们参观了里昂的锦缎制造厂和圣艾蒂安的铸炮工厂。

最终，这两名中国人回到了中国，他们带着路易国王送给皇帝的礼物和亨利·贝尔坦给法国传教士的大量信件。这两位中国人用他们的余生在中国传播天主教信仰，却几乎没有为他们的外国赞助人更大的事业做出什么贡献。

刻板印象的起源

到马戛尔尼使团事件发生时，欧洲舆论已经对中国不利。西方人在这个世纪初对中国的钦佩几乎是不加批判的，但是此时，他们得出了这样的结论：中国人似乎不愿意，或者没有能力改进他们早期的发明，比如火药和指南针——这些发明为西方的发展奠定了基础。乾隆皇帝的著名论断，即“天朝物产丰盈，无所不有”（在本章的开头），是中国人漠视西方知识潜力的缩影，这一推论反过来又扩展为一种假设，即中国人不喜欢任何外国的东西。

1793 年，乾隆故作蔑视西方事物，但他并没有说出全部真相。他和其他许多人发现，欧洲的艺术和科学，以及欧洲所能提供的一切，都是迷人而有用的。即使在 1793 年，皇帝对他的英国客人的反应也超过了所谓的冷漠，因为他让他们展示了所送来的几件乐器。他最感兴趣的一件礼物是一艘有 110 口径炮的“皇家主权”号军舰模型，他的许多问题所显示的技术知识给欧洲听众留下了深刻的印象。

简而言之，乾隆皇帝对自给自足的主张和他对欧洲成就的公开怀疑，至少可以说是虚伪不诚实的。这种说法主要是受到国内政治议程的推动，并没有反映客观现实。同样真实的是，欧洲人也同样愿意接受他的说法，尽管有现成的证据证明事实并非如此。

造成这种误解的中国背景大致如下。乾隆皇帝的公开声明是为众多听众准备的。由于种种原因,他宁愿不公开承认他对外国技术潜力的兴趣和认识。当我们把整个事件置于 18 世纪晚期中国政治的背景下,他的动机就变得更加清晰了。清王朝通过军事手段争得并最终维持了对中国的统治。与此同时,它试图向中国臣民和整个世界呈现一个彻底的儒家的和种族平等的形象。除此之外,对于乾隆皇帝来说,这些略有矛盾的目标意味着,他把自己文治成就当作美德,但同时也倾向于军事文化,例如,加强满洲的军事传统。他把高层文官职位授予成功的将军们,他们几乎都是满人,但是通常,获得这些职位的应该是那些在一连串的以中国古典文献为基础的高竞争性考试中获得成功的学者。他禁止私人拥有任何武器,并小心翼翼地把控所有获取信息的渠道,尤其是那些可能被潜在的反叛者利用的带有技术因素的信息。

同样重要的是,乾隆皇帝完全不可能提出需要外部援助。相反,皇帝意识到,无论是在国内还是国外,对外宣称中国自给自足具有相当大的价值,而中国非常清楚外国对自己国家安全的潜在威胁。这位皇帝自诩实行普世君主制,他几乎不可能公开向外国统治者的代表承认一种兴趣,在中国人的心目中,这种兴趣很容易被曲解为一种低人一等的暗示。皇帝的声明也可能是为了巧妙地提醒乾隆朝的汉人臣民,他们的满洲统治者仍然忠实于传统上中国人对外国人的优越感。中国人对马戛尔尼使团带来的礼物明显表现出不感兴趣,这在当时遭到了英国人的蔑视,对此,最好的解释是,受过谨慎教育的中国官员只是听从了皇帝的指示。

中国人不感兴趣的表现也与 18 世纪末中国政治高度的派系化有关。在 1793 年,清廷有两个主要的派别,一个围绕着将军阿桂(1717—1797),另一个则围绕着皇帝最钟爱的和珅(1750—1795)。阿桂在 18 世纪中后期参加了许多重大的军事战役,但是直到由耶稣会传教士罗如望建议使用火炮的那场战争，他才摆脱胶着的战局获胜，进而奠定了他的声誉。阿桂深受耶稣会士的推崇，据说他对西方知识非常感兴趣，因此有理由将他的兴趣至少部分归因于他的战时经历。他的对手和珅在1793年负责与使团的联络工作。他没有什么军事经验，也绝对没有军事天赋。在和珅唯一一次灾难性的军事冒险中，阿桂在关键时刻赶到，救了他的命，随后还在皇帝面前为他说了好话。然而，和珅与18世纪末一位最成功的将军——福康安（？—1796）关系密切，抵消了缺乏军事资历的潜在政治劣势。1793年，福康安刚刚从西藏回来，担任两广总督。也就是说，和珅所处的位置很可能是独一无二的，他在两广都遇到了英国人，这些英国人在东南海岸都是不守规矩的商人。而且，正如他所怀疑的那样，英国人是他在西藏的敌人——廓尔喀人的盟友。马戛尔尼得知后，极力否认英国与清朝西藏事务有任何牵连，但福康安的经历使他把英国人视为麻烦制造者。因此，福康安不仅对他们有极端和公然的敌意，而且还积极地设法劝阻和珅帮助英国人或以任何方式促进他们的利益。和珅和他的同党们很有可能希望通过对使团的礼物表现出轻蔑，使他们能破坏阿桂通过接触传教士而获得的任何优势——他们发现皇帝在这一点上很容易被说服。

另一方面，乾隆的声明当然是通过使节马戛尔尼直接针对英国国王的。展开来说，它适用于任何其他外国人，这些外国人可能以个人或集体的方式试图改变中国的外交关系结构，以最终削弱清政府的控制。在这种情况下，我们可以更好地解释皇帝的言论，我们意识到它们符合一种模式，即中国一直寻求吸收西方的实用技术技能，而保持对西方意识形态的敌意。在近代，这种差异源于基督教传教士试图利用他们的科学和技术知识，来激发中国人对他们宗教的兴趣。许多中国人虽然充分领会了实用知识的功用，但由于这些知识似乎与基督教是分不开的，所以不愿意采用它。正如我们所看到的，中国人习惯了一种政治体系，在这一体系中，意识形态要么是为正统权威服务，要么就是反对正统权威，因此他们感到外国宗教充满了颠覆的可能。

因此，在 17 世纪后期，尽管康熙皇帝清楚地认识到教皇对中国基督徒的权威所构成的实际和象征性的威胁，并断然拒绝了它，但他仍然感谢耶稣会在叛乱分子威胁他立足未稳的王朝时，改进他的武器装备。几乎一个世纪之后，在乾隆皇帝治下，西方传教士在各省传教劝人皈依的努力即刻遭到迫害的同时，他们同事的技术建议则帮助拯救了清军，精英们争相学习欧洲的新技术——无论是纯粹装点还是服务于实际目的。此外，我们将看到，在 19 世纪后期，某些中国的维新派也去寻求获得西方技术，在不放弃本土知识传统的情况下为他们的国家带来财富和力量。尽管全球实力格局发生了变化，但在我们这个时代，这种模式依然清晰可见。

关键在于，中国及其统治者始终表现出对向任何外人交出权力或自治权的强烈抵制，他们甚至不愿去冒这个风险。这种态度必须与孤立主义、对创新（尤其是来自外国的创新）的敌意以及经常被误解的不可改变的优越感区分开来。

然而，18 世纪末的沟通不畅不能完全归咎于中国人。就像中国否认对欧洲有兴趣，以及它所能提供的东西一样，欧洲人对中国从钦佩到轻蔑的转变，往往反映的是其内部的主观情况，而不是中国本身的任何变化。那些目击者注意到了中国对西方的兴趣，以及它所能提供的东西：一方面是耶稣会传教士，他们的信件被发表，当时在欧洲被广泛阅读，另一方面是马戛尔尼使团的成员，在他们的回忆录中有出使的记录。问题在于，这些观察在西方人的头脑中逐渐被一种印象所取代，这种印象在其他类似的记述中也有记载，即中国人极度缺乏求知欲和进取精神，而欧洲人已开始将这种精神视为他们自己文化中最令人骄傲的特征之一。

这种贬低有很多原因。其中之一是耶稣会的不断衰落，而其成员一度在向欧洲介绍中国的工作中几乎处于垄断地位。以1773年废除耶稣会为代表，那些反对耶稣会者的胜利，似乎证实了耶稣会的说法是不可靠的。对欧洲有关中国看法的转变产生了同样重要影响的，是欧洲一系列重大的发展，特别是工业化和对政治自由的新关注，以及伴随这些变化而来的所有深刻的思想转变。中国伟大的农业成就，那个曾被欧洲人吹嘘为中国最令人钦佩的特点的证据，在一个萌芽的工业时代，似乎不那么值得称赞了。受限的广州贸易体系与亚当·斯密1776年倡导的自由世界市场背道而驰。此外，清代中国缺乏政治自由或共识，也不被在18世纪后期居主导地位的美法革命者接受。最后，当西方人将传统的亚洲和非洲相对受阶级束缚的社会，与他们自己革命后工业化了的动态社会变化相比较时，他们对其他文化日益增长的负面态度，也在一定程度上反映了西方人的蔑视。

从16世纪晚期到18世纪晚期，中国人对欧洲及其提供的一切都非常感兴趣。只要欧洲人愿意了解相关证据，他们可以很容易找到。然而，当中国人在公开场合否认这种兴趣（主要是出于国内政治的原因）时，同样受到国内事态发展影响的欧洲人，将这种否认视为一种全面的精神态度上的明证：根深蒂固的仇外心理和随之而来的对进步的抵制。在进步的时代，这种态度自然而然地导致了“中国人是次等生物”的假设。这一假设，对我们这个时代中国和西方的关系产生了深远的影响。

第四章　乾坤扭转，1796—1860

当两个海外小国发生争执时，我们不用关注他们，毕竟这些蛮族的船只互相攻击是他们自己的事儿。但是当他们的船只进入中国领海时，他们应当服从且尊重中国的相关禁令……那些英国人怎么会认为他们可以在中国对美国人实行报复？英国人的战舰应该在中国内海以外驻锚。在那里等待他们负责护航来华的商船返回。如果他们不服从我们的命令，那么我们将不仅摧毁他们的战舰而且还要暂停他们的贸易。中国对列国均待以公平，但绝不会容忍任何国家违反中国的法律。①

——嘉庆皇帝(1796—1820 年在位)

19 世纪初，亚洲水域猖獗的海盗以及拿破仑战争的连带效应，成为欧洲人曲解中国统治者禁止外国武装船只出现在中国领海的一个有用的借口。清政府反制的无力，使欧洲人的战舰得以在中国领海保持一定范围内的活动，敌人和海盗船所带来的真切的威胁，使欧洲人的战舰有充分的理由为参与对华贸易的商船提

① 这段引文是由嘉庆皇帝就该问题的不同表述组合而成的。原文见《清嘉庆朝外交史料》卷 4，第 21b—23b 页和《粤海关志》卷 29，第 9—15 页，引自 Fu Lo-shu(傅乐淑)，*A Documentary Chronicle of Sino-Western Relations*，394，612。

供武装护航。但中国最关心的是英国人打算向澳门派驻军队的事，据英方称，他们这样做是为了保护当地的葡萄牙人免受法国敌人的侵害（但英国人更担心的是法国人可能企图扰乱自己在广东的贸易）。在英国人初次尝试登陆之后，中国坚持让葡萄牙签署了一项协议，以防任何国家以任何借口登陆澳门。清政府对英方这种侵犯主权的行为表达了强烈的抗议，同时也对葡方未能阻止英方的行为进行了谴责。

这一时期，法国人占领了葡萄牙，并流放了国王，因此在理论上，葡萄牙人同英国人结成了同盟。但是他们对英国人的企图相当警觉，他们认为英国人有可能篡夺他们在华的贸易特权，甚至将他们一并驱逐出自己在中国沿海的基地。在同清政府的沟通中，葡方不失时机地阻挠了英国人的企图，他们向中国人暗示，英国人具有领土野心，侵略成性。英国人则站在自己的立场让中国人知晓了拿破仑战争的细节，但他们在叙述时带有极大的偏见，以此来为自己所谓仁慈的意图进行辩解。

1812 年前后，由于英美商船同时出现在中国海域，英美两国的敌对行动也对中国产生了影响。例如，1814 年，英国女王的“多丽丝”号至少有两次因追赶美国船只进入了黄埔港口水域——这是广东的内海港口。“多丽丝”号在中国海域追击来自波士顿的美国商船“猎人”号，扣押了该船很多水手，因此，美国驻广东领事必须就这些水手的释放、遣返事宜进行交涉。与此同时，这些昔日的战俘在广州逗留，让当地人得以一窥美国社会之一斑。

当战争的衍生效应直接影响到对华贸易时，西方各国试图把中国也卷入他们的纠纷。例如，对于美国商船不仅在公海夺取英国船只，而且在广州出售他们获得的战利品——包括鸦片和其他商品——的行为，英国人感到十分愤怒，英方认为这侵犯了英国的市场和利润。他们委婉地以停止同中国的贸易相威胁，尝试说服中国禁止美国人活动。然而，尽管清政府谴责了这两派西方人公然无视帝国禁止外国武装船只驶入中国港口之规定的行为，但从这一章开篇的引语可以看出，他们的态度虽然傲慢，但无疑是令人沮丧的。

通过这些交往，清廷在北京和广东的政府开始意识到西方人准备好武力解决问题，而且痴迷于开展贸易、追逐利润，同时清廷也了解到一些当时错综复杂的国际局势。这一时期，清政府还收到了尼泊尔廓尔喀人的求助，请求帮助他们反抗英国人。尽管当时国内急需镇压叛乱的形势，使清廷不可能对廓尔喀人施以任何援手，但这成了清廷十分关切的有关欧洲人好战的印象的又一个注脚。

清政府也密切关注俄国人的活动。尽管中俄贸易受《恰克图条约》的限制，但实际上俄国人已经在清政府不时的抗议中逐渐开拓了从俄国到中国新疆和西藏的新商路。不过清政府对待这一问题并不死板，例如在1806年，他们勉强允许一支由俄罗斯军用船只组成的护卫队，载着一船毛皮货物在广东靠岸并进行贸易。此前，他们就俄罗斯人为何没有像往常那样，简单地从恰克图走陆路进入坎顿进行贸易展开了争论。俄国此举有商业和政治上的考量，俄方希望和中国开展更多的贸易，同时它还希望在中国获得比英国更加广泛的竞争优势。清廷尽管对俄国人的意图抱有很大的疑问，但是并不清楚他们究竟掌握了多少实际的相关信息。尽管中国政府在这一时期表现出一种不愿卷入别国战争的态度——这是可以理解的——但它既不是对形势无知，也没有漠视国际局势。

本章将描述19世纪早期，中国日益卷入世界经济体系后所面对的不利影响，以及这种影响将如何导致与英国的最终战争。本章展示了中国对战争的反应：它几乎马上就制造了新式的船只和武器，就像使用剑与盾一样使用条约的条款，为了抵御西方人，不断积累对西方的认识。所有这些反应都是动态变化的，为日后的改革建立了早期基础。从另一方面讲，以鸦片战争中国战败为始，中国人可以在一个恶劣的形势中谋取一个最好的结果。然而，在本章所述及的从乾隆皇帝去世到《北京条约》签订的六十年间，中国却从自信自主转向了仅仅勉强维持独立。这一时期的一系列事件展现出中国在抵御西方欺凌时非凡的能力，毕竟当时找不出比清廷的解决方案更好的办法了。

19世纪早期的中国

回顾历史，我们可以发现1799年乾隆皇帝的去世标志着一个时代的结束。18世纪见证了清代中国的极盛。1759年，清朝统一新疆，帝国增加了数百万平方公里的领土。在18世纪的大多数时间里，帝国都处于和平状态。由于引种了玉米、番薯、花生等新大陆作物的长期效应，人口在百年内翻番，成为一种繁荣的标志。城市大量涌现，文化生活繁荣，蓬勃发展的商业贸易显示出，因王朝更迭被中断的16世纪晚期盛景再度出现了。

商品经济化连同其他一些因素，促使更多的农民用经济作物取代了粮食作物的种植，这使他们依赖于一系列自己所无法左右的外力。当时很多中国人已经注意到，人口的增长确实是一把双刃剑。人口红利随着土地需求压力的增加变得越来越少，而这一形势又因为滥伐森林、河流淤塞等环境因素，对法律日益严重的漠视，现行制度的愈发低效，对现有资源日渐激烈的争夺等一系列问题，而变得日益恶化。激烈的社会竞争的一个后果，便是国内大规模的人口迁徙，人口迁向新疆等新的适于居住的地方。另一个后果是中国人向海外移民的规模逐渐增大：很多中国人移民到距中国不远并且已有华人定居的东南亚，而另一些则迁徙到了新的地方定居，例如东印度公司 1824 年所建立的新贸易基地新加坡。中国人在不晚于 19 世纪初时，已经开始向更遥远的地方迁徙，其中一些人落脚在了美洲大陆、大西洋与太平洋沿岸的港口。1810 年，一个由数百名华人组成的种茶工人团体在葡萄牙人的资助下旅居巴西工作，在那里，他们形成了新大陆最初一批亚裔社群之一。

与此同时，中国的国家财政收入仍保持稳定，经济仍在扩张，但成本也在上涨。18 世纪中期，收入盈余使中国政府产生了一种财政安全的错觉，从而免征了一大批灾区的税收。表面上的孝心，也使皇帝不愿在 1713 年康熙皇帝确定的税额上增加缴税。帝国边疆的一系列战事为帝国增添了荣耀，但同时也给财政增加了沉重的负担。战后重建和边疆地区新的行政机构的创设，同样还需要一笔可观的财政收入。淤塞的河流阻碍了重要的交通运输网络，很多人因此而失业。这还导致了洪水频发、大量乡村人口被迫迁徙，继而引发了饥荒。大规模的反抗活动变得越来越普遍，1795 年到 1840 年间，至少爆发了十五次重要的起义。日益增多的武装暴动事件和清军战斗力的衰退，使镇压暴动的成本随之增加。例如，1796 年至 1803 年间的白莲教之乱，据说消耗掉了中央政府每年财政收入的 30%，尽管许多地方乡绅组织了对教乱的抵抗，但他们对朝廷明显的无能感到心灰意冷。

直到 19 世纪早期，在国际贸易的平衡体系中，中国都是明显获利的一方。沿着中国海岸，欧洲人以及后来的美国人互相竞争，购买中国的茶叶、瓷器和纺织品，俄国人无疑也需要茶叶和帝国的其他商品。中国在亚洲的贸易也持续繁荣，没有受到对西方商人所施加限制的影响。

随着世界形势的变化，尤其是中国同世界经济的联系日益紧密，给中国带来了诸如财政开支增长等一系列问题。首先，拉丁美洲解放运动戏剧性地减少了当地对世界黄金、白银的供应，而这是中国货币供给的最主要来源。此时，中国人口增长和商品化经济对白银的需求日益增大，而向中国供应白银的渠道被切断了。金银供应的减少，引起了世界范围的经济衰退，连同其他事件一起，世界范围内对中国茶叶的需求缩减，进而降低了中国茶叶的价格。这种形势刺激了西方人向中国出口更多的鸦片，因为对他们来说，这是对华贸易中换取白银的最有效方式。

尽管中国政府在1800年颁布了对鸦片的禁令，并试图禁止鸦片进口，但鸦片贸易日益繁荣。鸦片进口的均值，从19世纪10年代到40年代上涨了十倍，成为英国人对华主要出口商品，为其赚取了足够购买茶叶的钱。同时，英国人还带走了盈余的白银。到1828年，中英贸易的平衡态势已经发生了转变，中国的白银流出多于流入，这进一步限制了中国的货币供给。

与此同时，中国日益受困于这种经济转变，在国际市场上，中国产品面临着工业化生产的陶瓷与纺织品的激烈竞争。中国的丝绸和瓷器在欧洲与日本都出现了强有力的竞争者。所有后果并不是同时爆发的，世界市场对这些中国产品的需求在不断衰退，欧洲人自18世纪开始掀起的对中国风物的狂热逐渐消散，也对中国产品国际需求的减少造成了一定影响。

除这些情况外，世界棉花市场的转变破坏了上海及其周边棉花种植区的经济。19 世纪初,美国购买中国棉花的数量在减少,其中部分原因是世界上对奴隶贸易的禁止——此前美国人购买的奴隶很多流向了加勒比海地区和欧洲,但现在他们没法再向这些地区输送奴隶了;另一部分原因是各处棉花产业所发生的革命性变革。1793 年马戛尔尼使团出使中国,同年,伊莱·惠特尼(Eli Whitney)发明了轧花机,伴随着 19 世纪 30 年代轧花机的广泛使用,棉花的加工效率更高了,从而导致了原棉在世界市场上价格下降。此时英美产业技术的进步改善了机制棉布的质量,这使得中国制造的棉布价格下跌,失去了市场吸引力。这种形势的发展,影响到中国从纺纱工到织工再到制造商和水运商人等广大群体的命运。

此时,中国的内部问题又使这些外来影响的效应更加恶化。铜钱铸造量减少,政府对铜钱成色监控减弱以及大量伪造铜钱的出现,共同推动了市场对白银的需求,白银在市面变得更为稀有。伪造铜钱在一定程度上缓解了市场铜供应量的萎缩,这在市场主要使用铜制通货的情况下,有助于稳定物价,但银铜比价下跌使谷物价格降低,增加了支付税银的成本。这种影响涉及经济与人心,在商品经济化程度更深的中国南方,这是灾难性的。

1834 年为了满足贸易自由化分享潜在利润的需求,英国政府废除了东印度公司对华贸易垄断权,这一做法的即时效应,便是更多外国商人参与到了对华贸易中,这进一步推动了鸦片的销售,在中外商人间引发了大量竞争。

总而言之,在 19 世纪的头 30 年,中国经济经历了一次从繁荣的 18 世纪的彻底逆转。这既是因为人口增长和国内对土地资源的需求所造成的环境压力,也是因为中国经济日益紧密地同世界经济绑缚到一起。白银供应量的整体减少,导致了普遍的经济衰退,同时期世界原棉和成品棉市场的转向,加深了对中国经济的损害。鸦片销售量增长,迅速给中国经济带来很多问题,但鸦片远不是这种局势的罪魁祸首。总之,甚至在19世纪后期一系列代价高昂的国内叛乱、对外战争、条约赔款等问题来临前,中国的良性经济便已举步维艰。

外国人在中国

19世纪早期,中国对外贸易仍被局限在广州,当地西方人数量增长并日益多样化,在城中逗留的水手似乎不再是当地唯一的白人了。居留的西方商人中,英国人占大多数,但也有法国人、荷兰人、瑞典人、丹麦人、美国人以及少量德意志人(德国尚未统一)和西班牙人。这意味着至少广州人已经习惯了和这些西方人打交道,而且对他们的行事方式有一定的了解。西方人的总数仍然很少:19世纪30年代,广州大约有二百名西方人,大多数是商人或传教士。

广州以外,福建省的厦门、福州、泉州,广东省的潮州、汕头、海南岛,江苏的上海,浙江的宁波,直隶的天津等地还有大量的暹罗人、印尼人、菲律宾人、马六甲人以及其他各色人等往来穿梭,从事着长盛不衰的舢板贸易。这种贸易令欧洲人十分懊恼,因为它不仅主宰着来自东南亚地区"海峡特产"的贸易权,而且不受西方人在广州体系下所受到的种种限制。

1807年,挟福音派浪潮席卷欧美之势,第一批新教传教士于世纪之交来到了广州。虽然自1724年雍正皇帝禁教以来,基督教仍在被禁宗教名单上,但这些新来的传教士还是通过他们的努力为未来的传教工作打下了基础,他们不再仅仅劝人改宗,而且将宗教以及其他题材的文献翻译成中文。一些新教传教士充当医生，他们创设了一个规模不小的慈善基金，希望它能够对将来的工作有所助益。另一些传教士则为对华贸易能顺畅进行提供帮助，他们为西方商人和其他访华者提供翻译以及谈判沟通方面的帮助。但这些传教士一般都在广州及其周边地区活动。他们还出版了一个叫《中国丛报》(*Chinese Ropository*)的杂志。这本刊物声称对中国的情况和文化给予客观描述，但实际上，它在叙述相关内容时，却使用了贬损的语气。他们这样做是为了纠正在他们看来由极度狂热的耶稣会士所作的错误描述，后者仍是这些新教传教士在争取中国人灵魂的市场上最主要的基督教内竞争对手。

1816年，英国人在滑铁卢战胜拿破仑后不久，就向中国派出了由阿美士德勋爵率领的第二个使团，由在广州的新教传教士马礼逊(Robert Morrison)担任翻译。这个没有成功的使团最终败在了叩头这个问题上，但其失败的真正原因则是拙劣的沟通、相互的误解以及高度的信息不对称。嘉庆皇帝没有接见英国人就让他们打道回府，而早在几年前，他就曾拒绝接见不愿行叩拜礼的俄国人。他不会就同一个问题在近期对一个国家坚持立场但却对另一个国家有所变通。当嘉庆皇帝最后了解到实情时已经太晚了：使团表面上缺乏合作态度的部分原因，是他们没有受到善待，另一部分原因则来自皇帝的官员们——他们在处理接待使团时十分紧张，这让他们在急于办好差事的同时却忽略了对使团的礼遇。皇帝认为自己的决定太仓促了。他给途径广州的使团送去了表示抚慰的礼物和口谕(message)。七十年后，身处伦敦的中国大使肯定还会看到这些礼物中的一部分，它们一直在外交部的一间库房里封存，无人问津。阿美士德使团和嘉庆皇帝站在维护各自尊严的立场上僵持，使彼此无形中错过了一次重大历史机遇。

尽管对传教士的活动有禁令，但一些非法的传教活动一直在中国内地进行。随着清政府发现了一幅准备呈给教皇的用于说明中国天主教皈依者分布情况的地图，这一情况变得愈加清晰。对这一事件的处罚牵涉很广而且十分严厉，不久之后，中国也引入了日本的办法，通过逼迫有基督徒嫌疑的人践踏耶稣受难像，来对其进行甄别。

对涉及外国人的案件，中国的司法系统越来越难以应付。广州对外贸易的强度与复杂性不可避免地会引发中外纠纷，但清朝的法律会防止中国人通过官衙追诉外国人。这个禁令大概可以追溯到乾隆皇帝时期的强烈信念：虐待外国人是前朝倾覆的一个重要原因，他自己及其继承人都不能再犯同样的错误。

西方和中国的商人们于是经常寻找其他办法解决他们之间的分歧和债务。正如我们所见，野心过大的经营以及中国官场对商人的盘剥，导致许多商人破产，但广州的行商们仍然会集体为他们中某一个人的债务进行担保。在很多案件中，清政府的官员们仍然面临中国司法框架下如何处理涉外案件的挑战，他们发现自己夹在欧洲人与美国人之间，这些人拒斥中国的法律，觉得它武断随意且过于严厉，而当地中国人则觉得没有理由给予外国人特惠待遇。例如在 1806 年，广州民众群情嚣嚣地反对中英双方就几个英国水手杀害一个中国人的案件达成协议，他们举着“外国鬼佬”(foreign devil)的标语在街上示威，这一行动同此后西方人对当地人被动、政治散漫的印象明显不同。

类似抗议事件带有强烈的排外情绪，除了纯粹的极端爱国主义的偏见，他们也表现出了同样的不公平感。说到类似事件就要提到一位中国的行商潘长耀，欧洲人称他为“Conseequa”（他名字的粤语发音）。他是一位事业有成的商人，在广州经营着各种不同的国际贸易。他在美国法庭对一些美国商人提起了诉讼。潘长耀在对外贸易中赚了很多钱，他跟法国水手学说法语，不过他只能说简单的英语。他曾经住在一座装饰着法国装饰品的大宅里，而这些装饰则是他收到的礼物。他因借给外国商人特别是美国商人大笔的钱而广为人知，但同时名声也不太好：他将不同等级的茶叶混合在一起，再将这种混合物作为顶级产品出售。

在19世纪的最初十年，潘长耀深陷债务问题，欠下英国东印度公司大笔款项。这些钱通常是由公司支付给商人的，以便他们在为公司收购茶叶时能够有钱支付。潘长耀试图从美国人那里收回他的借款。在有影响的朋友们的帮助下，他聘请了律师，并在费城提起了一系列诉讼，但这些诉讼都是为司法目的而虚构的。通过官司，潘长耀要回了一些钱，但他的一些债务人提起反诉，认为他所提供的货物质量低劣，并把他的一些财产扣押在了港口；另一些债务人，则因为杰弗逊总统对美国船只实施的长达15个月（1807年12月—1809年3月）的禁止离港的禁令而真的破产了。最终许多欠潘长耀钱的美国人并没有偿还债务。到1823年临终时，这位曾经十分光鲜的商人已经破产了。

1814年潘长耀直接向美国总统麦迪逊请愿要求赔偿。这份送达华盛顿的请愿书的原始文本是中文，有英文和葡萄牙文的概略译本。麦迪逊总统应该是看到了这封信，但是没有证据表明他采取了任何后续行动。该请愿书的英文译本如下：

> 中国广州的一位行商潘长耀的请愿书
>
> 展信内容如下：

您这位请愿人长期以来一直和美国公民间有着频繁的商业往来。

当双边贸易繁荣时，鄙人没有听到这些美方合作伙伴的抱怨，许多人返回中国，履行了他们的承诺，还有一些人把钱汇给鄙人，鄙人并没有什么损失。

然而近年来相对于鄙人托付给美国贸易公司的投资金额来说，鄙人所获回报却越来越少。

一些借债人把他们手中鄙人的大笔财产用在了其他商业投机上，但他们的投资失败了，根本无力偿还债务。

许多人在无力偿还债务的情况下并不努力工作，或者不承认自己无力偿还债务，他们以琐碎的理由反对偿还债务，并将对他们的索赔牵涉入冗长枯燥的法律诉讼中。

当这些债务人来华或在华居住时，鄙人不能以自己的名义要求大清帝国法律的帮助，因为大清帝国禁止这类信托借贷行为。这就像鄙人对这些美国债务人的处理方式所显示的那样，鄙人不想让一个大国领袖知道，他已经违反了自己帝国的法律，但十分明确的是，鄙人并没有叛国罪行，也没有任何损害自己国家利益行为和意图，而且鄙人认为自己的要求正当，会得到现实情况的支持。

一些拒绝偿付借款的人坚称，鄙人所提供的货物质量低劣，鄙人一直承诺对自己的货物在出售之前进行查验。鄙人所有的债务人，都是对相关法规条款有专业认识的人，他们应该将自己在相关领域的经验与知识的纯熟应用，建立在尊重法规的基础上。

鄙人并不祈求阁下您的保护与照顾，到目前为止，鄙人仍相信正义与美国法律，一直以来，美国法律对富人与穷人、对本国人与外国人一视同仁的态度受到世人的高度赞扬。

您的这位请愿人是一个来自遥远国度的外邦人，对美国的法律规定并不了解，而且因为相距过于遥远，也无法提供法律质询所需要的解释与证据，而且在鄙人通过并不完善的渠道上传请求时，已经耗费了数年的时间……①

这份请愿书还声称，如果不能偿还债务，潘长耀的财政与商业信誉都将毁于一旦，而且还暗示，这最终也将损害美国人作为诚实生意人的声誉。这封信中所展现出的对美国法律实践的复杂巧妙的理解，说明它很有可能是中国商人和他的外国朋友通力合作的产物。这说明，至少有些同外国人有联系的中国人，已经准备接受外国人的行事方式，并且将此视为一种为自己的利益同外国人进行斗争的手段，但这种态度往往会使这些中国人成为错综复杂的政治斗争的受害者。

第一次鸦片战争(1839—1842)

潘长耀的请愿代表了个人在其控制能力之外的努力。与此类似，知识分子和政策的制定者试图就财政危机的原因、解决办法及其衍生出的社会影响达成共识。

---

① Dispatches from U. S. Consuls in Canton, 1790 - 1906, File Microcopies of the U. S. National Archives (Washington, 1947) 101, vol. 1, February 21, 1790, to April 20, 1834. The petition is dated February 10, 1814. The archives contain the Chinese original, an English approximation (reproduced here), and a Spanish/Portuguese version. Partial English translations may be found in Fu Lo-shu, *Documentary Chronicle*, 391 - 92, and Frederic D. Grant, "The Failure of Li-ch'uan Hong: Litigation as a Hazard of Nineteenth-Century Foreign Trade," *American Neptune*, vol. XLVIII, no. 4 (Fall 1988), 243 - 60.

鸦片进口所造成的有害影响远远不止经济方面。尽管从印度进口的鸦片对于大多数普通人来说过于昂贵，但他们往往使用更加温和的本地品种。这导致鸦片成瘾现象进入了中国社会的每一个阶层。在中国，鸦片的药用价值和催情作用就像他的麻醉功效一样广为人知。自17世纪起，同巴达维亚与台湾的荷兰殖民当局有联系的海外华人社群就已经开始使用鸦片。1729年，雍正皇帝颁布了中国第一个对鸦片销售的禁令。但该禁令对药用鸦片的买卖禁止得并不严厉，这条禁令本身也没有被严格执行。一个世纪后，鸦片使用已经十分普遍，以至于最后已不可能以禁令来禁止。宫廷里，无聊的宦官、皇室成员们沉溺其中；士兵们用鸦片驱除恐惧，甚至以吸食鸦片来逃避兵役。军中的这种现象在1832年时已显露出来危害：由于普遍鸦片成瘾，六千人的一支军队竟无力镇压一场地方起义。学者们用鸦片来缓解压力和人生的挫败感；学生们在应试时吸食鸦片，用来刺激自己的才智；商人们以吸食鸦片来磨砺自己的商业智慧；女性用鸦片来缓解家庭生活所带来的紧张感与种种束缚。在休闲社交圈子里，鸦片成为被社会广泛接受之物，中国人在宴席后为他们的友人提供鸦片，这被看作是和欧洲人在餐后提供利口酒一样的一种社交行为。

越昂贵的进口品种药力越强，同时也越有效，越容易成瘾。但那些逆流拉纤的纤夫、农民等重体力劳动者，尤其是鸦片的种植者，都习惯吸食国内种植的鸦片。吸食鸦片足可以消除病痛，暂时性增强他们的体力。这些穷困潦倒的瘾君子经常带来双重危险——他们吸食鸦片不仅损害了自己的健康，而且他们经常用微薄的收入去购买鸦片而不是食品，结果导致身体严重营养不良。18世纪早期，中国底层社会已经开始吸食鸦片，但要到晚些时候，这一现象才会变得更加普遍。

19 世纪 30 年代中期，中国学者、官员对毒瘾泛滥影响的恐惧与对白银外流的焦虑结合在了一起，许多人认为，这两种现象间存在着联系，这就如同 20 世纪晚期中国的形势一样。清廷的学者、官员们围绕这两个问题爆发了长期的争论——解决毒品问题的最好方法是什么？鸦片买卖应该被合法化吗？所有关于鸦片的活动都要一并被禁止吗？清廷在对抗英国人时应该采取多强硬的姿态？这些都是争论的内容。有效禁止鸦片买卖无疑是非常困难的，这不仅是由于英国强大的军事力量，而且因为中国国内鸦片销售的利润分配链，牵涉到众多既得利益集团。此外，更关键的是，并不清楚清廷的军事力量能否完全封禁鸦片买卖，即使它有能力这样做，禁令是否能带来和平也未可知。

在这种情况下，清廷的决策者们追溯此前著名的浩罕汗国的先例。这是一个同新疆地区接壤的、颇具野心的中亚国家。它在 1835 年同清政府签订了一个条约。浩罕汗国一度意图支配新疆地区的对外贸易，这损害了与其相距甚远的清政府的利益。清政府颁布了一项全面的贸易禁令，旨在迫使浩罕人屈服，但事实证明，这一禁令完全无效。1835，双方抱着互相让步与承认既成事实的立场缔结了条约，很快给这一地区带来了和平，而且该条约比此前旨在切断贸易的禁令更切实有效地得到了实行。条约给了外国人在中国居住、贸易及在国内自行征税的权力。他们可以任命一名领事，他对居留在中国的同胞具有司法审判权，中国还会给浩罕支付赔偿。浩罕人和其他外国人被允许在中国出租财产，雇佣本地人为仆人、助理或翻译。该条约可以被认为和此前的《恰克图条约》具有类似的作用，1732 年以来，俄国人在中俄边境的居留与贸易事宜皆依据这个条约。结果和浩罕签订的条约带来了和平,鸦片日益增多、大量涌入中国内地,因此,清政府扩大了禁止鸦片的范围,禁止鸦片向新疆和沿海地区输入。

1838年,皇帝决定必须终止鸦片贸易。他广泛征询人们的意见,参考了从在任官员到有影响的学者的看法。学者中有许多知名人物,但因为各种原因,他们没有出任官职。他们聚集于文学团体中,建立了自身作为学者的声誉,形成了一个相互联系的关系网;同时他们一直用自身所学来钻研治国之术,关注国家大事,思考如何获取政治权力。尽管政党制度出现于帝国秩序之下是不可想象的,但在某些方面,这种关系网确实已经类似政治党派。

清政府所面对的问题在于是否要寻求和英国人达成一项协议,抑或冒着引发战争的危险采取一种强硬立场。朝廷中因此形成了两个主要的阵营。其中一个主要由中央政府的官僚们组成,他们倾向于暂时和英国人和解,并为自己的观点提出了很多理由。首先,他们认为中亚地区的经验同样可以适用于沿海——对这一点认可的官员中有很多是刚从新疆履职归来的满人。出于安全考虑,汉人很少能在新疆出任高级官职。鉴于近期与浩罕汗国交往的经验,这一派官员准确地指出,毒品贸易可能因政府的强硬立场转入地下,这或将导致货币危机。其次,这一派官员很可能已经认识到英国军事力量的强大,战争将会导致清廷蒙羞。

另一个阵营的成员主要来自文人团体中的知识分子,他们具有广泛的社会影响力,他们主张以贸易禁令来对抗英国人。他们不仅期望能够禁止鸦片的进口,而且希望能以此提高自己一派在政府事务中的参与程度。该派支持林则徐(1785—1850),他被皇帝授权,派往广东解决鸦片问题。这一派成员对于战争的风险毫不在意,或者说至少在这点上出现了误判。他们所致力追求的唯有增加林则徐的政治特权，并将此事和他们自身的权势联系在一起。总而言之，这派文人群体支持颁布一个贸易禁令，希望以此来拓展自己的政治目的。他们在推动1839年中英走向战争的进程中扮演了一个主要角色。战争爆发后，这些人仍然发挥着强大的影响力，阻碍了中央政府的效力。在战术上，他们对清军的行动不仅不配合，而且总是批评；在战略上，他们则持续施压要求作战，并不想着如何缓解同英国人的关系。这种政争的形势让战局更为复杂化。

林则徐对鸦片贸易实施了全面的打击，他持续查抄鸦片，目标既包括吸食者也包括供货商。他还成立相互监督的组织，以消灭吸食鸦片的现象，呼吁不同群体的民众，包括学生士子、社群领袖和军人，告发那些提供鸦片的人，并让他们共同为禁绝鸦片建言献策。这之后，他将自己的注意力转向了英国鸦片供货商。林则徐没有意识到，英商囤积鸦片是因为他们对贸易合法化的错误期望——因为这些人遵从了之前的内部斗争，他强制英商交出他们庞大的、总计三百万镑的鸦片库存，但却没有给予任何补偿。他以溶解法尽可能地销毁了这些生鸦片，并通过巨大的沟渠将它们冲入大海。在六十名官员的监督下，数百名民夫为了这个目的挖了这条巨大的沟渠。林则徐命令英商离开广州，于是他们随即去了澳门。在那里，英商们仍拒绝承诺停止鸦片贸易，当时这仍是被中国法律所禁止的，林则徐随即将他们驱逐出了澳门。英商们占领了附近一个叫香港的小岛，尽管此举遭到了当地大约四千民众的激烈抵抗——他们向井里投毒、拒绝以任何方式和英国人合作，但抵抗没有奏效。林则徐鼓励当地的抵抗，但英国人并没有放弃他们对香港这个优良深水港的占有意图。英国人试图在与澳门同一纬度的香港建立他们自己的商业基地。

在这一历史背景下，英国议会废除了东印度公司对亚洲贸易的垄断，这产生了深远的影响。这意味着代表英方利益驻中国的首席代表，开始为他的祖国而不再是公司代言，对英国贸易监管人个人的侮辱，现在成了关乎国家尊严的事件，但清政府并没有清楚地认识到这一点。

1839 年中英间爆发了战争，表面上看起来，这既是清政府为一劳永逸地解决鸦片走私问题所作出的决策，同时也源于英国人对长期加在他们身上种种限制的积怨。英国的船只封锁了广州和宁波，沿海岸线一路深入，占据并控制了舟山群岛。该群岛位于中国内地主要水道长江的出海口外。之后英军向北航行，一路未遇抵抗，1840 年夏末，英军威胁到了距北京最近的港口天津。随后的谈判达成了英军撤回广州的协议，但双方都认为当时达成的协议不充分而予以拒绝。在随后广州附近的战斗中，英军炮轰了广州，并于 1841 年占领了部分广州城。当地民众不断被强奸、亵渎坟墓和寺庙等英军的暴行所刺激，群情汹汹。

到此时为止，对外国人怀有刻板印象的中国人的态度还算中立，但随着局势的发展，他们开始趋向极端。当时的一段历史插曲，后来被当作了民众力量崛起的史诗篇章中的一个例子：广州附近的村庄里，由乡绅组织的自卫团体迅速动员起数千民兵，在三元里附近袭击了英印部队。由于这些外国人的枪支在一场倾盆大雨中突然失效，袭击者使多名外国人受伤，甚至还杀死了其中一人。广州当地的官员迅即命令停止袭击，以确保关于英军撤退的谈判不被中断。但是参与袭击者对官方的干预十分怨恨，他们认为自己可以驱逐英国人，官方的行为被认为是对同胞的背叛。就像 1806 年的情况一样——当时广州民众反对清政府与英方代表就一桩刑事案件达成妥协方案，此时的广州也出现了揭帖檄文，警告外国军队不要回到交战地点。其中一些帖文用词十分粗鲁，确实反映了民众的心声，但另一些帖文的用语典雅得多，它们觉得或许可以帮林则徐一把，号召学者团体的成员支持他，因为林对清政府持续的绥靖政策感到恼火。

其中一份檄文如此写道："因仇同愤，何烦长官操戈；振臂一呼，自足歼诸丑类。"①这只是一段小插曲，但在谴责政府、正告其不要为敌人撑腰方面，很久以前便有类似的先例。这同时也表明，当时中国尽管有对言论自由的限制，缺乏类似西方民主制度下有组织的反对意见，但是中国社会仍然有表达、动员公众意见的有效途径。

有关抢劫与恣意破坏的描述，把英国人塑造成一伙恐怖的匪徒或是不时制造麻烦的海盗。中国人的态度十分明确——一个上海居民留下了相关记录，他是英军占领该城后少数没有逃走的人之一。我们的这位信息提供者是当地文人群体的一位领袖，但并不是上层精英，他回忆道：

> 时天曙已久……比及门，已有数洋人持械破门，予念家眷在，纵死不宜两地，挺身阻之，为所执。入室倾箱倒箧，凡一切银钱、首饰、细而软者，虽微必攫。迨抄掠毕，以刃加予颈，索蓄藏曰番饼番饼者良久。予力告以困苦状，且手示之，得释。又至姪居，予应之。洋人略搜数处，皆书籍，舍而去。又至族叔少园门，予亦启之，搜如前。又叩砂雨兄居，予出户

① James W. Polachek, *The Inner Opium War* (Cambridge: Harvard University Press, 1992), 165，出自《鸦片战争》(全六册)，上海：神州国光社，1954 年，第 4 册，第 22 页。

往应之，匪各笑指而去门勿入也。①

这位信息提供者的文字对于宣扬激进情绪没有丝毫价值，他既不特别排外，也没有将英军贬斥为野蛮人，至少在他的回忆里并没有什么对外国人根深蒂固的优越感。

中国人的动员

尽管一些政治上的部署要为中国的战败承担一些责任——这种失误也影响了人们对这场战争的理解方式，但是清政府输掉第一次鸦片战争的最主要原因，仍是英国在军事实力上的绝对优势。中国人并不是军事技术上的白痴——虽然 19 世纪英国人的记录是这样说的。中国人数个世纪以来都用巨大的城墙来防卫整个城市，而且精通围攻战的原则与战术。广州的城防是如此优良，以至于一位英军目击者惊讶地记录到，英军一艘 74 门炮战舰和其他一些 32 门炮战舰对广州进行了一场持续两个小时的轰击，但最终并没有什么效果。

清廷的官员们急于仿效英国人在技术上的优势，他们仿造了英军的双层甲板战舰，配备了舰炮。并且建造了英军配备武装的明轮蒸汽船的仿制品，这艘船在广州的浅海水域运行良好。他们还试制了一种形制的雷管，设计了用于铸造大炮的铁质模具以取代老式的砂质模具，新的模具至少像西方的同类模具一样复杂机巧。他们还逐渐学会准确地按照英军的形制铸造舰炮。所有这

① Linda Cooke Johnson（张琳德），*Shanghai：From Market Town to Treaty Port，1074－1858* (Stanford：Stanford University Press，1995)，181，出自曹晟《夷患备尝记》，第 8b—9a 页。

些举措都证明了六十年前帝国一位王公的言论，他的话大意是当战争来临时，清廷愿意做任何尝试。① 我们将在下一章继续讨论军事现代化的问题。

中国人从第一次鸦片战争中汲取经验的能力，远远超出了接受新技术的范畴。他们在英军中观察、寻找弱点，以资利用。1841 年就有这样一个例子，当时两艘船只在台湾水域失事沉没，船上英军中包括数百名英印士兵，船沉之时，大多数英印士兵都被他们的同伴抛弃淹死了。幸存的一百五十余人，连同率领他们的军官都被俘，关押在台湾，一些中国人甚至开始有了在英帝国军队内部制造分裂的想法。整个事件引起了台湾地区官员的注意，这其中也包括姚莹（1785—1853），他是一个议论国是的文人团体的主要成员。姚莹注意到，这些外国囚犯在等待处决期间存在种族摩擦，他就英帝国在印度的详情询问了其中一名军官。通过在讯问中所了解到的情况，结合他自己的观察，姚莹认为殖民地的过度扩张以及种族间的紧张关系，可能被证明是英国的致命弱点。

1841 年有关尼泊尔隐现一场反抗英国人的谣言更加证实了姚莹的判断，尽管因为大规模处决这些战俘，他在很长一段时间内背负了政治污点，但在接下来的几年里，姚莹仍然努力让其他一些有影响的学者知晓他的观点。利用英国人这些弱点成了经世派（statecraft party）的口头禅。他们并不是唯一相信可以利用种族问题对抗英国人的人。例如，1842 年底，满怀敌意的广州人攻击了外国人的"工厂"（库房），清政府的官员们在回应愤怒的英

① 见 Gerald Graham, *The China Station: War and Diplomacy, 1830 - 1860* (New York: Oxford University Press, 1978), 117 - 18, 183, 215 - 18, 引自 Jonathan Spence, *The Search for Modern China* (New York: Norton, 1990), 158.

国人有关赔偿的要求时,声称这一破坏活动是由印度水手惹的麻烦所引发的。

帝国的行政长官林则徐以及他的一些经世派友人们得出一个结论,学习外国人,可以帮助战胜他们给中国造成的威胁。林则徐在广州成立了他自己的翻译机构,以便尽可能地搜集、翻译有关西方的讯息。当时,主要由于对外贸易,以及相对次要的原因——传教士的存在,广州当地有很多懂英语的中国人,林则徐可以雇佣他们帮助自己。通过这种方式,他可以接触到新教传教士翻译的历史和地理,以及其他西方著作。在他从广州西方人手中获得的著作中,最重要的一本是艾墨里希·德·瓦泰尔(Emmrich de Vattel)的《国际法》。他把其中一部分译成了中文。林则徐还获得了许多地图以及船只、武器的设计图,他安排翻译了新教传教团出版的《中国丛报》中的许多内容。他还将所有信息都汇编成了一部名为《四洲志》的著作。之后,他将自己的资料、素材都转赠给了他的友人魏源(1794—1856),这是一位长期致力于边疆政策研究的学者,魏源由此可以继续林则徐未竟的事业。

在19世纪20年代早期,魏源致力于清朝军事史的研究。在1842年最终完成了著述后,他相信为了应对包括海盗问题在内的国内叛乱,重新关注军事是十分必要的。他对军事训练、组织团练(local militia,1796—1809年间白莲教之乱时新崛起的军事组织)、海防等方面提出了许多改进措施。此外,魏源也是颇有影响力的文集《皇朝经世文编》的共同编者。该文集从1825年开始编纂,内容是关于对政府和政策的建议。这部非凡的杰作谈到了内陆与沿海的边防以及其他一些军事问题。从这里可以清楚地看出问题的关键所在:尽管鸦片问题很重要,但并不是触发19世纪早期中国一系列社会与经济问题的唯一原因。所以，第一次鸦片战争确实加速了既有的改革倾向，但并不是后来西方人所说的那样，是导致所有方面问题浪潮汹涌的唯一因素。

战后，魏源和其他一些人开始写作有关世界地理、政治的著作，并把外国技术上的强大追溯到盛唐时代的传统。不同的是，19 世纪的学者有更多的外国资源可以利用，并有直接动机从现时西方的形态中获取信息。在对新加坡的评述里，魏源认为西方国家对亚洲采取了双管齐下的态度：一方面，西方人通过殖民主义活动不断侵蚀东南亚地区；另一方面，他们又向中国沿海挺进。他力促把海防视为国家的头等要务，因为他直观感受到英国人是从东南亚一连串设防的前哨对中国发动进攻的。英国占据香港是形成这一形势的一部分，在中国附近形成了一个令人不安的英方基地。

魏源在几十年间提出的系列建议引起了很多关注。他附和了友人姚莹的意见，提议：首先，中国应该与英国在东南亚地区的敌人们建立联系，以此在广大的英帝国内部寻找、利用它的弱点；其次，无论是在沿海还是内地，清廷应该坚守所有边疆地区；第三，中国应该毫不犹豫地接受西方的技术，特别是船只与武器制造技术。只有这样，中国才能镇压国内的叛乱，在所有双方对峙的前线将西方列强拒之于海港之外。在所有这些之后，中国可以着手恢复自身在东亚海洋传统政治秩序中的主宰地位，这一秩序在很大程度上是将西方人排除在外的，但正当此时，中国签署了《南京条约》。

1842 年的《南京条约》

1842 年,第一次鸦片战争结束后所签订的《南京条约》,主要条款如下文所述。中国必须在广州以外再为外国居留者开放四个城市:位于长江入海口的上海,福建省的福州和厦门,以及浙江省的宁波。中方必须允许英国臣民及他们的家庭成员在上述五个通商口岸不受任何妨碍地居住、从事贸易。条约还允许英国皇家海军的战舰以保护贸易的名义停靠在中国的港口,同时英国还可以在中国建立领事馆。五个口岸的关税必须合理、固定,而且货物在内地运输途中所征税额也要有限度。英方在押人员必须被释放,与他们合作的中国人也应该被中方赦免。所有把英国人贬斥为次等人的言辞要在清廷的官方通讯中被禁止,这是双方平等交往的基础。在这一条约体系下,中国废除了广州的行商制度,并拨出数百万美元来解决未偿付的行商债务,中国还正式割让了已被英方占领的香港岛。根据条约,中国要支付一笔巨额赔款,其中一部分作为鸦片被查抄的英国商人们的补偿。英方承诺,除宁波附近舟山群岛的驻军外,其他的军队将立即撤出中国,舟山驻军将一直留守到所有通商口岸都被开放、所有赔款都被偿付为止。条约并没有提到鸦片问题。

《南京条约》签订后,清政府又同美国、法国分别签订了条约,同英国又签订了作为修订内容的补充条约,其中规定,无论中国对某一国作出何种让步特许,所有其他国家将获得同样的待遇。这一系列条约还特别涵盖了宗教与法律事务,废除了中国反基督教的法律,保障了外国人在五个通商口岸可以有租借土地用以建造教堂、医院和墓地的权利。他们通过正式允许西方人学习汉语来认可现有的做法。条约确立了领事裁判权，这是一种使在中国土地上的外国人免于中国法律审判的权利。这种权利的提出基于英国与奥斯曼土耳其以及其他穆斯林国家交往中的经验，在当地实践中，这是一个标准惯例。由此，除鸦片走私的情况外，在华外国人现在获得了按照自己国家法律被审讯的权利。所有条约均规定，十二年后视情况再行修约。

从长远看，清政府在没有多少选择的情况下所做出的这些让步，对中国人的生活和清廷掌握的权力产生了深远的影响。但在当时，清政府并没有将它们视为很严重的问题。因为条约中的许多条款，和七年前清政府与中亚浩罕所签订的条约十分相似，所不同者，唯有浩罕并没有坚持国家间交往的地位平等原则。所以，尽管《南京条约》在许多方面有羞辱色彩，但它的内容是有先例可循的，它只是把相关内容的适用地从西北内陆边疆扩展到了海疆而已。清政府将开放通商口岸视为不扩大西方贸易范围的手段，它认为如此就可以将其影响稀释，只局限在沿海周边地区。直到 1860 年后，这些条约中的让步特许才扩展到了中国腹地。

条约内容的实行并不总是十分顺利，由于中英文两个条约文本存在矛盾之处，由此所引起的争议使双方都在解读条约文本的特定词汇时钻空子。例如，中国人就想确认既然条约已经规定外国人有权在五个通商口岸居住生活，那么西方人就应该腾退那些在条约规定以外地区所建立的少量的定居点。此外，在废除中国国内对某些商品所实行的贸易垄断权上也颇费时间，那些牵涉到从生产到分销再到出口整个产业链中的中国人，并不积极遵守条约条款的规定，经常违反、漠视相关规定。

外国人的行为也会导致许多问题。例如，外国人在寻找适宜地点建造住所或墓地时，总是不经意间扰乱中国传统的风水观念,这种观念往往支配着当地建筑的布局和土地的划分。有时外国人还会扰乱既存的中国墓地。类似的漠视行为也许不是有意的,但也会不时激起暴力对抗。而西方人在中国内地的探查例如开发、狩猎等有时也会引发非常事件。清政府对类似事件提出了抗议,认为它们违背了条约申明的内容,因为条约规定外国人只可以在通商口岸活动。清政府声称外国人的出现惹恼了当地居民,“尤其是女人”,这种情况下它不能也不愿保证外国人的安全。于是英国人又按惯有模式威胁说,如果中方的举措被证明是不充分的,那么他们将自己负责安保问题,这种威胁暗示出,英方不尊重清政府在自己土地上的治安管辖权,即英国人蔑视中国的主权。

法律问题也是一个持续争论的话题。争论的焦点之一是如何处理生活在香港的华人事务问题。香港的情况不同于澳门,澳门虽然被租借给葡萄牙,但中国仍保有当地所有权(remained Chinese property),而香港已由《南京条约》规定由英国“永久占领”。[①] 英方不想有任何中国官员在他们这块土地上同自己竞争,妨碍它的统治权威。但中方想对香港的所有华人居民拥有司法管辖权。最终,双方达成协议,清廷官员将驻扎在香港岛对面大陆的九龙半岛,处理只涉及中国人的司法事务。但很长一段时间里,中国人仍在香港岛实施侦缉甚至抓捕,这违反了协议的内容,引起了殖民当局极大的愤怒。这些问题的平息颇费了些时日,其中部分原因是鸦片战争后复兴的海盗经常对中英双方共同的司法事务造成影响。

① 英国按《南京条约》获得了香港,通过 1860 年的《北京条约》又占领了处于中国大陆一端的九龙半岛。1898 年英国又坚持拓展香港的边界,吞并了九龙半岛的新界地区,租期 99 年,直到 1997 年。

最初，此类事件总是以就事论事的外交交涉来解决，记录显示类似事件中，双方的合作并不总能奏效。例如，1844 年一名海盗被英方捕获，随即被“租借”给清政府以便捕获他的同党。显然，英方认为之后他会返回香港接受审讯，但他一直被羁押在大陆，最终在当地被处决。随后几年中，中英双方达成了一系列充满矛盾的协议。例如，1849 年清廷原则上同意了英方的一个请求：中方如果再捕获某个在香港受到谋杀指控的海盗，将把他遣返香港接受审判。但如果清政府真抓住了他，显然他们可以不让英方知道这件事。①

有关海外出生的华人的案件，也引发了一系列复杂的事件。例如一个叫陈庆真的在新加坡出生的华人，在通商口岸厦门的英国领事馆中从事书记的工作。清政府怀疑他试图在当地成立一个小刀会的支会，因而将其抓捕，并加以刑讯。小刀会是一个由广东、福建叛乱者组成的群体，曾占领上海部分地区达七个月之久，所以中英双方都对其活动深感焦虑。陈庆真最终因刑讯伤重而亡。英方对此抗议，他们声称他出生在新加坡，所以处于英方的保护之下。清廷则认为应该以“发式和服饰”来决定一个人是否是中国“公民”，并提出疑问：“如果以出生地决定一个人的公民身份，那所有在中国出生的英国人的孩子是否都要被看作中国人？”在陈庆真的案件中，证据显示他其实是厦门本地人，但厦门当地确有六十名新加坡华人，他们呼吁英国人的保护。没有达成

① 见 J. Y. Wong（黄宇和），*Anglo-Chinese Relations 1839 - 1860：A Calendar of Chinese Documents in the British Foreign Office Records*（New York：Oxford University Press/The British Academy，1983），entries for 1844 and 1849 passim.

协议的事务范围实在太广了。①

最后,语义措辞上的问题有时也会导致困难。每当英方代表觉得清廷通信的语言具有贬义时,他们便抗议。清政府的官员们有时将这类事件归咎于书记或翻译的疏忽,有时则声称他们仅仅是使用了标准用语。然而,大多数情况下,他们除了修改措辞别无选择,否则英国人会退回这些文件,并不答复。英国人在《南京条约》中选定这几处通商口岸,是因为它们都是现成的商业中转站,但实际上商埠开放的进程十分缓慢。在广州,当地人明显留有对英国人的敌对情绪,它和战后常见的社会失序所造成的法制缺失相结合,使得恢复秩序颇费时日。西方人实际上不可能在城内建造居住地和做生意。对三元里民众抗击外国人获得胜利的美好回忆,激起了人们爱国主义的反抗。同时,人们对战时英国人占领广州的怨恨如此之强,以至于很多年后公众对他们的反抗情绪仍处在沸点。英国人无休止地提出正式抗议,抱怨中国人暴力对抗《南京条约》中的内容,拒绝让他们进入广州城墙以内的地区。作为对此的回应,清廷的钦差强调入城并不是条约中的实质内容,欧洲人和美国人既然一直都在城墙以外的区域做生意,显然可以继续如此。

事实上,清政府一直牢牢把握着对一个(甚至是)不平等条约的各种情况的应对方法,既可以用剑废除它,也可以用盾回应它,以保护中国的权益。这位钦差以官方要求民众冷静的公告被撕毁作为令人信服的证据,进而指出广州民众对英国人反抗情绪正在失控,官府衙门被烧毁,是因为民众怀疑清政府对英国人采取

---

① 关于陈案的文件,见 Public Record Office, London. 其简况可见 Wong, *Anglo-Chinese Relations, 1839 - 1860*, 212 - 215.

了亲善政策，换句话说，他在暗示民众已经十分愤怒，以至于官府对此已无能为力，民众甚至希望这种局面继续下去。这位钦差请求他的英国搭档约束自己的同胞，不要试图强行入城，而且他还建议英国的战舰也不要靠近港口，以防激起本地舆论的烈焰。英国人的威胁只会使事情变得更糟，只有展示善意以及愿意协作的精神，才会有机会平息事态。为平息民众，英国人应该减少与中国人的争执，停止在广州乡间游荡，因为这种行为无论如何已经违反了条约中给予他们的权利。广州的开城许多年后仍是中英双方的焦点问题，事态的发展随广州人提议竖立一座庆祝抗英胜利的纪念牌坊而达到一个高潮。清廷的钦差傲慢地置身事外，称此事只是出于“乡绅的煽动”。

到 1850 年时，宁波、厦门和福州仍然只有很少的欧洲人定居。这不仅是因为三地开埠需要花些时间，更是因为要协调东南亚贸易，调整欧洲与美国人的市场需求，但恰恰因为西方人在当地较为低调，排外事件在这几个港口要相对少一些。

在中国沿海新近开放的口岸中，只有上海的发展最接近英国人对新近开放的中国沿海商业潜力的预期。长江在上海附近区域入海，由于它所处的战略位置，上海成了一个商品交易的主要枢纽。上海的经济由于战时经济停滞、棉纺市场崩溃以及黄河泛滥所导致的腹地饥荒等一系列问题陷入困境，但鸦片战争之后，上海得利于广州商业贸易的战后受挫：许多广州人受制于当地条件，被新财富的希望所吸引，纷纷迁徙到上海同外国人做生意。短短几年内，上海就成了一座蓬勃发展的城市。到 19 世纪末，它已成为世界顶级的商业港口之一。

上海的崛起

外国人在与清政府的正式交往和与普通中国人的交往之间,经常存在反差,上海就是一个特别好的例子。广州的事例已经清楚表明,那里很多人深深地憎恨外国人,但仍有不少中国人看重自己的利益,认为可以克服自己同外国人交往的犹疑。至少在上海,一些人同清廷官方态度不同,并没有什么抵抗外国人的倾向。因此,当第一批英国人到达上海这一通商口岸实行开埠、设立领事馆时,尽管上海的清廷官员们没提供什么帮助,但上海的商人、企业主的态度完全不同,他们为向英国人出租房产、家具做好了充分的准备,满怀希望想要像战前的广州一样,获得商业垄断地位。他们泰然自若地用各种可能的方法挣钱,其中甚至包括向对白人鬼佬的"吃、喝、写、洗、作息"感兴趣的当地民众出售参观门票。①

没有外国人会说上海当地方言,所以他们与上海普通人的交往是有限的,他们在生意上主要依靠从广州或香港雇来的广州人或香港华人,同时由中国仆人、本地供应商帮助他们打理生活。并不是一切事情都进展顺利,交往中彼此存在很多误解,大量相互间的恶感始终存在。

经历一些时日的发展后,上海作为通商口岸中仅有的存在大量西方人的地方,成为兼具中西管理方式的独特典范。其中最显著的特点是,上海在行政上被划分成了三个主要的区域:公共租界(由英国人控制,但是对所有国家的人开放)、法租界、中国人居

① 引自 Johnson, *Shanghai*, 186.

住区。每个区域都处于不同的行政管理方式与不同的法律体系之下。最初，外国人的居住区位于城墙之外，一般情况下，除了家内仆人和其他一些为外国人社区服务的人员，是不准中国人在内居住的。但是太平天国战乱期间（1851—1864），数不清的难民——无论贫富——大量涌入上海所有区域。当1854年太平军攻克南京时，来自上海上游地区的大约8000中国人定居在了上海租界，而当时这里只有150名外国人，而且中国人的数量还在稳步增加。

上海的外国人居住区实际上是城中之城，它们是由外国驻上海领事们共同管理的独立直辖区。这意味着，外国机构对居住在租界的中国人牵涉其中的案件进行裁决。随着时间的推移，这些区域也成为中国人逃避清政府以及之后的民国政府管辖的避风港。在这些外国人控制的区域，中国与西方的商人们、各色生意人很快便开始合作，联合起来从事他们自己独立的事业。

也是在上海，清帝国的海关机构开始运作。海关由欧洲人掌控，中国人与欧洲人协同运作，并最终向清朝皇帝负责。太平天国战争时期，小刀会在1853—1854年间占领了上海部分区域，上海的海关因此停止运作，清政府由此失去了从迅猛发展的商贸活动中获得可观收入的途径，各种非正规的商品税在内地死灰复燃，清政府和外国人都没有在此种形势下获利。然而双方的种种补救措施都不成功，这威胁到了整个通商口岸体系的平稳运行。最终中外双方达成了协议，1854年一个由外国人掌控的海关税务委员会成立，由它负责向外国商人征收关税，而后将税收上缴清政府。这一机构以其清廉高效而著称，在晚清和民国初年的经济生活中扮演了一个重要的角色。

上海生活的另一个新特征是，在中国人中一个被称为买办的新阶层兴起。这些人在外国人与中国人交易时,充当为前者服务的中间人,经常作为外国公司的管理者。在许多方面,这些买办为办事的老规矩和新方法间提供了一个重要的链接。他们提供了一个进入传统中国经济体系的渠道,这一体系往往巧妙地将外国人排斥在外。买办中一些人变得非常富有,这正如他们给西方企业所留下的印象。在很多情况下,他们比怀有传统观念的中国精英们有更充分的准备去投资新兴产业。在这方面他们往往具有丰富的经验,可以将企业管理得很好。一些买办开始在上海这个日益复杂多元的社会里扮演强有力的角色。

比起传统科举仕进的渠道,买办更多的是通过他们的财富与世界主义行事准则来施加他们的影响。他们与传统的中国人有一个重要的区别。在过去,尽管理论上传统儒家学者对商业抱有歧视态度,但在受过教育的精英与商人阶层之间一直有种共生关系——一位学者很可能会让他的一个儿子去涉足商业,以此作为整个家庭的依靠,同时让其他儿子为准备科举考试而学习。一个成功的商人会为他的儿子提供可以用钱买到的最好的教育,以此来提升他的社会地位,希望他能够通过科举考试,成为有政治权势的人。但是买办们对于用政治权力作为提升社会地位的手段并不特别感兴趣,他们认为只用钱就可以办到这一点。

实际上,至少在通商口岸,买办们已经成为当地精英重要的一部分,他们往往承担着维护社会秩序、救济危难百姓等传统精英的职责。买办是一种新生物,是通商口岸文化的一个产物,尽管他们的财富和专业技能被视为是中国从西方、日本帝国主义重压下复兴的关键因素,但作为一个阶层,他们也因同外国人联系过于亲密这一污点而受困扰。

中国海外移民

从清朝法律制度的技术层面讲，永久离开中国仍是一种非法行为，但实际上许多清廷官员认为，向海外移民是一个安全阀，对于舒缓人口大省的压力很有好处。他们认为，让本可能成为流民、强盗或者脱离国家管理的贫穷人口集体离开，显然是上上之策。此外，移民往往能赚到钱，并把钱寄回家，这可以帮助缓解地方和国家早已负担过重的经济形势。因此，关于移民的禁令在很大程度上被忽视了，至少从1823年开始，一种叫做“赊单”（credit ticket）的机制出现了，可以帮助那些没钱去东南亚或者世界其他地方的人筹措路费。

正好是在鸦片战争之后，一系列紧密衔接发生的事件，为中国移民向比之前更大、更远的范围扩展开启了一个新的局面：由战争本身所引起的混乱；广州水域持续的失序状况；由外国贸易扩张所带来的经济转向；开放通商口岸；世界范围内殖民主义的扩张以及与此相伴的工业化国家对于能够为其提供原材料的劳动力的渴望；由废除非洲奴隶贸易所引发的对新劳动力供应需求的戏剧性增长（殖民地的雇主们认为中国人工作更勤奋，不像印度人那样受宗教信仰的束缚）；新加入运输移民的欧洲轮船；远离中国的管辖、可以相对容易偷渡的葡属澳门与英属香港；还有关于美洲与澳洲——在中国它们分别以旧金山和新金山而著称——黄金的谣言。尽管清朝法律中关于移民海外的正式禁令仍然存在，但受所有这些因素的综合影响，中国人仍被吸引移民海外。

有一些移民是自愿离开家乡，为的是寻找向上攀升的机遇，而其他一些移民则一贫如洗，只是单纯地想找到一条谋生之路，他们是看中了寻求廉价劳动力的雇主所提供的还算不错的薪酬而移民的。1845 年，第一批签约的华工从厦门出发，前往印度洋的法国殖民地留尼汪岛。不久之后，便有更多载满中国劳工的船紧随其后，驶向澳大利亚的金矿与牧羊农场，驶向古巴与加勒比海其他欧洲殖民地的甘蔗种植园，去往秘鲁和智利的铁路工地、种植园、鸟粪场，前赴北美的金矿与铁路工地。更多中国移民则前往东南亚各地欧洲的殖民地寻找工作。

中国人的移民活动和香港作为一个重要商业中心的崛起密切相关。众多中国人来到香港寻找机遇，更多人则从这里踏上了前往海外的路。1844 年香港的华人已经膨胀到了一万九千人，几乎比五年前的人口增长了五倍，这是因为许多人希望在这里抓住工作的机遇。1850 年代，香港已成为一个转运苦力的重要中心，这里为劳工招募人、商船主和掮客们提供了工作，从而也带动了这里商业的发展。在 1855—1859 年的四年间，超过八万中国人在香港上船，目的地遍布世界各地，而那些打算返乡者多半也要途经香港。

一些中国移民是被强征或是在虚假宣传的欺骗下被说服离开中国的，正如下文所述：

> 我们被告知将要去澳门，在那里有人出高工资提供工作；我们还被告知合同中规定只需工作八个外国年，这仅等同于四个中国年。工作合同最终到期后我们就能自由了。我们在洋式大楼上看到写有“劳工雇佣代理处”的布告牌，这使我们相信他们办事真的就像合同协议写的那样。然而之后的情况却和我们期望的完全不同。我们不能退出合同，当

我们到达哈瓦那时被展示销售，定价时遭受了十分粗暴的对待。这明白显示我们并不是签约劳工，而是被卖作了奴隶。

赴海外的劳工数量增长迅速：从 1847 年到 1862 年，美国的苦力贩运商每年往古巴运送六千名中国人。[①] 清政府尝试寻求西方领事们的帮助，以防止中国的青年男女被绑架卖往海外，其努力获得了一定成效。世界各地的华人移民社区，居住条件之差令人震惊，在他们移居的所在国，华人经常被本地人虐待。很多华人移民都打算富有之后回家，但很少有人能达成目标。一些华人也会给家中汇款，在一些特定时期，也支持作为中国复兴努力的部分大型项目。正如我们所见，19 世纪后期，海外华人的困境以及将他们作为工业化和其他事业资源的可能性，是激发清政府外交积极主义的主要问题。

太平天国运动

19 世纪中期，造成如此规模的中国人移民海外的一个原因，是太平天国运动（1851—1864）所带来的大规模内战。作为第一次鸦片战争在中国南方所引发的经济与社会混乱的部分结果，这场起义显示了普通中国人接受外国思想观念的强烈意愿。

太平天国运动是由洪秀全（1813—1864）所领导的，他是一个受人轻视的客家少数族裔的成员，曾参加过国内科举考试，然而

---

① *Chinese Emigration: Report of the Commission Sent by China to Ascertain the Condition of Chinese Coolies in Cuba* (Shanghai: Imperial Maritime Customs Press, 1876; reprint, Taipei/Chengwen, 1970), 7, 引自 Lynn Pan, *Sons of the Yellow Emperor: The Story of the Overseas Chinese* (London: Secker & Warburg, 1990), 47 (figures on Cuba); 48 (quotation).

失败了。洪秀全在一场大病期间经历了许多幻象，他在幻象中被一位老人——之后又被一位自称为“长兄”的人——号召去对抗恶魔。几年后，他读到一些传教士给他的基督教小册子，声称从中找到了可以解释他幻象的东西：那位老人是上帝，中年人是耶稣基督，而他洪秀全是基督的弟弟。洪秀全最终开始相信他所要灭除的恶魔不是别人，正是满洲统治者，他命中注定将领导一场有基督教热情灌注其中的革命，这是一种上帝给予解释并由他自己重新修订的新的基督教精神。

在接下来几年里，洪秀全周围聚集起了由虔诚追随者所构成的核心团队，他们都是他所成立的拜上帝会的成员，该组织在广西西南部建立了自己的基地。尽管洪秀全出于某种不清楚的原因拒绝受洗，但他给数以千计的人施行了洗礼。大多数的皈依者都是客家贫农以及长期处于社会贫困底层的苗族，这些人都与现行的社会体制鲜少利益牵挂。由于1840年代晚期多次饥荒以及普遍的盗匪横行，信徒的人数激增，在这两种情况的打击下，这些志趣相投的人再也没有什么可失去的了。

1851年洪秀全和他的追随者们发动了一场起义，旨在推翻清廷，建立一个半基督教信仰基础上的清教徒式平等主义共同体，他们把它称作“太平天国”。它将是一个受到上帝特别眷顾的国家。从一个公有圣库中平分所有财物的太平天国理念，吸引了社会最贫穷的群体中数以千计的追随者。在一连串惊人的军事胜利之后，已成千上万的太平军，于1853年攻占了曾作为前明首都的南京，太平军将在之后十一年里占据这座被他们称为“天京”的城市。

对于这个显然带有基督教色彩的群体的出现，通商口岸的西方人最初十分兴奋，一时间太平天国赢得了许多西方大众的支持。西方人想知道是否应支持这些叛乱者，因为显然在向中国民众传播基督教福音方面，太平天国运动远比西方传教士成功得多。但很快西方人便得出结论，洪秀全带有基督教色彩的特殊团体，已经远远偏离了基督教的根本教义，而且其成员同真正的基督徒群体也相去甚远。

相对宗教因素而言，很多西方人更多是出于冒险投机和商业利润的目的被太平天国运动所吸引。到当时为止，中国已经有足够多的西方人，他们和鸦片战争前那些行动一致的广东商人不同，步调不再统一。早在鸦片战争之后不久的1844年，欧洲的军火商人就开始在中国沿海地区施加他们的影响。他们提示清廷的反对者——武器的销售并没有写在任何条约的条款中。太平天国运动期间，欧洲与美国的商人们在向太平军出售武器与火药中展开了竞争。尽管清廷与外国官方采取措施对这些商人进行防范，但他们还是为了军火生意沿江而上，驶往南京。这些外国商人声称，外国官方阻止他们的侨民在中国从事军火供应的理由是不能令人信服的。不久，陷入困境的清廷也成了他们的顾客。清廷开始购买外国最新式的船只与武器，但在太平军一次次打败清军的围剿后，这些商品经常落入他们手中。例如"刻着'1855，马萨诸塞'字样的漂亮的十二磅黄铜炮就是太平军战利品中最新近的例子"。[1] 换句话说，太平军的军事领导人对使用任何他们能得到的最新式的致命技术没有任何抵触。

军火走私并不仅是外国人对太平军施以援手的唯一手段，还有大量西方军队中的逃兵以及其他各种或是习惯于战争或是新

① Jonathan D. Spence, *God's Chinese Son* (New York: Norton, 1995), 241, 出自 P. Clarke and J. S. Gregory, *Western Reports on the Taiping: A Selection of Documents* (Canberra: Australian University Press 1982), 189.

到这里寻求发财的机会的依附者都加入了太平军。从官方立场看，所有外国侨民都应尽力让交战双方明白他们的中立态度。在哪方最终赢得战争的局势明朗之前，外国人只会两头下注，他们首先关切的是保护自己在华的商业利益，当时仅上海一地的价值就以百万计。

外国人对清政府与太平天国均不信任的判断很可能是正确的。清政府十分害怕外国人表面中立，暗中支持太平军，因为太平天国的基督徒显示出整体接受西方价值观的倾向，西方人可能以其强大的军事力量同这些叛乱者结盟。从另一方太平天国来看，他们并没有把握住争取西方支持这一决定性优势的机遇来对抗摇摇欲坠的清政府——后者几乎没有时间从第一次鸦片战争中恢复实力。对于争取外国援助，太平军所做甚少，例如，1853年英国人派一艘船沿江而上试图对太平天国作更多了解，同时警告他们不要干扰外国在华贸易。太平天国的领导人对此十分震惊，并以一种居高临下的语气回复，因此疏远了英国人。太平天国的立场很明确，所有维多利亚女王的臣民尽管宗教信仰开明，但仍然对洪秀全——太平天国的天王——有欠忠诚。不过英国人很难就他们所坚持的国家间平等原则让步，而这一原则正是他们不久前刚通过与中国的一场战争确立的。

法国与美国的船只也进行了类似的勘察。美国人发现这些叛乱者对于基督教有自己毫不妥协的认识。他们断言太平天国对于所有外来者都是至高的存在，而且他们认为自己与上帝和耶稣有着特殊的联系，美国人因而认为太平天国是一个毫无希望的怪胎。法国人在向这些叛乱者提出建议时也发现，在他们坚持提醒对话的太平军要遵守此前由清朝皇帝所认可的条约时，太平军坚持自己的观点：任何与“清妖”达成协议的人都会被看作敌人。

清政府镇压叛乱的乏力使他们放开寻找任何可能的新援助。因为到1850年代中期，不仅中国南部和西南部大片区域已在太平军手中，而且另一场被称为捻军的叛乱也风起于中国东部的山东、河南、江苏以及安徽淮河以北地区，他们的活动从1851年持续到1868年，捻军并没有太平军那么多意识形态的因素，但他们的持续斗争足以威胁清政府对这些地区的控制。与此同时，中国西南部云南省的回民叛乱者一路高歌猛进，反抗清廷沉重的税负以及当地金、银矿的专营控制。

从宇宙观的角度看，爆发了如此多的叛乱对清廷来说并不是一个好兆头。传统中国观念认为爆发叛乱是民众对统治者不满的体现，清廷不得不认为如此多的起义可以被视为它开始丧失统治天命的信号，由此镇压就是势在必行，因为它与王朝的存续紧密相连。但同时，内部的混乱也显然使中国更容易受到外部觊觎者的侵袭。

俄国人、英国人和法国人，1856—1860

当1856年克里米亚战争最终结束时，俄国、英国和法国都把它们的注意力转回了中国。俄国开始密切关注中国的形势，意识到现在也许是可以大捞一把的时候了。整个18世纪，俄罗斯帝国已经向东扩张到了西伯利亚，现在迫切希望在扩展同中国的贸易之外寻找在与其接壤的中国东北北部地区扩张其政治与商业影响的可能。清廷以带有为满人保持起源地的模糊意图实行了在这一地区排斥汉人定居的政策，结果导致这一地区人口稀疏，而此时俄国想抓住任何可以在它与英国双边关系中加强自身地位的机会。当时清廷由于太平天国运动以及其他各种起义而转移了对边疆事务的注意力，东北地区大量军队被派往南方，俄国的勘查探险也随之向南推进，俄国人的定居点开始广布于东北北部地区，中国失去了对抗俄国要求的基础。通过侵略与外交手段的结合，在1860年缔结《北京条约》时，俄国迅即从中国接手控制了它所垂涎的地区。大扩展的贸易使俄国的领事出现在蒙古、新疆的战略要地，俄国侨民免受中国法律的管辖，获得了比以前远为广泛的交流渠道。

与此同时，活动区域集中于中国沿海的英国人和其他外国人由于上海以外的其他通商口岸开埠进展缓慢、对太平天国运动的幻想破灭等因素已经失去了耐心。它们的主要目标是扩展贸易，绕开广州在北京派驻大使。西方人对于清廷官方持续的拒斥态度以及广州官员让广州市民认可他们在当地权益的无能特别恼火。中国与美国于1844年在双方的条约中加入了一些修正条款，英国人认为中方应向他们提供同样的权益，他们有些狡猾地解释说1842年签订的《南京条约》要在1854年进行修约。但到了1854年清政府官员回避相关协商，但这显然不仅是因为他们将注意力放在对国家更重要的内战问题上。

1856年，英国人和法国人找到了再次发动对华战争的借口。英国人宣称中国水师侮辱了英国国旗，据称，中国水师在一艘香港华人所有的轮船上发现了海盗，这艘船的船长是英国人，船员是中国人，搜查期间中国水师降下了英国国旗。法国人则称中国在内地将一名传教士判处死刑是宣扬敌意的表现。在最初双方的僵局中，西方宣传中国人野蛮与西方的火力优势——现在可以轰击广州的火炮远远强于十五年前的火力，之后的行动由于英国人要处理印度兵变有所耽搁，最终第二次鸦片战争于1857年底爆发。到来年夏天，英法联军已经攻占了广州以及北京附近的港口——天津。在天津,交战双方开始协商一个新条约,其中包括如下条款:再多开放十个新通商口岸,其中包括四个沿长江远至汉口的口岸(这意味要击败太平军);在北京建立永久性的西方国家外交机构;准许包括传教士在内的外国人在中国各地沿陆路或水路旅行;将关税税率限制在5%,厘金税率按商品价格的2.5%征收①;另外还有另一项赔偿条款。除此之外,尽管销售和使用鸦片在中国仍属违法行为,但条约规定对毒品强征一种进口税,并规定只有在中国国内才可以运输、销售鸦片。

有关允许在北京建立公使馆的条款在北京遭到了激烈的反抗,在西方军队从天津附近的大沽撤退后,清政府并没有显示出履行条约的迹象。清廷加固了军事工事,击退了返回的西方军队,但英法联军还是挺进了北京。由于沿途的战斗以及西方战俘所遭受的罕见的虐待,英法联军最终烧毁了圆明园,这是位于北京西北郊的皇帝的夏宫,其中有一部分建筑是一个世纪前耶稣会士为乾隆皇帝修建的。圆明园中的很多物品最后流入了欧洲私家和艺术品市场,还有一些成了那些为欧洲人在华战争出力的中国南方商人们的私有财产。

烧毁圆明园在中国民众中成了欧洲帝国主义暴行的一个标志,它至今仍然被用来点燃民族主义激情。1860年在北京召开了一个简短的会议,会上提议将天津作为一个通商口岸开放,中国赔付更多的赔款,割让香港岛对面大陆的九龙半岛,将用外国船只把中国劳工运往海外合法化。欧洲帝国主义在中国开启了形势大好的时代,但这从另一方面也推动了许多不同社会背景的

① 厘金是一项在货物储存、运输或者有时在货物制造地征收的商业税,在这之前其征收税率各地不同。

中国人坚定了要复兴中国,使它重新成为一个强国的信念。只有到了那时,才能把西方人在武力之下所声称的平等变成现实中真正的平等。

第五章 剑与盾，1860—1914

而外人乘吾之弊，输运其物品……于是官署有洋员，工厂有洋匠，学堂有洋教习，欧风墨雨，卷地东来，横流滔滔，莫知纪极……精神何在？在捍御外侮，而爱护其同类；命脉何在？杜联合心志，而切劘其智识材能……以之对外则优胜，以之竞争于世界则生存。

——水木工业公所记，20世纪早期①

1860年《北京条约》签订后的半个世纪，总体上对于中国来说不是一个轻松的时期。清政府最终镇压了一系列主要的叛乱，但付出的代价是将军事大权都交给了省级大员以及他们所控制的本地武装。虽然这些地方领袖并没有立即用他们新获得的军事大权反抗中央政府，但这种向下赋予军事领导权的行为，最终对中央集权的政府造成了不可挽回的削弱。与此同时，中国民众对参与政治的兴趣不断增长，这种趋势最终导致了1911年帝国体制的终结。这一时期，部分由于上述变化，部分由于中国内部的政治弱点，外国人开始遍布中国各地。外国人在华贸易扩展迅速，基督教传教士也遍布中国的每个角落，这些都对中国传统的

①《上海碑刻资料选辑》，第321—322页。引自 Elizabeth Perry, *Shanghai on Strike: The Politics of Chinese Labor* (Stanford: Stanford University Press, 1993), 40.

经济体系与社会文化模式构成了挑战。这个时代也是一个炮舰外交的时代,如果中国拒绝屈服,列强便会以战争威胁中国。尽管如此,中国在形式上仍是一个独立的国家,并没有像印度与荷属东印度那样完全沦为殖民地。

但中国当时的共识是,不让这种表象成为现实。对外战争使早前的改革方案成为焦点,其效果可谓应时之需。即使现在需要按照一套特定的规则处理与国际社会交往,中国也发现可以利用这些规则。如果有军力竞争的必要,中国也会尽可能在短期内购买或引进技术,在权衡各方利益、维持大局稳定的前提下尽可能利用外国的援助。

从 1860 年起,中国社会的各个层面都兴起了新的活力以图自主自决。尽管并不是每项策略都能奏效,关于何为最优方法的争论,往往会阻碍改革的进程,事情经常在得到改善之前就变得更糟了,但是中国已经开辟出了一条新的道路。这一时期的主要社会特征并不是对外国人无情的憎恨,而是创造性地利用他们:无论是接受外国人思想、工具、技术以确保中国的富强,还是利用他们“以夷制夷”,都是这一时期的主张。通过这些措施,中国顽强地为恢复自己的国际地位以及被国际社会所尊重而不懈努力,而在此之前,这个国家的自尊自信已经被那些外国人摧毁殆尽。

本章从 1860 年签订《北京条约》这一中国与西方国家关系的转折点讲起,直到 1914 年一战在欧洲爆发结束。本章之所以写到 1914 年结束,是因为一战标志着中国与西方世界关系及其对西方世界认识的转变。战争带来三方面的影响,使长期以来一直热切模仿西方的中国人理想破灭:日本政治地位的崛起,战争出乎意料的残酷以及被中国视为明显不公正的战后和平处置方案。这点燃了中国知识分子反思中国文明与中国在世界中地位的创造性激情，但关于这些事件的讨论将放在下一章，因为其中一部分事件有一个复杂、延续发展的过程，在时间上超过了 1914 年。

衰落以及瓦解

1858 年到 1860 年间缔结的条约，改变了中国与西方列强的关系，不久之后，也改变了中日间的关系，其影响远比第一次鸦片战争的更为深远。而第一次鸦片战争被证明是一个错误的开端。这些后来的条约中，直接和间接的最主要的长期影响有：外国人的定居点和租界向中国沿海和内河沿岸的许多主要城市扩展；关于中国人迁徙禁令的废除（尽管这条禁令常被漠视）实际上保证了基督宗教传教士在中国的活动自由；吸食鸦片人数激增以及国内罂粟种植产业扩张导致食品生产的减少，从而使鸦片更广泛地侵蚀了中国社会；最先在军事领域开始的近代工业化；教育制度不可避免的转变等等。

1860 年之后，清政府对外国人采取了一种安抚政策，它认为自己最迫切的目标是从各色叛乱分子手中恢复对帝国的控制，这些叛乱者包括中国南部和中部地区的太平军、北方的捻军、贵州苗人的叛乱者、云南和西北地区的回民叛乱者等等。很大一部分中国领土都处于内战状态，尽管外国的威胁一直存在，但同恢复国内和平相比，它仍是次要问题。到 1880 年代，中国已经完成了平叛的目标，稳定了国内局势。1861 年，具有强烈排外倾向的咸丰皇帝逝世，由他五岁的儿子继位，小皇帝的生母慈禧太后（1835—1908）与慈安太后共同摄政，但后者很快就被取代了。通过掌握皇帝的继位大权，慈禧在接下来的 48 年里以皇太后的身份有效地把控着至高无上的权力，直至她 1908 年去世。作为一个有手腕的政治家，在其执政的前半段时期里，慈禧在具有进步改革意图的地方大员与大批继承了排外思想的文官集团间保持着一种平衡。前者在镇压太平军的军事胜利中获取了巨大的威望，他们对西方的技术表现出强烈的兴趣；而也正是后者所施加的压力，才使清廷开始了第一次与西方列强间的战争。但不久后，对西方妥协的追求屈从于反动的保守主义，显然慈禧太后认为，这种反动的保守主义是她政治生命能够延续的最好办法。

在 19 世纪 60 到 80 年代一系列外交事件中，中国遭遇了很多挫折。俄国夺走了中国在中亚部分土地的控制权；英国以印度和尼泊尔为基地，向外扩张其利益，威胁着清廷对西藏的控制；法国开始向现在的越南地区扩张；而日本则开始向琉球群岛、台湾岛和朝鲜半岛渗透。1884 年，中国输掉了同法国的战争，仅仅十年之后，中国又遭遇了另一场战败，这次中国败在了日本手中，于是后者将贻害深远的《马关条约》强加给了中国。第二次战败极大地加剧了中国人的恐慌，因为在过去，中国人一直将日本视为中国文明轨道上的一颗小卫星，战败让中国人始料未及。由于签订了《马关条约》，外国在华投资开始滚雪球般地增长，以至于一些批评者作出判断称，一半的中国已经典押给列强了。许多中国人担心他们的祖国将丧失所有独立，被西方列强瓜分豆剖，这些西方人甚至已经公然在通商口岸的报纸上讨论这种预想了。

1900 年，皇太后对暴力反抗外国的义和团运动给予了支持，她相信这场运动在民众中的力量是挽救清政府和中华民族的最后机会。1900 年的事件，是由民众中广泛弥漫的情绪所引起的。这不仅是排外情绪使然，也是由于清廷无法处理与列强的关系。所有人都不再怀疑重要的变化即将发生。爱国主义情怀仍然存在，甚至已经成了变革的推动力量，但现在它已经将自己的焦点放在了制度、教育以及军事方面的改革上,以期扫除旧弊。清廷甚至开始引入代议制议会,颁布了一部明治日本式的宪法,但这些改革的力度太小,为时过晚了。十分讽刺的是,清廷的这些改革,恰恰增强了那些他们试图平息的反对派的力量。

清帝国最终于1911年倒台了,继起的民国仍被各种海外势力所把持。中国在漫长的年代里,又经历了多次战争与革命,才恢复了它从前的强大,在世界各国中取得了平等的地位。但在回溯这段历史时可以看到,尽管当时还没有什么迹象,但帝国主义在中国的势力最迟在世纪之交也已显露颓势,中国自主自决的种子,早在几十年前便已经种下了。

外国势力在中国的存在

在19世纪的世界里,中国在很多方面都是一个独特的存在,清政府仍继续掌握着权力,中国并不是一个殖民地。但在1860年以后,中国境内星罗棋布着许多外国控制的飞地,它们在社会、政治、经济以及文化等方面发挥着显著的影响。尽管此时中国的主权多少还算完整,但在一系列条约所允许的治外法权的保护下,外国人在华定居仍然大大侵蚀了中国主权的完整性,外国人可以在划定地区居住、做生意,拥有财产,但免于中方司法的管辖。

在19世纪的最后几年中,日本和西方列强为在中国建立自己的势力范围彼此激烈竞争。英国的势力范围包括长江中下游直至上海的地区;法国的势力范围在与法属印度支那接壤的中国西南部;德国的势力范围在中国东部;日本的势力范围在“南满”、台湾岛和朝鲜半岛,后两者在1895—1945年间被日本占领;俄国的势力范围在“北满”。这一时期,外国列强迫使中国在它们各自的势力范围内让渡自己的主权,保障他们获取租借以及包括铺设铁路、开矿、开采山林等在内的一系列权利。德国获得租借山东省部分港口九十九年的权利;俄国获得了辽东半岛,包括两个关键的港口——旅顺和大连,租期二十五年;法国获得了海南岛对面的广州湾港口,租期九十九年;英国获得了山东的港口威海卫,租期同俄国一样是二十五年,此外英国还获得了香港九龙以北的新界地区,租期九十九年,到 1997 年为止。

在"瓜分狂潮"中,大概有近一百个中国港口向外国贸易开放,不过并不一定要允许外国人定居。其中一些是已经根据条约开放的口岸,另一些则是中国自愿开放的,不同通商口岸有不同的安排。其中一些"租借"是由中国政府租借给外国政府的,外国领事可以再把其中的财产转租给外国个人,天津、汉口和广州就是这种例子;其他一些城市里,尤其以上海为例,如上一章所述,早些时候所形成的外国人聚居区并不是租借,而仅仅是被条约指定为外国人居住和贸易区。在这些地区中国人理论上被禁止拥有土地,但实际上许多中国人都在租界通过一个外国中间人占有土地。①

中国一般会用谴责的措辞来批评通商口岸,特别是租借地和外国人定居地,认为它们的存在破坏了国家的领土完整,是帝国主义国家阻碍中国现代化的表现。但最近对这一历史现象的再评估揭示了另一些情况。上海作为外国势力存在的关键地区,后来反复成为革命活动与思想的源头,这表明外国飞地在中国关键

---

① 见 Albert Feuerwerker(费维恺),"The Foreign Presence in China," in John K. Fairbank, ed., *The Cambridge History of China*, vol. 12, *Republican China 1912 - 1948*, part I (Cambridge, U. K.: Cambridge University Press, 1983), 129 - 131.

转型时期也作出了积极的贡献。

随着时间的推移，相当数量的中国人来到了外国人聚居区，其中包括战争难民、想成为买办的人以及中国上层社会家庭的子弟们。他们在这里寻求外国警察的保护、免受中国军队干扰的相对安全，以及就业机会。最初，他们中的许多人为迅速增加的外国企业工作，帮助它们找到进入中国市场的办法。随着国际商务的拓展，这些人成为中外合资企业中的中方合伙人，企业由外国人雇用的中国买办管理，目标是打入中国市场。中外双方所有人都将在为中国引入一整套新商业运营方法的过程中扮演重要角色。与此同时，一个由中国企业主、商人、零售业主所构成的城市中产阶层开始兴起，他们中许多人拥有自己的生意。这一新兴的中产阶级在 20 世纪初获得了自主发展的机会，填补了国家虚弱以及一战导致的外国资本撤出所带来的真空。新的商业精英所带来的影响是显著的，尽管形成中的民族主义思想对他们与外国人的密切关系有着不利的影响，但同时期作为公民团体的商会的创建可以在平民和国家间发挥调停作用，从而在既非国家控制也非完全私人的公共生活领域形成了一个中间地带。

一些受过教育的中国人在外国人运营机构寻找非传统工作，他们身上仍然带着传统中国上层社会所怀有的对国家命运的责任感，许多人被吸引投入了新兴的出版业与报业。这些行业的外国所有人因为有治外法权的保护而不必担心因常常发表时事批评遭到中方的报复。这其中，外国人所有的中文报纸《申报》即为一例。它以上海为基地，创建于 1872 年。在针对保守派反对铺设铁路的报道评论中，《申报》展示了它报道新闻以及以此影响公众舆论的方式。受这类出版物的启发，中国的知识分子开始筹办运营大量自己的报纸和期刊。

最初这些出版物只是在外国人聚居区的中国人圈子里流传，不久之后新出版物的流布便远远超出了这个范围。它们在报道新闻的同时也传播有关外国思想观念的讯息，会涉及诸如马克思主义和共和主义等方面的内容。事实证明，这些广泛传播的信息和观念既不出自政府也不受其控制，往往对旧秩序造成最深重的破坏。

在设法以上述方式传播各种思想的人中，最活跃的是最伟大的改革派领袖梁启超(1873—1929)。作为一个在中国传统教育体系下成长起来的人，梁启超创办了很多刊物，这些刊物旨在研究中国的问题，在教育、艺术、文学以及政治结构上提出改革建议。随着时间的推移，梁启超的观点也发生了变化，这促使他推动制定一部中国宪法，甚至组建议会。正如我们所看到的，他的主张最后成为推动20世纪一二十年代新文化运动的基础，之后又成为争取民主运动的基础。

到19世纪末，铁路、电报以及大众出版物的涌现都有助于传播外国在中国内地势力扩张的信息。其他信息传播者还包括大批返乡、复员进入社会的新军士兵以及正在发展的新兴工业中心的工人。特别是在1895年之后，外国人可以在通商口岸兴办自己的企业和工厂，大量工人开始逐渐在这些大城市间往来流动。例如上海就是如此，工人们在上海及其周边乡下的家乡村庄间往来，把有关外国人生活的情况也传到了乡下。信息以各种不同形式传播，以至于到世纪之交，中国各地的人多少都知道些外国人的信息以及他们在中国的影响。

除此之外，中国最边远的地区也开始充斥外国货物，正如著名的知识分子康有为(1858—1927)在1895年所指出的：

今外国鸦片之耗我，岁凡三千三百万，此则人尽痛恨之，岂知洋纱、洋布，岁耗凡五千三百万。洋布之外，用物如洋绸、洋缎、洋呢、漳绒、羽纱、毡毯、毛巾、花边、钮扣、针、线、伞、灯、颜料、箱箧、磁器、牙刷、牙粉、胰皂、火油，食物若咖啡、吕宋烟、夏湾拿烟、纸卷烟、鼻烟、洋酒、火腿、洋肉脯、洋饼、洋糖、洋盐、药水、丸粉、洋干果、洋水果，及煤、铁、铅、铜、马口铁、材料、木器、钟表、口规、寒暑针、风雨针、电气灯、自来水、玻璃镜、照相片、玩好淫巧之具，家置户有，人多好之，乃至新疆、西藏亦皆销流，耗我以万万计。①

但即使这样，对外贸易仍只占中国经济总量的很小一部分，其销售额从未超过中国国内生产总值的10%。中国现代工业的规模直到20世纪仍然很受限制。

中国人对于外国人的存在，对外国商品以及外国价值观的态度千差万别，当我们念及中国的人口已经接近五亿便会明白这不足为奇，中国人在这方面是非常多样化的。我们必须认识到地域性差异、一手认知与只不过是衍生的认知间的差别、基于性别与社会阶层形成的不同观点间的分别，以及最终可能有偏见的表述。因为“民众”并不总是为自己发声，有时我们被迫依靠的，仅仅是对大众行为所作的报道和解释，很多作出这种解释的人都有自己的打算。传教士力图给中国人带来宗教启蒙，因此他们可能会断言中国人是“落后的”；地方乡绅要奋力维持他们在社会中的传统地位，所以他们可能会声称“中国人民抵制这种变化”；同时

① 康有为《上清帝第二书》，收录于翦伯赞编《戊戌变法》（全4册，上海，1953年），第2册，第145页。转引自 Jonathan D. Spence（史景迁），*Gate of Heavenly Peace: The Chinese and Their Revolution*, 1895－1980 (New York: Viking, 1981), 11.

期的渐进改革者可能会宣称“农民们对在他们家乡投资的现代企业具有很大的热情”。所有这些描述在一个限定的意义上也许都是准确的，但在大多数情况下，充其量也只是故事的一部分内容。真实情况是很可能有众多观点，以至于那些互相对立的群体都可以在其中找到一个来支持自己的主张。

对于在上海和其他通商口岸的中国人来说，帝国主义列强针对他们所实行的歧视令人感到特别难堪。例如，直到一战，由外国人所控制的赛马场在赛会日都禁止中国人进入，除非他们支付一笔入场费。公园是否挂了臭名昭著的“华人与狗不得入内”的告示牌一事，一直有争议，但类似的态度很有可能是存在的。类似的禁令一般不会延伸到作为欧洲人臣民的非白人，例如印度人和非洲人就不在禁令对象中。他们中的一些人，最初是作为英管外国人聚居区和法租界的巡查而被带到当地的。在这些地区，作为警卫和警察的锡克人、塞内加尔人十分常见。他们的出现为城市增添了世界主义风情，但也让许多中国人坚定了对待外国人采取强硬立场的决心，以免使中国遭受印度和其他欧洲殖民地同样的命运。其中一个可以表现这种强硬态度的领域便是外交。

新型外交

1861年，清政府创建了一个新的处理外交事务的部门——总理衙门（总理各国事务衙门）。它是军机处的一个分支机构，后者是国家的首要部门。总理衙门由三到十个高级官员负责运作，他们往往同时还保留自己其他诸如督抚等之类的官衔，在其存在的大部分时间里，由皇帝的叔叔恭亲王（1833—1898）领导。1860年，他与英法两国就和平协议进行谈判的经历，迅速扭转了他此前对外国人抱有的仇视态度。恭亲王的基本方针是，尽可能与列强和平相处，集中力量学习外国的榜样，重新恢复中国的强盛。为防止他权势过大，慈禧太后最终将其革职，但无论如何，总理衙门对影响沿海地区的事务并不具有唯一管辖权，所有决定都要经过太后的同意。

总理衙门努力利用国际法来保卫中国，它也向欧洲和美洲派遣使节，调查海外的政治体系与社会状况，为海外华人发声。到19世纪70年代，总理衙门已经发现了向海外派遣官方代表有如下好处：首先，在国外常驻外交官可以使中国直接同外国政府打交道，以此替代此前只和驻北京外国外交人员交涉的方式。派驻中国外交官中的一些人往往抱有一种对华不妥协的态度，绕开这些个人偏好的选择对中国格外有吸引力。其次，外派的外交官们可以搜集国外的情报，可以就近获得有利于加强中国防卫的信息，也可以搜集可供国内工业项目开展的技术信息。第三，常驻海外的外交官可以使中国更好地知晓国际形势，在遇到危机时帮助中国从一个外国列强处获得支持，以反对另一个。希望在列强间施展权术用一个打压另一个，一直是中国外交政策的主线。第四，保护海外华人群体的利益，这不仅可以防止对清廷不满情绪的滋生，而且可以获得他们对清廷的支持。如果幸运的话，清廷关切海外华人利益的做法还可以让其中较为富裕的人为自己的祖国提供服务和资金支持。此外，保护海外华工的需求确实十分迫切。领事代表的缺席，成为中国面对世界范围内虐待中国“苦力”问题时虚弱无力的一个重要原因，这种虚弱使中国的国际形象蒙上了污点。

19世纪70到80年代之间，中国缔结了很多允许中国外交官在外国代表中国利益的条约。同那些被好战的西方人与日本人强迫签订的声名狼藉的条约相比,历史学家们很少讨论这些有关外交事务的条约。但这些条约正是中国为保护自身利益积极活动的结果。尽管中国将这些条约付诸实施面临很大困难,但它们并不是“不平等条约”。这些困难的部分原因是清政府的无能,但更多原因是西方列强和日本对中国太了解了,知道中国没有有效的军事力量支持自己的要求。因此列强对条约中作出的承诺回应得格外漫不经心。甚至最坏的可能是他们只是单纯无视条约中的条款,这往往将海外华人置于极为不利的处境。

难以解决的资金短缺和合格的外交人员的缺乏——至少在开始时——阻碍了外交活动大规模发展。因此,一些早期的外交使团——例如在檀香山和新加坡的使团——部分资金是由当地华人筹措而来。中国的公使有时会同时在多个国家行使外交职责。例如,驻英国公使也被派驻法国和意大利,驻美国公使也负责西班牙事务。除了经济问题,一些官员力主在外交上保持谨慎,因为他们担心,过于迅速地向外扩展会让西方列强感到咄咄逼人,并可能引发有敌意的回应。

中国也开始雇用外国人作为其海外利益的代表。清政府任命英国人出任帝国海关长官也属于这种新型的雇用方式。1867年,总理衙门向美国派出了一个由美国前任驻华公使蒲安臣(Anson Burlingame)率领的调查使团。该使团在1868年处理其他事务的同时还签订了一项条约,对美国的华人移民施加制裁。但十年中,华人移民已成为美国政治的一个热点问题,在后继的一系列条约中,中国同意阻止前往美国的华人移民流。

针对当地华人社区的暴力敌对活动在美国时常爆发,反华暴乱分别于1871年在洛杉矶、1880年在科罗拉多州的丹佛爆发。最严重的反华暴乱爆发于1885年的怀俄明州石泉镇(Rock

Spring)，大约有 28 名华人被杀，15 名华人受伤，财产损失达数千美元。这一时期，美国已经在 1882 年通过了一系列严厉的排华法案中的首个，旨在阻止更多的华人移民进入美国，同时对已在美国的华人的权益做了广泛的限制。

美国政府在石泉镇屠杀后很不情愿做出任何补偿。但两广总督威胁说，在华美国人可能会遭到愤怒的民众的报复，此时美国同意就事件中的财产损失作出赔偿，不过对死者并没有什么表示。这并不是由炮舰外交所带来的胜利，但它确实为中国取得了一个微小的外交成就。中国的外交活动还包括阻止了一个美国公使被派遣至中国，因为他身为一位众议院议员，总是呼吁终止中国向美国的移民。

中国外交还赢得了其他一些重要成就。在 19 世纪 70 年代，中国派出了两个调查使团，其中一个前往古巴，当地制糖业在废除奴隶制后，劳动力主要依靠中国劳工；另一个前往秘鲁，华工在当地为鸟粪场磷酸盐产业工作。最终，苦力贸易于 1874 年被废止，尽管在文字内容和精神上并不总能被尊重，但一项旨在改善当地华人处境的协议毕竟达成了。华人在古巴的境遇也影响到了中国与西班牙之间的关系，因为西班牙政府主要依靠制糖业利润所带来的税收。

1871 年，中日双方达成了一项外交条约，日本给予中国人同其他外国人一样的治外法权，除在东京设立公使外，中国还可以在日本若干城市派驻领事。中国领事还获得了为在日本去世的中国人修建特定墓地、为中国人建立医院的权利。在一段时期内，中国外交官还能同日本知识分子维持良好的私交，尽管两国的政治差异日益增大。

在外交官群体间营建关系网，也可以使清政府的外交官对哪些国家需要海外代表有更好的认识。例如，在1890年代，中国驻智利大使介绍了他从智利驻英属哥伦比亚领事那里了解到的情况：他听说当地已经涌入了数以万计的华人移民，应该在当地建立一个领事馆来照顾华人的利益。在19世纪最后的几十年里，中国在许多华人存在感较强的地方都派驻了领事，例如新加坡、槟城、仰光，以及澳大利亚、新西兰、加拿大的许多城市，此外还有香港。

有关在香港开设一座中国领事馆的谈判迁延了二十年。英国人担心，在以华人为主体人口的香港，存在一个中国官方的机构会阻碍他们自己的权威。他们还想当然地认为，这样一个机构的主要职能将是从事这样那样的间谍活动。但中方谈判人员努力指出，鉴于这里还有日本和其他国家的外交官，否决中国建立领事馆权利的理由是站不住脚的。最终中国领事馆于1891年在香港设立。

外交官薛福成（1838—1894）在担任驻英、法、比利时、意大利公使时，表达了他和许多富有远见的同僚们共同的看法，他在日记中写道：

> 即如巴西、墨西哥两国，疆圉之广，不亚中国十八行省，其民数不能当中国二十分之一。其地多神皋沃壤，气候和平，不异中国。而旷土未垦，勤于招致，且无苛待远人之例。诚乘此时与彼两国详议约章，许其招纳华民，或佣工，或贸易，或艺植，或开矿。设立领事官，以保护而约束之。并与订立专条，彼既招我华民，力垦荒土，功成之后，当始终优待，毋许如美国设谋驱逐。夫有官保护，则遇事理论，驳其苛例，不至为远人所欺。有官约束，则随时教督，阻其不法、不至为远

> 人所憎。华民在此，皆可买田宅，长子孙，或有数世不忘故土，辇运余财，输之中国者。如此则合于古之王者，有分土无分民之意。且不啻于中国之外，又辟一二中国之地，以居吾民，以养吾民也。于以张国势，厚民生，纾内忧，阜财用，广声气，一举而五善备焉。救时之要，莫切于此。①

对他们来说，海外华人群体乐于支持任何可以使中国强大、复兴的事业。他们非常清楚，如果中国太弱无法在国内保卫自己，他们就很难指望自己的利益得到任何保护。与此同时，世界多地兴起的反华人移民情绪、种族主义、新兴民族主义以及贸易保护主义等的影响，都迫使移居海外的华人团结成一个以祖国为依靠的群体。

对海外华人作为一种潜在资金来源的期望不久便实现了。早在1880年代，每年来自国外的汇款就多达两千万美元，其中一半可能流入了移民主要来源地的广州地区。但实际上汇款可能只是整个事情的部分内容，因与海外华人的关系而流入中国的贸易金额，每年估计可达数百万美元。这些利润主要流入了广州和香港，尽管后者当时仍处于英国人的统治下，但该地大多数人口的生计仍要依靠国际贸易。

情况不仅如此，一些海外华人已经变得相当富有，每当危急时刻总能及时指望他们提供资金，因为这是一种展示他们仍然忠诚于祖国的有效方式。在1884—1885年的中法战争中，仅在美华人就为中国提供了超过五十万美元。在这个十年结束之前，当中国中央政府在处理地区危机日趋无力时，海外华人又提供了额

① *The European Diary of Hsieh Fucheng, Envoy Extraordinary of Imperial China*, translated by Helen Hsieh Chien (New York: St. Martins, 1993), 65.

外数万美元的援华经费。许多危机是由自然灾害导致的,例如洪水和饥荒,但还有不少危机是由周期性爆发的针对外国传教士的暴力活动所引起的。

基督宗教传教士

尽管有针对基督宗教传教士的禁令,但他们从未停止进入中国。由于对强加在他们身上的种种限制感到沮丧,许多传教士成为以武力打开中国国门的支持者。他们认为炮舰外交才能积极保护在华教会。1858—1860 年所签订的系列条约正是对他们祈求的一种回应。

很多中国人一直对基督宗教怀有很大的疑虑,在一个多世纪的时间里,基督宗教在中国一直被当作一种异端思想而遭禁止。由于太平军也接受了基督宗教信仰,因而中国人对基督宗教是一种充满颠覆性思想的认知更加根深蒂固了,但在西方人看来,太平军实际上对基督宗教信仰进行了不可接受的改造。但突然间,由于条约的效应,基督宗教丢掉了官方给予的异端思想的标签,而且与此同时几乎立即获得了显著的社会与政治权力。

上层社会的中国人对传教士抱着敌视态度,因为他们不仅挑战了儒家价值观,而且承担了传统上本该由士绅负责的社会福利事务。传教士在中国人社群中建立了自己的组织,建造了教堂、孤儿院、诊所和学校。中国的精英们怀疑,如果听之任之,基督宗教将挑战他们在道德和文化领域的优势地位,从而对他们的社会特权造成致命威胁。

由于上层社会的反对,1860 年后皈依的基督徒中大多数都来自没什么社会特权的阶层,其中有很多是妇女。就像太平军及其他既定社会体制下的异见人士一样，这些新皈依的基督徒并没有什么可失去的，而且很有可能通过与权力潜在替代者的代表结盟而获益。这是一个可以在此世极大改善个人境遇的机会，不用再在下辈子寻找机会，这种认识成为许多人决定接受基督宗教的最主要的推动因素。

传教士对有皈依者涉入事件的干涉越来越普遍，如果他们对地方政府的处理结果不满意，便会毫不犹豫地向他们的领事投诉。这意味着此事将引起总理衙门的注意，整个事件可能会以一艘外国炮舰沿江而上以示威胁或者要求赔偿了结，资金一般从事发当地筹集。对于地方官员来说，不管一个投诉基督宗教皈依者的人品质多么优秀，也不管地方反基督宗教理由多么正当，都不足以让他们去找这些皈依者的麻烦，因为皈依者背后有强有力的支持。尽管不是所有人都占到了便宜，但无人敢惹的感觉让这些皈依者愈发傲慢自大。因此，由于传教士干涉的风险，一个心怀不满的非基督徒在起诉一个基督宗教皈依者时仍会再三思量。

同时，一场牵涉外国人的骚乱会给地方官员带来困境，也为公开反清的煽动者带来了机会。换句话说，一次暴力或敌对事件表面上看可能像是旨在直接反抗外国人，但有时其动机可能不是单纯的排外主义，而是意图为本地政府或清政府制造麻烦。

虽然传教士的支持常常加强了人们皈依基督宗教的决心，但也让本土社群其他人对皈依者和基督宗教产生怨恨情绪。更重要的是，皈依者基于宗教原因不用捐助本地节日的开销，而且显然，让他们为本地反基督宗教事件所引起的赔偿捐款也是不合适的。于是这一财政负担就必须由他们的非基督徒邻居来承受。这些邻居中的许多人只勉强生活在温饱水准上，因此这是一笔沉重的额外开支。

尽管并没有多少性别因素，但传教士在中国传教活动中明显的社会阶层因素使得基督宗教的反对者对其很不信任，并对外国宗教在中国的整体地位产生了不利影响。看起来基督宗教有时似乎主要吸引的是乌合之众和那些无法理性思考的人。但此外还有足够多的理由来反对传教。一些中国人就像他们17世纪的先人一样，认为传教者是西方入侵这一整体事件的先锋；他们或许并非完全错误。许多中国人怀疑传教士是性堕落者或者是巫师，或者二者兼而有之，他们将基督宗教与其他一些非正统的宗教混为一谈，往往得到类似的指控。如果不是为了放荡堕落的目的，为什么基督徒男女要聚在一起做礼拜？如果不是因为恋童癖、巫术或者更坏的目的，为什么传教士要收留没人要的小孩？在他们伪装成药的东西里究竟有什么魔法？当他们声称要拯救中国儿童的肉体与灵魂时，究竟有谁知道他们的真实意图是什么？

这种怀疑催生了一种恶毒的反基督宗教文学，它利用中国人的感情，营造出了一种至少是潜在的针对外国传教士的恐惧与对抗的情绪。不过令人有些好奇的是，一些针对在华传教士的指控，同美国针对中国移民的指控惊人地相似。在美国一直谣传唐人街里隐藏着许多穷凶极恶之事，这成为美国反对移民争论的永恒主题。谣言制造出了一种疑虑的氛围，一张有敌意的告示、短暂的误会都可以迅速引爆整个社会的情绪。

许多反基督宗教激进事件的发生都有一个更宽泛的国际大环境下的特定事件背景。这种对时机的选择表明，他们反对外国传教士主要是因为对外国帝国主义的反抗，而不仅是因为他们称自己是上帝的使者。例如1885年当中国在中法战争中战败后，国内掀起了针对外国传教士的暴力事件风潮。

中国政府也找到了一种对抗外国帝国主义的方法,他们一般不会立即使用暴力,但会直接关注使用武力的方式。从 1860 年代开始,中国政府开始实行了一系列使其军队现代化的措施,无论是组织、训练还是技术都有所涉及。

军事改革

早在第一次鸦片战争之前,某些中国政治家就已指出军事现代化是至关重要的大事,但国家并没有采纳他们的建议。因为在与英国爆发冲突之前,与清廷交手的敌人在技术上都远不如它,所以并没有什么因素能激励清廷在军工业改革上投入太多的精力。就这方面的形势来说,中国与欧洲完全不同。在欧洲,势均力敌的国家间的竞争为追求军事优势提供了强大的动力。

中国在第一次鸦片战争中战败,随战争进入的外国军事技术给中国留下了深刻的印象。在西方已被广泛使用的蒸汽动力,在中国战前则无人知晓,直到令人胆寒的明轮轮船靠近中国港口时,人们对此才有所体会。爆破弹使用的是慢燃引线,因此有足够可供爆破的时间,这种炮弹在西方已经用了几十年,直到此时才为中国所知。火帽在英国和北美已经革命性地改变了战争,即使在潮湿的条件下,它也可以使火药保持干燥,战后不久,这一工具也被引入中国。

就像我们在上一章所看到的,中国人立即就开始了军工实验,并且取得了一定成功。他们引进技术,制造了西方样式的战舰、大炮、火药和炸药。尽管此时仍可以购买外国的船只和武器,但中国人的远景目标是能够自给自足。因此在尽可能购买军火之外,有远见的中国政治家们开始呼吁建立中国官方的造船厂和兵工厂,用来生产西式的轮船和武器。他们推荐引用法国和美国的技师(因为这两国都对英国怀有敌意),教授中国人如何制造和使用西式军火,发挥它们的最大效益。在1840年代晚期,这些呼吁没有得到清政府的回应,当时法国人曾提议中国人可以去法国学习武器制造,以此来换得法国在华优于英国的待遇,但这些提议都石沉大海。当时缺乏中央掌控的协作关系,任何试图迅速更新装备、提振军队实力的努力都不了了之。

19世纪中期,清军接连被太平军、捻军和其他叛乱者所击败,这使早先关于军事力量现代化的提议变得迫切起来。在国家层面上,中国开始支持引进国外技术并开展必要的教育培训。从1851年太平天国运动爆发不久后开始,地方自卫武装便开始订购新式的火炮装备。建立地方兵工厂的提议也于1853年付诸实施,一座位于湖南省的枪械局成为军火的重要来源,此外其他一些小规模的兵工厂以及至少一座可以生产大炮、弹药和船只的造船厂也纷纷投入使用。太平天国运动一直持续到1864年,纵贯这一时期,地方省级领导人建立了一个小规模的军工机构的网络,为他们陷入重围的军队供给军火。与此同时他们还逐渐开始在通商口岸订购外国军火,在一些订购中他们还会向外国商人借钱。正如我们在上一章所看到的,外国军火商人对客户来者不拒,其中包括太平军和其他反叛清廷的人——他们也已成为能熟练操作西式武器的人。

1860年《北京条约》缔结后,清政府开始变得更乐于接受西方人的军事援助,因为双方之间的敌对状态已经停止,清政府决定提升自己生产和使用军备的能力,开始支持军工厂聘用外国专家,并建立相匹配的技术教育体系。

加强军队建设的原则是,无论在演练和培训中多么需要外援，中国都不能在军事上完全依靠外国人。应该严格警惕并防止这种可能。这只是保持中央对军队的控制这一长期神圣原则的延伸。新创建的地方部队击败了太平军，这已经显示出一种背离上述原则的迹象，但到此时为止，这些地方军队并没有威胁帝国安全的意图，反而帮助保卫清廷。把军权交给贪婪的外国人则是另一回事，这既不必要，也有些冒险。

除了不要交出军权的意识，接受外国的军事援助是件很微妙的事，因为清廷决定不能过度依赖于某一单独的外国列强。例如，1860 年陷入绝境的清政府接受了俄国人早在两年前就提出的给予援助的建议，由俄国为其供给步枪、大炮和军事教官，但它仍然拒绝了俄国人派船协助攻击太平天国首都天京的建议。尽管如此，国内仍存在利用西方炮舰的呼声，随着太平军攻占一部分沿海地区，这一呼声也日益高涨。英法为了赢得中国的订单展开了竞争，最终中国在伦敦订购了七艘蒸汽船和一艘军需船。

这一特殊的国际合作尝试值得研究，因为它很清晰地表明，清政府与那些新崛起的省级大员仍打算并且在实际遵守那些他们所珍视的原则，尽管它们在政治上已经变得十分脆弱。简言之，这体现在下述事实中：清政府海关的英籍长官李泰国(Horatio Lay)帮助清廷同国外谈判，并雇用了一个英国船长和一批水手来管理舰队。但当李泰国所任命的舰队司令阿思本(Sherard Osborn)到达中国时，他坚持认为对他职务的安排给了他指挥整个舰队的权力，而且他只对皇帝本人(当时还是个孩子)负责。李泰国大概以为清廷会答应他们的任何要求，但是清廷绝没有放弃最高指挥权的意图，它命令阿思本在中国指挥官麾下服务，坚持掌控军权的原则，并且不准备作任何让步。经过长期谈判之后，李泰国—阿思本舰队计划最终被放弃了，二人在拿到薪水后被遣散。清政府与美国两方都害怕他们各自在内战中的对手获得这支舰队，于是在一项协议中，这些船只最终在英国人的控制下变成了商船。

尽管发生了这样的灾难性事件，中国仍然准备使用外国军队，其中最著名的例子便是在中国名为常胜军的雇佣军部队。尽管这支数千人部队的军官和指挥官来自多个国家——其中最著名者即"中国的"戈登，之后他死于喀土穆——但它处于中国的有效控制下。由于常胜军训练精湛，使用最新式的西式武器，它在击败太平军的战斗中扮演了一个重要的角色。这既是因为它打击了守卫太平天国首都天京的守军的士气，也是因为其大炮威力显著。大炮的威力转变了此前一直态度谨慎的李鸿章的观念。他从1860年代到1901年去世之前，一直在中国政治以及中国国际事务中处于领导角色。李鸿章开始热情地引进外国的武器和技术，这使他成为一个学识广博的人。此外，在李鸿章的推动下，中国成为德国军火制造商克虏伯公司的重要客户，阿尔弗雷德·克虏伯(Alfred Krupp)甚至在他的床头挂了一张李鸿章的照片。

在19世纪的自强运动中，李鸿章和其他政治领袖对于建立军工联合体很感兴趣，因为这样不久以后中国就可以减少甚至完全避免对外国援助的依赖。在新式的车间和兵工厂，他们计划生产中国自己的蒸汽船、弹药和军工产品。他们装配了从国外购买的昂贵的设备，并花大价钱聘请了外国的技师培训中国工人。当然在中国生产武器的国有兵工厂并不是新鲜事物，利用国外的军事技术也并非闻所未闻，真正新鲜的是从工业革命中的西方直接进口机械设备。

这类新机构中最大最著名者是江南机器制造总局，它成立的大量资金来源于从对外贸易中所征收的关税，这一策略顺带让中央政府从省级大员手中重新获得了一些先前让渡出去的权力。江南制造总局于1865年在上海成立，除蒸汽船外，它还机械化生产最新形制的带弹匣步枪、黑火药、棕火药以及无烟火药、弹药筒、后装速射炮、大型岸防火炮、大口径炮弹和电引爆水雷。[①]这些产品，特别是蒸汽船和岸防炮，让人毫不怀疑这些新式武器不仅用于镇压叛乱，也用于抵御外来者。

不久，整个中国便有了二十家新式兵工厂和造船厂，其中大部分位于通商口岸。这便于它们进口设备，聘用外国顾问。工厂的精细化程度改善得很快，中国不仅赶上了同时期西方军工技术发生的格外迅速的变化，而且在这方面开始和西方并驾齐驱。此外，中国还建立了研究机构。在三十五年内，中国的兵工厂一直以相当高的标准生产着最新式的武器弹药。到1895年中国被日本打败，仅江南制造总局一家便生产了600台重型机械，大概5.2万支小型武器和约2700万发弹药，大概3000门各种大炮以及相配的50万发炮弹，超过600个地雷，16艘轮船，其中包括全木壳轮船和带装甲板与螺旋桨的轮船，一艘钢板轮船和一艘铁壳船，还有许多吨火药。[②]

除了装备军队以便和外国军队相竞争，中国还需要用新式方法操练军队，这其中一个例子，是对1862年成立的旨在保卫首都的新式练军施以外国的训练方法。这支部队由500名旗人组成，由英国军官在新的通商口岸天津加以训练。到1860年代晚期，

---

① 见 Thomas L. Kennedy, "China's 19th-Century Military Reforms: A Reassessment Based on Some Recent Writings." Unpublished paper, 1994, 46.

② 武器生产数据引自 Thomas L. Kennedy, *The Arms of Kiangnan: Modernization in the Chinese Ordnance Industry*, 1860 - 1895 (Boulder, Colo.: Westview, 1978), p. 164，出自魏允恭编《江南制造局记》(台北：文海出版社)卷3，第2—38页。造船数据引自 Kennedy 上书，pp. 161 - 162，出自《江南制造局记》等资料。

这支部队已经扩充至 2000 人,但并不是所有人都能受到良好的训练。1864 年在戈登的监督下又开始了另一项计划,它在训练中国军队使用外国武器方面取得了一定进展,但九年后该计划不了了之,部分原因是军队中吸食鸦片成瘾。清廷还尝试了很多训练计划,大部分都是短期的,以一种零打碎敲的方式精简、更新它的部队。

新式训练计划的进程受到官方矛盾态度的很大阻碍,一个基本问题是:许多现役军官既缺乏可以真正发挥新式武器效能的现代化训练,也极端敌视任何对他们的指导或尝试。结果训练的进展也许只是教授使用购买来的西方武器,并没有进一步的目的,更不要说系统性的钻研和训练了。甚至在进步开明人士中,也存在类似的态度和挥之不去的恐惧感,他们认为无论何种形式,外国人掌控军事训练将会阻碍训练,这是一件危险的事。因此新式装备在使用中并不总能发挥它们的最大效能。

不管怎样,清廷的可用资金只能有效供给军队在少数重要地点——例如首都驻军,获得并学习使用最新式的武器。这样做可能是很有必要的,因为诸如钻研如何用长矛替代大炮明显是毫无效益的。而且,在扩充中的军队里也不可能协调更换装备等问题。在 19 世纪末,有时甚至会有即使在同一个军营,也不一定能装备相同制式武器的情况。在外国人下一次猛攻给舰队和拥有最好装备与训练的军队带来严重损失前,完成系统的训练也并不可行。为了加速军队现代化的进程,自强派继续购买数量可观的外国武器,但是他们要不断地就在何处集中他们的精力作出战略决策。

观察人士认为清廷以兵工厂为代表的军事工业化是失败的,因为首先法国和日本分别于 19 世纪 80、90 年代完胜中国,这是中国军事改革的第一次考验。这些失败很大程度上阻碍了中国建立一支新式陆海军的进程。但正如我们已经看到的，这些失败并不能证明军事自强进程没有显著进步。细心的西方人发现，中国的兵工厂在生产和适应军事冲突所带来的需求变化时，展现了可怕的能力。

工业化

机械化生产引入中国所带来的革命性影响远远超出了军事用途，许多改革者清楚地认识到这一点：

> 机器制造一事，为今日御侮之资，自强之本。……抑臣尤有所陈者：洋机器于耕织、刷印、陶埴诸器皆能制造，有裨民生日用，原不专为军火而设，妙在借水火之力，以省人物之劳费，仍不外乎机括之牵引，轮凿之相推相压，一动而全体俱动，其形象固显然可见，其理与法亦确然可解。惟其先华洋隔绝，虽中土机巧之士，莫由凿空而谈，逮其久，风气渐开，凡人心智慧之同，且将自发其覆。臣料数十年后，中国富农大贾，必有仿造洋机器制作以自求利益者，官法无从为之区处。①

兵工厂给中国带来了一套无论在概念上还是机械上都影响深远的基础设施体系。它形成了一个基础，此后中国将在它之上创建自己的工业。军事工业化的工具与技术几乎可以用于经济生产的每一个领域：在矿井使用蒸汽动力泵和现代挖掘方法以供

① 李鸿章《置办外国铁厂机器折》，见《李文忠公奏稿》卷 9，第 31—35 页。转引自 Kennedy, *Arms of Kiangnan*, pp. 47 - 48.

应军事工业化的需求;附属于兵工厂的炼钢厂制造火炮。在至关重要的农业部门也同样适用这些工具和技术。兵工厂也是电气化设备生产与化学制品工业化生产最早出现的地方,二者都是工业现代化的基本要素。此外,军工项目所使用的一些新技术诸如大规模生产、可互换零件的使用以及新兴的心理学组织管理方法等,都有助于为随后工业化发展创建一个框架。

在19世纪的最后几十年,大范围的工业化项目开始涌现:蒸汽轮船开始在内陆水路网络和沿海用于运输,煤矿、铁路、电报、纺织品制造业以及造币业都开始出现。它们大多数都使用西方的机械和生产方法。改革者也建议通过引进西方方法改革农业,这些建议包括农业生产使用机械,用化肥代替粪肥。总而言之,一旦开始了以军事现代化为嚆矢的现代化,工业化的领域是没有边界的。其目标是现代化与独立,这意味着用外国人的方法来摆脱对外国人的依赖。

但是工业化的道路并不平坦。一些类型的企业遭到了非常强烈的反对。尽管排外情绪在这种抵制中扮演了部分角色,但反对的理由更多是从社会、经济和文化方面考虑的。一些中国人反对机械化的理由就和欧洲人早先的情况一样,是害怕新型的工业企业会带来社会影响,他们担心机械生产会带来大量失业、拉大贫富差距。

一些人反对铺设铁路、开放矿山、铺设电报是因为觉得这样对土地开挖破坏过度,从而会影响风水平衡。早期的几条铁路就因此被当地抗议的人群破坏掉了。改革者则提醒人们应该认识到电报线和铁路仅仅铺设在地表,并努力安抚那些对反对机械开采矿山的人,向他们解释说开采只会比中国之前所习见的开采更窄更深一点而已。但敌对情绪仍然存在。例如,当具有世界主义情怀的外交官曾纪泽（1839—1890）乘一艘小蒸汽船从南京返回长沙参加一个家族葬礼时，许多有影响力的人物提出强烈的抗议，且持续了很多年。

中国驻伦敦的第一位公使郭嵩焘（1818—1891）因为对现代化项目的支持，而常被人诋毁。他在 1877 年写给李鸿章的一封信中，论及铺设铁路时，试图解决其中一些问题：

> 来此数月，实见火轮车之便利，三四百里往返仅及半日。其地士绅力以中国宜修造火轮车相就劝勉，且谓英国富强实基于此。其始亦相与疑阻，即以初抵伦敦，苏士阿摩登海口言之：往来车运，用马三万余匹，虑妨其生计也，迨车路开通，用马乃至六七万匹，盖以道途便利，贸易日繁，火轮车止出一道，相距数十里以下来就火轮车者，用马逾多也。[①]

一些对铁路的抵制主要是担心外国的威胁，其恐惧的依据是，铁路很明显可以使外国人轻易渗透潜入整个中国。但这种反对意见很快就被推翻了。因为在 1900 年义和团运动期间清政府发现，铁路能将他们自己的军队迅速运输到急需之地，而且只要有必要，它可以破坏铁路系统阻断追击（义和团也注意到了这一点）。不过正如中国政府注意到它们可以将外国人的铁路与武器转变成自己对抗外国人的优势一样，义和团和反清分子也发现他们可以用这些来对抗清政府。

---

① 郭嵩焘《伦敦致李伯相》，转引自 J. D. Frodsham（傅乐山）译注，*The First Chinese Embassy to the West*：*The Journals of Kuo Sung-t'ao*，*Liu Hsi-hung and Chang Te-yi*（Oxford：Clarendon Press，1974），p. 98.

义和团

1899—1900 年间排外的义和团运动的主要目标是中国的基督徒以及支持他们的传教士。传教士反对对皈依者的迫害，加剧了义和团拳民对帝国主义出现在中国的愤怒。拳民们从神秘仪式和灵魂附体等活动中汲取灵感，他们相信这样可以使自己不受西式火器的伤害。就像他们之前的太平天国运动一样，义和团也支持一种平等主义的理念，吸引了大批群众加入他们的运动。

困境重重的清政府对帝国和民族的命运感到绝望，无法决定是要镇压义和团（此前的小规模冲突并不能对义和团形成定论），还是下个赌注，将他们作为人民意志的代表加以合法化，以此作为摆脱外国人控制的最后希望。最终清政府选择了后者，义和团有胆量最终聚集起一支庞大的队伍进军北京，在帝国的支持下，他们沿路攻击传教士和中国基督徒。有数百西方人和数千中国基督徒丧生，财产损失也是巨大的。在首都北京，义和团拳民杀死了德国驻华公使，包围了外国公使馆区。从 6 月到 8 月，义和团的队伍和他们的支持者有效地阻止了一支企图奔赴北京实施救援的多国远征军。

为支持皇权而支持义和团的几个关键军事领导人的战败迫使皇太后撤出首都，从而使这场起义走到了末路，随后的《辛丑条约》对中国施加了严厉的惩罚，内容包括：巨额赔款；两年的武器进口禁令和外国公使馆区驻军，以防止之后类似的攻击；处决清政府内义和团的支持者，或者采取其他惩处措施；在中国为这次起义中被杀害的西方人竖立纪念碑。二百多年前由欧洲传教士制作的六分仪等天文仪器，被从北京天象台一起搬到德国波茨坦的无忧宫内。

外国人和中国人都有一种强烈的感觉，类似的事情有可能再次发生。为了对抗这种恐惧感，传教士不再傲慢，开始倡导一种合作精神，以各种迹象显示出最终他们将会把他们所有宗教、教育、医疗方面的事业交由中国人掌控。此外，尽管西方人在公开场合嘲笑中国在军事现代化方面的“粗浅”的成果，但一些人私下承认如果清帝国与义和团队伍联合起来，那么无论在策略上还是技术上都远远不是一支国际救援远征军所能应付的。正如一位德军士兵所指出的：“如果我们这只小部队事先得知要与用现代化武器全副武装的敌人作战，那么如我们那样的所作所为将是极为鲁莽的。”[1]西方人惊讶地发现，军事上击败中国的军队并不像事先所认为的那样理所当然。战争显示了意外的情况，中国早已将自己的军事力量提升到与外国敌人相类似的水平，他们普遍低估了中国及其转变的能力。他们发现，中国对军事技术和训练的关注与对教育课程各方面的高度关注是同步的。

教育的变化

中国的领导人们很清楚，如果没有教育的转变，创建新机构、从国外进口或模仿技术都终将毫无用处。他们也知道日本已经派遣年轻人赴海外学习有关国外工业与机械的知识，从而建立自

① Captain Paul Schlieper, *Meine Kriegs-Erlebnisse in China*, *Die Expedition Seymour* (Minder-in-Westfalen: William Köhler, 1902), 12 - 14, 引自 Jane Elliott, “China Described by Her Enemies: The Writings of Western Soldiers Who Fought in the China Campaign in 1900.” Unpublished manuscript, 1997, 248, note 234.

己的军事工业，清廷迫切希望不要落后于日本。迄今为止，科举考试的课程内容都是基于古典文本（也会涉及一些当前政策得失的问题），一种新型的课程内容将包括技术知识，只有这样下一代领导人才能更好地知晓改革派希望在全国范围建立的新制度，而且这样做也将减少对外国援助的依赖。

雇用外国专家在兵工厂给予技术上的培训仅仅是第一步，也有必要把更多的外文文献翻译成中文，而不仅是传教士已经翻译的著作。尽管这些早期的尝试帮助中国接收了新讯息、新观点以及看待事物的新方法，但这还不够，尤其重要的是首先要在新引进的科学和技术领域建立起一套统一的术语体系，而这本身并非易事。

1860 年之后，清政府建立了很多翻译局，中国人与外国人在其中一起工作。其中一个翻译局附属于江南制造总局，那里迫切需要国外技术的译著，而它的工作效率也相当之高。到 1870 年，该翻译局已经翻译了 150 部国外技术专著。中国人热切地阅读着这些著作，多达 1.3 万卷译本在这一时期售出，其中很多在大量不同读者手中流传。此外，这些译作在兵工厂和其他现代企业中还被当作中国技术工人们的教材使用。

这一时期翻译工作扩展到了政府所办翻译局之外，也不再局限于纯技术著作。译者中最著名的是严复（1853—1921），他毕业于福州船政学堂，并在英国留学多年。严复翻译了很多科学与社会学方面的英语著作，其中包括亚当·斯密的《国富论》、托马斯·赫胥黎的《天演论》以及赫伯特·斯宾塞的社会达尔文主义著作《社会学研究》。正如我们将在下一章看到的，这些译著产生了非常大的影响。另外一些译著则在最终被译成中文前经过了不止一次的转译，例如从最初的德文与俄文译成日文，再译成中文。无论如何，从最终的效果看，翻译使有关西方的知识得到了更广泛的传播，了解西方不再只是少数特权人物的专属权利。

在翻译工程进行的同时，清政府还建立了提供非传统课程的学校，其中，特别包括了研究西方语言的课程。这一转变表现了一种新的认识，对西方知识的了解开始达到了一个重要的战略高度。研究外语的同文馆附属于首都的总理衙门，该学校提供法语、英语、俄语、德语等科目课程，其分校随后在上海和广州开设。这些机构意图为年轻人——最初主要是满人——提供语言培训，也提供关于西方国家的一定程度的通识教育，以便这些年轻人可以胜任一些诸如外交官、翻译、工程师等新设立的工作岗位。早在 1866 年，同文馆的毕业生们就陪同大清帝国海关英籍总税务司罗伯特·赫德赴欧洲执行一项非正式任务。

到 1870 年代，同文馆开始不顾保守派的反对，扩大招生，招收了更多的汉人学生，不仅开设外语课程，而且开设了国际法、政治经济学、数学、物理学、化学、生理学、医学和天文学等方面的课程。其他一些官办学校则提供了一些诸如技术、战法、语言、造船、采矿、电报以及农业等方面的研究课题，所有这些科目都被认为是与现代化的目标相适应的。

最广义范围的传统教育往往也包括了科学和其他实践经验的研究，因而在一定程度上这种新型学校并不意味着对传统的根本性背离。但这些新式学堂同那些旨在钻研传统文献、以科举考试为目标的传统学校间的差异还是巨大的。基于这种原因，一些传统家庭并不愿意把他们的儿子送进新式学堂。即使那些在新式学堂就学的学生也仅仅是认为，接受新的知识能让他们在非传统领域谋到个好差事。他们中的一些人显然对此有些顾虑，他们接受了奖学金，本该钻研数学和英语，但他们对研习用于科举考试的文章更有兴趣。不过,无论如何,新式学堂的存在仍然促进了新型知识以及对其重要性的认知逐渐更广泛地渗透进受教育阶层。

新式学堂自然也引发了反对意见,不出所料,保守派谴责这种新事物,因为他们认为专注于传统价值观是经典训练方式的本质,他们相信对于祖先来说良好的传统也同样适用于当下和未来几代人。这种观念忽视了这样一个事实:过去中国的知识分子对于外国的实践知识经常展现极大兴趣,而他们所珍视的本土传统,如果不是出于同样国家图存压力的话,其实也是几个世纪以来受外部影响而极大丰富后的形式。

在官办学校和培训项目以外,中国人也可以从传教士所办的教会学校里接受新式教育。尽管天主教学校和新教学校有实施教化这一共同的目标,但它们各自的方法是不同的。天主教会学校提供中文课程,主旨是宣扬基督宗教,它们不教授外语和科学知识。天主教会也会为皈依者的孩子们开办学校,到 19 世纪末,仅上海周边的江南地区就有 1.6 万名男女儿童在天主教会运营的小学中就读,而当时中国天主教徒的总人数才 70 万人,其中还包括几百名中国籍牧师。然而,在接纳了另外一种文化的同时,牧师职位的候选人通常是被社会排斥者,他们希望改变自己的生活,因此愿意放弃祖先崇拜等中国人的生活必需活动,并假意戒掉鸦片,进一步疏远了当地社群。

新教的学校则完全不同,许多新教的传教士往往是训练有素的教师,其中也包括中国的男女教师。他们开办了大量小学、中学和很多学院,在 1877 年到 1906 年间,在这些学校注册的学生人数增长了许多:从 6 千名增长到了 6 万名。课堂用英语授课,在宗教课程以外还教授包括医学在内的世俗课程。根据条约的规定，传教士有权在中国建立医院，很多医院都有附属医学学校。到世纪之交，这些学校已经培养出了300多名医生，还有大体同样数量的学生在接受培训。医院还雇用了大量中国人。

1900年义和团运动之后，在教会学校和学院中注册的中国人迅速增加，但与此同时，清政府开始在教育方面采取更坚决的行动，作为对新出现的日益高涨的民族主义情绪的回应。在官办学校中，传教士不再任教，他们的课本也从课程中去除。1905年，持续了七个世纪之久的科举考试被废除，而此前大多数学术都是围绕着这项活动展开的，这使得大多数学校的教育计划对更为实际、更为西式导向的课程内容敞开了大门。因此中国学校与传教士学校的竞争变得更加激烈。这些教会学校中的学生积极分子以斗争来支持自己的要求，即让课程服务于爱国目的，并消除必要的宗教仪式。更宽泛地说，批评者指责教会学校不能给学生提供适当的中文课程，从而切断了学生与自身文化间的联系。

许多中国人在教会学校上学绝不是因为对成为基督徒感兴趣，他们主要是为了学习英语，以便可以在通商口岸更容易地找到工作。商业利润远比宗教启蒙更具有吸引力。在1880年代的上海，不止一家教会学校发现，在中国学生眼中他们的英语课程是最有吸引力的。每过十八个月，学生学习了足够和外国人打交道的英语时便离开，学生整体几乎会更新一遍。学校以这种方式为新兴的中产阶级的扩张作出了贡献，但对基督徒的人数没产生多少影响。到了1900年，中国仍然只有约十万新教徒。

传教士很了解他们的学生们优先考虑什么，但他们希望学校所提供的教育至少可以使中国的年轻人对外国人和外国的文化价值观增加亲近感，就像一份外文报纸所说的："一个男孩在教会学校接受教育后，在他的余生中不再会成为一个偏激的排外主义者或者反基督宗教的狂徒。他所受的更好的教育在一定程度上会提升他在周围人群中的智识状态，会影响他应该作出正确的选择。”①但是爱国主义的需求经常胜过西化的基督教教育。

除了为男童办学，传教士也为中国女童办学。在一个只有极少数女性可以在家外接受教育的社会，这是一种大胆的创新。第一家为女性开办的教会学校于1844年在通商口岸宁波成立。尽管如此，内地直到很晚才有少量女性可以获得教育。很多学校都努力将他们的中国学生的举止训练得像一个欧洲人，正如一位20世纪早期的年轻女性所提到的：“所有课程都用英语授课……不久之后我就会说一点英语了。我的服饰和发型现在都是按欧洲时尚打扮的……穿着我的英式服装，我第一次戴上了一顶帽子，现在我穿裙子而不再穿裤子，我觉得我自己已经十分投入‘角色’之中了……我学着像英国人一样喝茶，在里面加糖和牛奶，学着怎样去吃面包、黄油和吐司，学着用刀叉代替筷子，学着做体操。”②中国第一所私立女子学校成立于1897年，而第一所官办女子学校则要等到1906年才成立。

传统宗教如佛教和道教对中国女性有特别的吸引力，因为她们可以获得比在儒家社会体系下等级制度中更好的地位。教会教育家们努力呼吁女性从其他宗教中走出来，他们许诺只有基督宗教才可以在精神世界给予她们与男性平等的地位，但对于许多

① Shanghai Mercury, *Shanghai by Night and Day* (Shanghai, 1902)，转引自 Yeh Wen-hsin(叶文心), *The Alienated Academy: Culture and Politics in Republican China*, 1919 - 1937 (Cambridge: Harvard University Press, 1990), p. 58.

② Soumay Tcheng(郑毓秀), *A Girl from China*, as told to Bessie Van Vorst (New York: Fred A. Stokes, 1926), pp. 77 - 79, 转引自 Jane Hunter(孔达珍), *The Gospel of Gentility: American Women Missionaries in Turn-of-the-Century China* (New Haven: Yale University Press, 1984), p. 233.

人来说，与其说基督宗教提供了一套代替旧有宗教的精神信仰，不如说它可以提供现实的红利，他们没有必要放弃其他信仰成为排他性的基督徒。

对一个年轻女性来说，在教会学校求学除了获得教育，还可以获得各种好处。这种经历使她们在一定程度上摆脱了令人窒息的家庭气氛，还能获得一种新的自我认知。她们可以用一种原本不可能的方式和同龄人交往。其中一些人肯定从宗教中找到了其他地方无法寻得的慰藉，因为传教士善于利用许多年轻中国女性的弱点，因为从没有人对她们倾注如此多的关注，这让她们不太习惯。但中国女性并不一定将基督宗教视为一种有特别吸引力的事物。

尽管有些中国男性对于他们的女儿去教会学校上学并不是特别在意，但其他一些则对此有严厉的抱怨。正如 1895 年一位美国女传教士在广东省乡下写的一封信中所描述的："人们对我们满怀敌意，举例来说，按照男人们的说法，已经有很多妇女和女童'信仰了耶稣'，所以如果他们允许我们继续传教，那么整个地区都将充斥不听话的妻子和女儿，她们拒绝膜拜偶像，所以这些人夜里来到我们这里，用石头投掷，命令我们离开这里。"①

在他们的老师（其中大多数是女性）的榜样作用下，许多在教会学校接受了教育的中国女性希望能走出家门工作，其中许多人决定保持独身以便能担任医生、老师甚至是传教士。一些人成了她们家庭的经济支柱，许多人在 20 世纪早期的民族主义运动中也十分活跃。例如，在保路运动期间，她们会攒钱去买一点铁路股票——这是一种拼力抵制外国经济入侵的尝试，当地会募集资

① Anna Hartwell，转引自 Hunter，*Gospel of Gentility*，p. 230.

金买回被抵押给贪婪的外国金融家的铁路。在这一时期的爱国主义精神中,女性们发现,虽然她们在学校的受教育经历可以使自己为祖国做一些事,但这也使得她们必须向那些非基督徒同胞展示自己的忠诚。换句话说,在打破家庭与束缚进入教会学校之时,许多年轻女性也要设法从传教士的影响中独立出来。

海外留学

从列强处获取知识,了解与列强相关事务成了一种新的趋势,抱着去学习与列强抗争的最有效办法的信念,中国人开启了出国旅行的新高潮。没有什么比亲身经历更重要。正如我们所看到的,从 1840 年代开始,由于中国商人对海外中转站的需求以及苦力贸易的持续扩大,无论是自愿还是非自愿,中国人向世界各地的移民逐渐增多。但现在除了劳工移民,很多受过教育的中国人也开始赴海外旅行,他们或是学生或是外交官,或者只是自己单纯只身去感受西方国家与日本的富足与强盛。从中得来的知识成为一种文化商品,来自目击者亲眼所见的知识最有价值,但由一手素材而来的二手资料同样有价值。在一些知识分子中,甚至早在科举考试被废除之前,外国的知识在他们心中的地位就已经取代了老套的儒家体系。

海外留学在第一次鸦片战争之后不久就开始了,以容闳(1828—1912,英文名 Yung Wing)为例,他是一个澳门青年,从当地的教会学校接受了些教育,之后在美国一所神学院学习了三年,再进入耶鲁学院(Yale College,耶鲁大学前身),于 1854 年成为该校第一名华人毕业生。在一场激烈的辩论之后,清政府决定资助赴美留学生。从 1872 年开始,大多数出身是新式兵工厂、造船厂工作人员之子的留学生在幼童出洋肄业局的资助下远赴康涅狄格州的哈特福(Hartford Connecticut)，在当地学习。他们在康涅狄格河谷不同城镇中的不同家庭寄宿，在当地中学上学、打棒球，同时也正规学习传统中国文献。他们的消息传回中国，一些评论者表达了对这些学生过于美国化的恐惧，但1881年赴美留学终止的最主要原因是美方对华人的敌意。当时安纳波利斯海军学院和西点军校都拒绝接受中国学生，这实际上与之前双方条约的条款南辕北辙，中国终止了赴美留学项目，并撤回了所有在美留学生。

尽管存在着这样的困难，中国的年轻人仍然远赴他乡求学。1880年代，其中一些人开始前往法国和英国。他们中的大多数，包括翻译家严复，都是福州船政学堂的毕业生，他们比之前赴美的男童更成熟，更不易受到诱惑，同时在新式科学技术方面也具备了更好的基础。

但是比起欧美，中国学生更喜欢赴日留学。这不仅是因为两国相邻，而且也因为两国同属一个文明体系。对日本的偏爱在一定程度上也是一种亚洲自豪感所致：当时日本在抵御西方帝国主义国家时获得了一定成功，至少在1895年中国被日本打败之前，中国人认为在抵御西方列强时中日有团结的必要。中国的青年知识分子希望将日本作为吸收西方知识的捷径，因为日本的现代化进程远比中国深入，他们还相信凡是日本人能做到的，不久之后他们也可以做得更好。

大批中国学生赴日始于1870年代，到1905年在日留学生已达九万人，其中男女均有。最初，大多数留学生都由官方资助，但自费赴日深造的人数日益增多。在日本，不只是正规教育吸引着留学生，很多人在流亡期间接触到了更宽泛领域里的新思想。这是因为大量西方著作此时已被译成日文，但仍然没有中文译本。此外，在日本，中国留学生可以享受更多的思想自由，比起国内可以更自由地表达对清廷统治以及中国传统的看法。例如，在日本，后来的革命领袖孙中山组织了他的第一个反清同盟，同时期另一位知识分子、改革家梁启超在1898年后流亡日本，在那里他可以自由地以强烈的民族主义精神激励众多同胞。

总体而言，日本对中国留学生持欢迎态度，从日本的立场看，成为中国人的一个教育中心是扩展日本在华利益长期计划的一部分。他们希望通过强调一种基于共同的亚洲文化的特殊关系，与学生（或许是未来的领导人）建立联系。但是在世纪之交，日本人常常毫不掩饰他们对中国留学生的蔑视，双方之间也没有什么亲切的私谊。因此许多中国留学生不但没有迷恋上日本，反而在离日时不再抱有幻想，怀有强烈的反日情绪。这种情绪构成了20世纪中国民族主义的部分核心内容，我们将在下一章谈及。

在世纪之交成长起来的一代中国人，成为只接受过传统中国古典教育的老一代与1905年废除科举之后成长起来的新一代之间的桥梁。新一代人的教育更关注现代性、技术科目、外语与西方研究。作为桥梁的一代中，许多人都很博学，精通这两种类型知识，就像蔡元培（1868—1940），他是1910年代北京大学激进而有影响力的校长。一位同事这样谈到他："在二十九岁以前完全为旧学；三十岁始阅科学书；三十二岁始习日文；三十七岁始习德文；四十一岁第一次游学德国，研究哲学及美学；四十六岁第二次游学德国，研究世界文化史；四十七岁游学法国，习法语。"①

① Marilyn A. Levine（林如莲），*The Found Generation: Chinese Communists in Europe during the Twenties* (Seattle: University of Washington Press, 1993), p. 19。引自王云五《蔡孑民先生的贡献》，见《东方杂志》37卷（1940年4月），第4页。

随着时间段推移，中国学生在新旧学之间的天平逐渐失衡，他们的兴趣更多地转向了新式教育，对传统课程越来越兴味索然。

鸦片与缠足

教育方面的转变同时也伴随着对鸦片和缠足态度的转变。中国的爱国者将男人抽鸦片成瘾和女人缠足视为外国人诋毁中国所用的主要素材。正如康有为所观察到的："方今万国交通，政俗互校，稍有失败，辄生讥轻，非复一统闭关之时矣。吾中国蓬荜比户，蓝缕相望，加复鸦片熏缠，乞丐接道，外人拍影传笑，讥为野蛮久矣，而最骇笑取辱者，莫如妇女裹足一事。"①

在饱受国家虚弱之苦的中国人当中，消除鸦片和缠足成为头等大事。当时，许多外国传教士表达了他们在道德上对鸦片贸易的反对，同他们那些颇具商业头脑的同胞划清了接线。尽管可以说鸦片帮助他们在中国立了足，但这仍然损害了他们的传教，阻碍了招纳信徒，因为瘾君子往往并不可靠。

根除中国鸦片问题既要禁止海外进口鸦片也要禁止在国内种植鸦片。因为当时在中国国内种植生产的鸦片要多于由英国人进口的数量。这是一个巨大的挑战，因为在中国和世界范围内都存在着由既得利益集团所结成的复杂网络，而且瘾君子群体也数量巨大。但在1906年清政府法令禁止了毒品的消费与种植。

---

① 康有为《请禁妇女裹足折》，见 Charlotte L. Beahan, "The Women's Movement and Nationalism in Late Ch'ing China." Unpublished Ph. D. dissertation, Columbia University, 1976, 142，转引自 Howard S. Levy（李豪伟），*Chinese Footbinding: The History of a Curious Erotic Custom* (New York: Walton Rawls, 1966), p. 72.

中国禁除鸦片的普遍决心显然成功地影响了国际舆论。在英国政治气候的变化导致了一种多少有几分勉强的转变,减少了英国对华鸦片出口的数量。

因为获得鸦片困难,很多吸食者转而去获取烟草,鸦片禁令为外国烟草公司打入中国市场提供了极大的帮助。例如,英美烟草公司就是这一时期在说服中国人吸烟上获得了巨大成功。但是鸦片非法交易仍是桩大生意,吸食鸦片成瘾的现象也仍然十分普遍。

在中国人将注意力转向鸦片问题的同时,中国的爱国者与西方传教士都以极大的热情致力于反对缠足的斗争。自 17 世纪清朝入主中原以后,满人妇女被禁止缠足,一些个别的中国男性在 18 世纪和 19 世纪早期呼吁给予女性更多的自由,他们在著述中也反对缠足。但是直到 19 世纪末,各个阶层的大多数中国女性仍然自童年起就要紧紧地裹住脚,以符合长期以来流行的审美观念。缠足导致骨骼畸形,脚蜷在一起只有几寸长,女性因此只能蹒跚而行。

许多具有民主主义观念的中国人除去顾及中国的国际形象,也认定女性缠足一是浪费资源,而且蹒跚而行的中国女性也象征了中国本身的状态。由此很容易将中国联想成外国强盗的受害者。有关瘸腿的民族与暴力侵害的隐喻在义和团运动之后就更加明显了。八国联军在解除北京公使馆包围的行动中被指控有大规模的强奸行为,数千名女性因此自杀。由此很容易得出一种暗示——无论在字面还是隐喻中,这些女性以及中国如果没有被裹住脚的话,本来是可以得救的。

反缠足运动是在外国传教士的帮助下开始的,他们一直坚定地支持日益高涨的反缠足运动,因为他们认为缠足既残酷又违背了基督宗教的理念。他们强烈地劝阻信徒家庭给女性缠足，也不让缠足女性进入他们开办的寄宿学校。但传教士支持反缠足运动的影响有好有坏，因为在他们为运动提供精神与组织支持的同时，也让该运动的其他支持者面临屈从于外部影响的潜在指控。

反缠足运动在世纪之交发展势头迅猛，小脚很快失去了它在时尚与性方面的吸引力。知识分子的女儿们是第一批停止缠足的。政府也顺应时势于 1902 年出台了反对缠足的法令。一些女性忍受了解足的痛苦，她们或者出于政治抗议，或者仅仅是为了能够在动荡时期里面奔跑。到 1920 年代，中国学者发现，与过去有天足的年轻女性无法结婚相反，现在那些缠足的女性倒成了婚姻困难群体。然而这种观察更符合城市的实情，在乡村生活中各方面变化产生的效果要慢得多。

有进取心的中国人特别渴望不要让缠足女性在海外成为中国的代表。1903 年一些缠足妇女被从日本占领的台湾带到了大阪的一个国际展览上。这随后在中国大陆引发了强烈的抗议。类似的愤怒又由于次年在圣路易的世界博览会上展示缠足妇女而爆发。在美中国留学生向北京递交了书面抗议，同时中国的报纸怒斥这一公开的羞辱："何物贱种，乃敢于万邦瞩目之会场，献此丑态，可谓无耻极矣！"①在中国为自身屹立于世界而反抗来自世界的蔑视时，缠足女性成了整个国家十分不适当的代表。

---

①《东方杂志》1904 年，第 5 期。转引自 Chia-lin Pao Tao（鲍家麟），"The Anti-footbinding Movement in Late Ch'ing China: Indigenous Development or Western Influence?" Unpublished paper presented to the Association for Asian Studies, Washington, D. C., April 1993.

早期反抗外国人的民众行动

在受过教育的中国人对外国列强的反抗日益强烈之时,普通中国男女大众也表现出随时为国家立场而斗争的一贯态度。尽管 1841 年三元里抗英并不像日后被神化后所说的那样取得了辉煌的胜利,但它为后世留下了一个成功反抗居于优势的外国列强的民众抵抗运动的传奇,至少它展示了一种可能性。尽管许多民众运动无疑是由精英阶层的成员或者新兴的中产阶级来组织的,但普通中国人以极大的热情参与其中。在三元里抗英仅仅过去十年之后,中国人在厦门暴动,抗议一个英国苦力贩运商人试图从当地警察局索回他的中国掮客。这个掮客在当地试图诱骗年轻的工人,这激起当地社群对他的攻击,他于是被官府羁押。

个人有时也会有反抗外国人的行为。1867 年在香港,一个华人面包师在他为欧洲人家庭供货的面包中下了砒霜,其中也包括港督家。数百名欧洲人感到不适,随后英国人掀起的随意抓捕行为等于承认了他们作为当地少数统治者的脆弱。从 1860 年代开始,以劳资纠纷形式出现的群体抗议活动在类似江南机器制造总局这样的企业中日益普遍,因为至少在创建初期,这些企业的管理都掌握在外国人手中。类似事件的爆发表明中国工人从一开始就对自己为薪酬讨价还价的能力有一定认识,同时,他们也明白外国影响不一定能带来好的效应。

1884 年,香港发生了针对外国人的首次大规模行动。中国码头工人拒绝为法国船只服务——它们刚刚摧毁了驻锚于福州的刚建成不久的中国舰队。广州的官员与乡绅同反清的秘密结社成员结盟,鼓励爱国华人用各种手段抵制法国人。它们对任何可以获取法国军火、杀死法军指挥官的人给予奖励、封授头衔、赦免其过去的罪行。此外，当察觉到有些中国人秘密为法国人供应食物甚至为他们工作、充当间谍时，广州官府张贴海报威胁要处死叛徒，并对他们的家庭施以严厉的惩罚。各种努力击中了问题的要害，这不仅因为许多香港工人的家人仍旧生活在广州地区，他们也会受到法国人进攻的威胁，而且因为战舰对商贸造成了干扰，随即也影响了人们的日常生活。1888 年、1895 年香港工人违反香港当局强加的规定再度罢工，这使当地政府发现在面对这种类型的一致行动时，他们根本无力应对。

第二次重要的反抗外国人的事件爆发于 1905 年，当时中国移民在美国的境遇日益恶化，这激起了中国的反美抵制运动。1882—1894 年的排华法案禁止华工进入美国，包括分别于 1898 年、1900 年归美国控制的夏威夷和菲律宾地区。由于这次立法，中美间的条约要修约更新，但清政府慑于国内压力拒绝修约。为了支持政府的立场，商人和其他各界人士呼吁对美国商品进行一次全面的抵制运动。

广州的码头工人，武汉、南京、天津、厦门、香港以及上海的工人和商人全都参加了这场持续三个月之久的联合抵制运动。在美中国留学生寄钱回国以支持抵制。各行各业的人都没有料到他们自己也成了被抵制的目标。例如，香港一位华人牙医因为他的美国教育背景而流失了许多病人，另一些和美国有直接经济利益联系的人往往不愿为了爱国主义而损害自己的经济利益，拒绝参加抵制运动。

抵制运动在地域上分布之广、持续时间之长以及对美国人潜在的反感情绪之强让许多人大吃一惊。作为对美国抗议的回应，清政府发布官方声明反对抵制运动，但它将自己置身事外以暗示自己缺乏解决事态的热心。美国公司撤出中国业务，尽管为时甚短，但是使中国的竞争对手得到提振，受到各界的广泛欢迎。而且中国国内与美国华人社群之间明确的联系也证明了早期外交官们的看法：在海外华人社群中，中国拥有令人可畏的民族资产，尽管抵制运动最终结束了，但它已经达到了自己的目的。

第三次主要反抗外国的抵制直指日本。1908 年早些时候中国炮艇在澳门扣押了一艘日本货船二辰丸(Tatsu Maru)，因为它向广州走私武器和弹药。该船被带到广州时，船上悬挂的日本国旗被中国国旗所取代。中日双方对此事的反应都很强烈，日方要求中方立即道歉、赔偿、释放货船船员、中方购买船上货物、处罚相关责任官员；但有影响力的广州人不断向中国外交部施压，要求其坚持立场。当清政府屈服于日本炮舰的威胁时，广州举行了群众集会，随即决定开展抵制日货的运动。在广泛的支持下，抵制运动在很多日商所在的城市扩展开来，其中包括广州，还有香港，以及位于新加坡、马尼拉、檀香山、悉尼等地的海外华人社群。抵制造成九个月内中国从日本进口商品的显著减少，甚至在香港，尽管当地政府对抵制运动的领导人进行了严厉的处罚，但进口日本商品仍比上一年减少了几乎 24%，而且香港爆发了反日暴动。

中国因为军事上的失败被反复羞辱，处理国际关系时被迫按照西方话语行事，呼求总是被列强嘲弄驳回，所有这些再加上令人无望的贪污、无法摆脱这种惯性的可悲处境等情况，都使得中国从 1858—1860 年缔结一系列条约起到一战爆发为止的这段时期内对西方的态度越来越矛盾。从集体的自怨自艾到嫉妒西方的财富和权力，中国人的表现无所不有。然而大量屈辱事件里也还有一些不那么壮观但意义重大的胜利：在政府层面上获得了一些外交胜利；在民间层面上则以对外国列强的抵抗运动为代表。

随着中国的知识分子开始了解西方，在他们的研究中总有一个关注的重点。诚然他们想了解一般意义上的西方，但其中一些知识分子研究西方的目的至少部分是给中国的未来规划蓝图。他们认为通往现代化的道路并没有无限的可能性，相反，他们已经对“现代中国”的样貌有了一定的认识，它将在某种程度上类似有着中国外壳的西方。在这方面，中国的知识分子与他们的印度同行不同，许多印度知识分子认为作为殖民宗主的英国的任何现代性形式都令人反感。

一些中国的知识分子认为西方关于权力和统治体制的价值观并没有什么吸引力。他们认为一个现代化的中国很可能会失去一些独特的中国特色，从而变得与那些压迫者并无二致。这一前景是中国人普遍试图区分西学与中国价值观的根源。在他们想向西方学习以模仿西方（最终超越西方）的同时，在 20 世纪早期，即使是那些热心支持改革的知识分子也从大规模西方化的主张里退缩了。

这样的观点在 1895 年尤其普遍，由此兴起了一种著名的构想，即“中学为本质，西学为实践知识”，汉语中称之为“中学为体，西学为用”，其以“体—用”而为人所知。这一构想表达了一种对基督教等西方信仰体系的明确拒绝，转而赞同一种中国传统的世界观，但同时它也承认外国的科学与技术对中国也许是有益的。每当中国人感觉作为这一时期主要特征的自治与依赖之间的平衡被打破时，几乎毫无例外地会提出关于“体—用”构想的一些版本。至于这一构想是否可以将西方思想观念从西方实践知识与方法论中剥离开，在当时与之后都是一个疑问。

第六章　克服思维习惯，1914—1949

> 全世界本来都倾听威尔逊的话语，就像先知的声音，它使弱者强壮，使挣扎的人有勇气。威尔逊曾告诉过他们，在战后缔结的条约里，像中国这种不好黩武的国家，会有机会不受阻碍地发展他们的文化、工业和文明。他也告诉过他们不会承认秘密盟约和在威胁下所签的协定。他们寻找这个新纪元的黎明，可是中国没有太阳升起，甚至连国家的摇篮也给偷走了。
>
> ——上海学生联合会《学生罢课说明书》(1919)①

在20世纪的第一个十年里，在中国没有人真的以为西方列强和日本会就此“消失”，很明显它们会继续待在中国。想把帝国主义的入侵拒之于外的意图日益普遍，但这其中很少会有将中国与世界其他地方分离开来的幻想，或者任何相关的愿望。类似的孤立在过去从未有过，现在也不是中国的目标。

使用西方模式的有效性或可取性没有任何疑问，问题不是是否使用，而是“怎样使用”。对于何为推进西方模式最好的方式分

① 上海学生联合会《学生罢课说明书》，1919年的一份英文传单，转引自Chow Tse-tsung(周策纵)，*The May Fourth Movement* (Cambridge: Harvard University Press, 1960), p. 93.

歧很大。我们已经看到，有选择地接受对中国复兴有用的西方知识，但同时并不承担西方文化包袱的理念是如何实行的。这一理念被称为“体—用”，在19世纪晚期十分流行。但随着中国工业化的不断深入，改革派们开始注意到对西方技术的吸收往往附带要接受其文化，这二者被证明是不可分割的。对于文化上的保守派来说，与西方实用知识紧密相关的文化会产生一个棘手的问题——他们承认前者的价值，而后者正是前者的源泉。

另一方面，越来越多的文化激进分子开始迫切地对中国传统进行重新评价，这种传统与中国的现代性一直相联系。许多思想家开始认定，中国在世界上失去强权与优势地位既不能归咎于其他因素，也不能归咎于帝国主义，原因近在眼前。他们受到一种疑虑的困扰——传统中国式的知识分子生活使中国人的理智变得愚钝，以至于所有推动西方国家获取财富与权力的因素全部绕开了中国。这种疑虑是随西方对中国文明的蔑视所伴生的症状，它甚至对传统卫道士们都产生了巨大的影响。西方人在谈及中国的文化遗产时常常将其归结为一个单一静态的整体，但实际上，正如中国思想家所熟知的那样，中国文化是丰富而多样的。然而讽刺的是，它的本土捍卫者有时在西方的批判下过于气馁，以至于在一定程度上，即使他们知道西方人是错误的，但最后仍是勉强默许了他们的主张。

本章描述了20世纪前半期中国人开始克服不同思维习惯的一些方式。这种思维差异既来自他们自己也来自那些外国列强。首先，受过教育的中国人尝试克服自己对自身文化的一些保守思维，质疑他们自身长久以来所坚持的一些设想，以新的思考方式和斗争方式努力探索最适宜的方法，也许成为这一时期最主要的特征。其次，他们希望找到切实的办法，来克服因帝国主义者的傲慢带来的对中国的贬损，改变他们实际上对中国发出独立之声权力的否定态度。列强欺侮中国已经超过了半个世纪，现在他们理所当然地认为，可以对中国继续不受妨碍地施展自己的意志。对中国人来说，这种可能性从未如此强烈。其中的一种可能性——民族灭绝的前景是如此地痛苦，以至于寻求一种可行办法耗费了中国人极大的心力。

在世纪之交，国家革新的任务呈现出一种紧迫感。从国外引入的最令人瞩目的观念中，社会达尔文主义通过带有民族色彩的新型知识分子严复的翻译逐渐进入中国。社会达尔文主义提倡一种为在人类社会中幸存而斗争的理念，认为最适应者将获得胜利。“物竞天择，适者生存”的观念成为一种思考中国命运的普遍思路。在这种思路影响下，许多人发现如果中国不变强，那它迟早将屈服于更强的国家，这具有惊人的说服力。已发生的事件显示这一进程正在进行，对许多人来说，阻止这一进程成为当务之急。

在中国从帝制转变为共和制的过程中，形形色色的西方意识形态流入中国。尽管其来源各异，但将这些思想锻造成具有中国特色的原创性综合体是中国激进知识分子一项特别的成就，其中始终如一的主线是对一个令人自豪与尊重的国家的执着愿景。将这一梦想变成现实的欲望支撑着中国人经历了多次革命、残酷的政治冲突、残暴的日本占领以及旷日持久的内战，更不用说西方在华的持续存在所带来的越来越多的不确定性。

从帝制到共和

外国人在中国的影响并不均衡。在通商口岸，尤其是上海，存在着一个规模巨大、人口不断增长的外国人社群，它把一整套全新的生活方式引入当地。至少一部分中国人在日常休闲活动中接受了外国的方式。例如，参加西式赛马会和赛狗会，男女在观众席混坐在一起看戏剧演出或是在新式的舞厅里跳舞。同样，通商口岸能够为中国女性提供一种她们在乡下的同胞不可想象的生活方式：她们在外国人的血汗工厂长时间劳作，或者作妓女养活自己，但其中一些人成为蛊惑性营销手段的目标，沉迷于新型的赌博，微薄的收入因而所剩无几。在内陆地区，传统生活方式仍然得以保留。外国的影响虽然对人们的观念有所冲击，但其在社会文化和经济方面发挥的影响相对有限。在大多数中国沿海的“现代”城市与内陆落后的乡村之间仍然泾渭分明。

在1895到1898年间，全国青年士子联合起来向光绪皇帝递交了抗议，皇帝此时刚摆脱其姨母慈禧太后的控制。这场运动由来自广东省的两名学者领导，他们是哲学家与君主立宪主义者康有为、梁启超。抗议者要求在军事、经济、教育、工业以及行政等领域实施广泛的改革。在接下来的几年里，他们连续向皇帝提出建议，声称列强已经先奴役、瓜分了非洲，中国就是他们的下一个目标。此时必须学习西方，否则就会亡国。但此时国内的资源已经不能确保国家的幸存，中国应该将从海外几百万华人中寻求技术与财政上的支持视为必要手段。中国应向海外派出儒家学者宣传中国的信仰，以此作为传教士努力向海外华人传教的反制措施。

1898年，光绪皇帝为了维护自己的独立地位，颁布了康、梁等人在过去几年里倡导的许多改革，怀着从国外照搬经验与在海外华人社群施加影响的想法，光绪皇帝宣布：“一切仿照西例，商总其事。”①

但改革者的成功是短暂的，在实施了一百天彻底的改革法令之后，皇太后镇压了维新变法，将她的外甥无限期软禁，处决了那些没打算逃往国外的改革者。她取消了所有改革措施，但出人意料地以西方的方式建立了一所国立大学（所谓帝国大学，即京师大学堂）。但即使这样，她仍尽力缩小它的影响，为它安排了一个著名的保守派校长。然而这位校长却任命了一位著名的翻译家、同文馆前任主管出任教务长。他们所设置的课程里包括了几项外语和西方科学的内容。这所大学逐渐取得了声誉，特别是在1905年废除科举之后，其声名更著。1912年它换了一个听起来更现代的名字——北京大学。

大学的创建伴随着科举考试的废除，转变了政治文化。知识分子通向政治家的道路被阻断，政府官员不再首先是学者，学者们的生活也不再依赖于政府。但就像对新式教育反复出现的批评所指出的，新型知识分子所具有的外国知识以及引入的价值观，使他们比起前辈来，与普通中国民众间的隔膜更深。

与此同时，持续性翻译外国文学作品向中国知识分子展示了文学对所有人进行启蒙教育的潜力。这样的翻译非常受欢迎，这不仅因为它们提供了一个了解新世界的窗口，也因为它们有能力提出改造中国的办法。例如，卓越的改革家梁启超尽管有些不现实，但对翻译作为变革工具的效力给予了高度赞扬：

> 在昔欧洲各国变革之始，其魁儒硕学，仁人志士，往往以

① 《大清历朝实录（光绪朝）》卷371，第7a页。转引自Jonathan D. Spence, *Gate of Heavenly Peace: The Chinese and their Revolution*, 1895－1980 (New York: Viking, 1981), p. 14.

其身之经历，及胸中所？政治之议论，一寄之于小说。于是彼中缀学之子，黉塾之暇，手之口之，下而兵丁、而市侩、而农氓、而工匠、而车夫马卒、而妇女、而童孺，靡不手之口之，往往每一书出而全国之议论为之一变。彼美、英、德、法、奥、意、日本各国政界之日进，则政治小说为功最高焉。①

民族主义、无政府主义、自由主义、社会主义、民主、个人主义等所有这些思潮对中国的学生和思想家们都颇具吸引力。通过翻译的文本或在海外游历者的切身体会，他们对这些理论有所了解，不同的人对这些理念会有不同的理解，而且还会随着时间经常发生动态变化。汉语中常常缺乏可以表达新观念的词汇，例如汉语里没有“革命”一词，所以为了将类似的意思表达出来，就要造出新的词汇。比如，有些新词可能是从日语中借用的——在日本翻译和引入新观念的过程中，为通顺表达出现了很多新词；有时它们就是日语中欧洲语言的借词。然而词汇的意思可能在借入的过程中发生转变。一旦新词被汉语接受，它也不一定保持原意不变。总的来说，知识分子生活中最显著的共同点是人们怀有一种全新开放的心态，以及随之而来的高涨的精力。

当 20 世纪来临时，两种主要的政治思潮出现了，一种倾向于改革，另一种要求革命。改革运动仍然坚定地主张实现渐变，并尝试制定一部国家宪法。自从 1898 年的那场灾难后，一直处于流亡中的康有为、梁启超仍然是改革运动的先锋，仍以西方强大

① 英文版见 C. T. Hsia(夏志清)，“Yen Fu and Liang Ch'i-ch'ao as Advocates of New Fiction，”收录于 Adele A. Rickett(李又安)编，*Chinese Approaches to literature from Confucius to Liang Ch'i-ch'ao* (Princeton: Princeton University Press, 1978), 230 - 232，转引自 Leo Lee(李欧梵)，“Literary Trends I: The Quest for Modernity, 1895 - 1927，”见 *The Cambridge History of China*, vol. 12, part 1 (Cambridge, U. K.: Cambridge University Press, 1983), 455.

的自由民主国家为榜样。革命运动则由另一个广东人孙中山(1866—1925)领导，孙中山倾向于以西方的实用知识使中国强大，让中国立即摆脱满人的统治。政治体系的转变只是孙中山民族主义长期计划的第一步，之后这一计划将关注在华外国势力问题。孙中山在夏威夷长大，毕业于香港西医书院(Hong Kong College of Medicine)，是一位基督徒，他一生的许多时光都在中国以外的地方度过。正是由于这种国际背景，他在伦敦被清政府拘捕后他医学院的教授帮他获释，他所成立或运行的几个组织在清王朝最后的岁月里发动了一系列旨在推翻王朝的起义。

改革运动和革命运动彼此都从海外获得了许多启发，为了资金它们在海外华人群体中展开了竞争。散布世界的海外华人被史无前例地动员起来，参与祖国的政治运动，这标志着一种新的、始料未及的趋势，其影响很难预测。它所创造的模式在20世纪的最后几十年中将反复发挥影响。

20世纪第一个十年中，中国学生的思想骚动十分剧烈。特别是在日本以及相对安全的上海外国租界，他们表达观点的措辞十分明确。这其中观点最鲜明有力者是仅十九岁的四川学生邹容，他严厉谴责中国之所以从以前的荣耀中衰败，是满人统治的后果。作为一个坚定的革命者，他嘲笑他的同学学习英语："诸君堪为贾人耳。"邹容不久即被捕，在上海会审公廨受审。这一法庭的权限此时已经扩展到外国人居住区的中国居民。他被判处监禁，死于1905年。辛亥革命后，他被孙中山亲自授予身后哀荣。邹容所写宣言的部分内容如下："倘使不受弩尔哈齐、皇太极、福临诸恶贼之蹂躏，早脱满洲人之羁缚，吾恐英吉利也，俄罗斯也，德意志也，法兰西也。今日之张牙舞爪，以蚕食瓜分于我者，亦将迸气敛息，以惮我之威权，惕我之势力。”①

正如我们所看到的，清帝国在最后的岁月里，试图跟上爱国主义流行的时势，引入了一系列改革，其中就包括1898年时它原本拒绝的内容。清廷还尝试修正中国与列强关系的总体框架。由于欧洲矛盾日益增多，列强的注意力被从中国移开，因而这一任务变得容易了些。但美国和日本是例外，它们都不像其他国家那样具有可怕的帝国主义色彩，之所以这样，日本主要是因为它是亚洲国家，而美国则因为它不愿把自己的殖民地经历再强加给其他国家。不过美国当时在夏威夷与菲律宾的活动损害了自己的这一预设形象。

在中国知识分子日益复杂的世界认知中，夏威夷与菲律宾等一系列地区显得举足轻重。关于民族与民族主义的题材出现了一种新型作品，它将关注焦点放在世界上被中国知识分子称为“失落”的国家上，每一个国家都受害于帝国主义的贪婪。这其中包括埃及——被英法狡猾地摆布的猎物；俄国扩张的受害者——波兰与土耳其；安南（越南）——现已沦入法国人之手；被英国殖民主义所毁灭的印度、缅甸、德兰士瓦等等。这些国家成为一种象征，警示中国不惜代价避免重蹈覆辙。尽管中国人觉得某种意义上应该和上述每个国家都团结一致，但另一方面中国人又在许多方面对它们进行了批评，其中包括他们的传统没有与时俱进，没有克服政治上的分歧、改变制度，等等。

在许多中国人的心目中，印度尤其处于一种高度矛盾的地位。中国人因印度臣服于英国为其驱使而轻视它，这种驱使可以从在华外国人居住区存在的锡克人警察与保安得到证明。但印

① Zou Rong（邹容），*The Revolutionary Army*，24，John Lust 译（The Hague and Paris：Mouton & Co，1968），p. 81.

度作为佛教的发源地偶尔也会为中国人所倾慕，因为佛教已经成为中国文化整体的一部分。不过这一时期的主流话语被种族主义元素所激化，将印度视为西方可怜的对立面，一个古老的传统文明使其在现代世界中深陷困境。

清帝国的制度体系和皇室家族在1911年倒台了，取而代之的是民国。新政府的首要任务是将中国从外国人的支配下解放出来，但要达成这一目标并不容易。外国影响、外国干涉的威胁简直无处不在。不久之后，共和体制的尝试就沦为谋求私利的贪污与绝对残酷的政治斗争的牺牲品。已值中年的孙中山以广州为基地成立一个反对派政府，他此前在国家政治舞台上仍然无足轻重。各地的政治权力碎片化，掌握在已经声名狼藉的第一任总统袁世凯(1859—1916)的追随者手中，他们大部分人的根基是军事力量，而且为了保住自己的位置不择手段。在其他事务中，这些"军阀"为了赢得外国的支持而彼此竞争，其间很少会首先顾及民族主义者的主张。共和革命除了推翻满人的统治外所获甚微，而且还破坏了表面上的秩序。

社会状况的急剧恶化以及对20世纪10到20年代新政治体系的歪曲使许多中国知识分子濒临绝望。普遍的政治堕落促生了抵制与示威。知识分子们开始探索国内更激进的转变的可能选择，试图恢复中国在世界舞台上的领袖地位。1910年代晚期，无政府主义和马克思—列宁主义都开始对知识分子展现出新的吸引。对许多激进的中国人来说尤其吸引人的是列宁对殖民主义的分析，他认为这是资本主义剥削体系在海外的扩张，此即帝国主义理论。此外，1917年俄国革命在实际上取得成功也对人具有很大的吸引力。

在此期间，日本于1914年加入一战，填补了一些西方列强所遗留的空白，现在它和西方列强作战，并试图控制山东，德国在当地的影响力由于其国内的战局已趋于瓦解。1915 年，作为对袁世凯巨额借款索要的回报（他已经筹借了巨额外国贷款），日本将“二十一条”强加给中国，这预示着将来日本人在华将享有经济上的特别优惠、在华定居权、财产所有权、在“南满”和东部内蒙古地区享有治外法权，此外还有一些其他特殊权益，这其中包括日本有权在一些历史上中日一直存在争议的地区派驻自己的警察。尽管中国人大声疾呼，坚决反对，极力试图使中国避免像朝鲜半岛、台湾岛一样变成日本的保护国，但袁世凯最后仍是屈从日本的要求。当中国人注意到日本在华的影响由于这一系列举动而变得空前强大时，他们愤怒的反日情绪也达到了一个爆发点，这种情绪几十年内都没有消散。

中国与凡尔赛

一战期间，大约有十万中国劳工赴法为协约国集团服务。尽管协约国集团在习惯上并不信任中国人的战斗力，但是他们利用中国的人力从事一些诸如挖掘战壕、建造医院这样卑下繁重的工作，从而使欧洲年轻人腾出人手赶赴伤亡惨重的前线。就像其他参战者一样，中国劳工也经常在十分可怕的条件下工作，有数千人死在了欧洲，但许多幸存者在诸如基督教青年会这样的组织的帮助下学会了读写，而且能够在返回中国前积攒下些许积蓄，他们成了政治组织的潜在候选人，回国的劳工事实上成为 1919 到 1920 年间第一批组织工会的人。

中国国内普遍预期是，作为对中国劳工在战争期间工作的回报，日本对中国领土的侵占应该会在战后缔结的和平条约中被废止。中国人同时也被美国总统伍德罗·威尔逊关于民族自决的宣言所打动。因此当1919年《凡尔赛和约》(与此前同声称代表整个国家的中国军阀所签订的密约内容相一致)中，英法承认了日本对此前德国在山东势力范围的控制权，以及日方最近获得的权益时，正如我们在本章开头引文中所看到的那样，中国人被深深地震撼了。只有德国向北京观象台归还1901年被掠走的天文仪器一事为中国带来些许安慰。

1919年5月，在北京和全国其他至少两百个地方，数以万计的学生举行示威游行。整整一周，上海的商人们关门罢市，多达四十家工厂的工人们罢工上街。当时许多在华的外国人都有种被自己国家出卖的感觉，同时对中国民族情绪的走向表达了极度的失望，引发了国际社会对重现俄国革命最近取得的成功的担忧。

持续数月的动乱以中国拒绝签署和平条约而告终，不过很大程度上这已于事无补，无论中国愿意与否，实际上日本在山东的势力已经非常稳固，但这种拒绝传递了一个明确的信息——《凡尔赛和约》将是最后一个不平等条约。但这些含义的效应远超出了当时条约所引起的即时影响，就像早期共产党领导人瞿秋白(1899—1935)在1919年所指出的：

> 当时爱国运动的意义，绝不能望文生义的去解释他。中国民族几十年受剥削，到今日才感受殖民地化的况味。帝国主义压迫的切骨的痛苦，触醒了空泛的民主主义的噩梦。学生运动的引子，山东问题，本来就包括在这里。①

---

①《瞿秋白文集》一，北京：人民文学出版社，1954年，第23页。英文版见 Tsi-an Hsia (夏济安), *Gate of Darkness: Studies on the Leftist Literary Movement in China* (Seattle: University of Washington Press, 1968)；引自 Spence, *Gate of Heavenly Peace*, 135.

新文化、新政治

在20世纪前三分之一的时间里所爆发的激昂的知识分子运动，以1919年5月4日开始的示威游行命名，这一运动尝试找到一种解决“大问题”的办法。新文化运动大致发生在1916—1926年间，这场运动被一种强烈的欲望所驱动，认为应该通过一场彻底的文化政治转型来清除外国对中国现状的支配现状，实现中国的复兴。

五四运动对所有与文化、政治绑缚在一起的传统都进行了一场破除旧习的进攻。当五四运动的活动家们以西方自由主义和科学方法的标准评估中国的道德遗产时，他们发现中国传统绝对是有缺陷的，同时也是进步时难以克服的阻碍。再也没有任何事物是神圣高高在上的了。中华文明的关键要素——家族、经典文本、公认的行为准则等等，所有这些都要经过最彻底的检查和重新评估，都要服务于以民族复兴为最终目的的事业。五四运动将旧中国与新中国区分开的最清晰的迹象之一，即把青年视为救亡图存的关键所在，这标志着与尊敬长者的传统截然不同的理念。

对青年的关注是1916年由北大文科学长陈独秀（1879—1942）发起倡导的。在其创办的迅速产生影响的期刊《新青年》创刊号中，陈独秀公开号召在道德价值观、制度以及习惯观念等领域展开一场革命。在他含蓄但也时而直率的笔触中，他不仅想要模仿西方的方法与观念，而且还想模仿西方式的活力。但是，经常定义不清的欲望对象——“西方”，也成了巨大愤怒和经常性矛盾心态的对象。

这种不一致确实不是什么新鲜事，随着五四运动在十几到二十几岁人群中传播，这一状况仍然十分明显。正如陈独秀和他在五四运动中的同仁们被西方物质文明的强大与繁荣所深深吸引一样，他们在19世纪的前辈们也同样有类似的感受，然而还有许多受过教育的中国人已经察觉到了西方社会中不尽如人意之处。西方的政治体系也许是民主的，但他们的政治家们是腐化而自私的。就像凡尔赛的背叛所展现的，自由民主本身绝不是完美无瑕的。传教士从宗教中产生优越感，然而宗教只不过是迷信。个人主义会产生很多伦理问题，而且此外它也不能同马克思主义理论就阶级问题达成和解。一战所带来的惨痛的大屠杀证明，并不是所有西方的科学技术成果都能令人满意。从对西方认知中产生的矛盾心理有时会在激进的中国人当中被湮没，但一有机会这些问题仍会暴露出来。

《新青年》杂志是五四时期新创办的数百种期刊中最著名的一种，这些期刊大都由在海外受过教育的中国人所创办。它们一般都服务于双重目的：首先是介绍西方的思想与文化，其次提供一个辩论时局热点问题的论坛。多数类似出版物在它们的名字中都带有“新”或“青年”的字眼。刊物涉及的思想观念十分广泛，包括了从西方引入的各种主义：马克思主义、女权主义、自由主义、无政府主义、相对主义、易卜生主义、功利主义、社会主义，等等。由于1920年代早期到中期，关于西方文学、思想、政治理论的著作翻译数量不断增加，对其他文化的熟悉成为知识界的标准，中国人对世界体系的复杂性也不再陌生。

五四运动的民族主义起源导致了人们态度的明显转变，这种转变涉及日常生活的方方面面。举例而言，那些早期西式变革的支持者常常穿着西式服装，而五四运动时期激进的青年男女更愿意穿着重新设计的中式服装以适应时代。孙中山和他在美国受教育的妻子宋庆龄就体现了这种转变趋势。一张1915年的婚纱照显示出他们的欧洲装扮——宋庆龄穿了一身定制裁剪的夹克和裙子，一件带蕾丝领子的女士衬衫，刻有浮雕的珠宝，脚蹬高跟鞋，孙中山则着西式套装。但在1920年代的照片中，孙中山作为权势不断壮大的国民党领袖，始终对外展示他的中式风格着装。

在《新青年》最初的激进主义激情过去之后，五四运动中的知识分子的潮流方向开始多样化。作为刊物创始人的陈独秀是众多为中国新文化寻求理论基础的人物之一，他最终放弃了自己最初认同的西方自由主义价值观，转而推崇马克思—列宁主义。五四运动的分裂在1918年就已显露端倪，当时陈独秀和他激进派的同事们开始反对以胡适（1891—1962）为领导的另一派仍保有自由主义倾向的人。胡适和陈独秀一样，认为正如五四标语所标识的"科学与民主"那样，要吸收西方传统中理性主义方面的内容，以此来解决中国的问题。但在美国教育家约翰·杜威的影响下，胡适在著名的文章《问题与主义》中，批评了那种试图为整个社会的所有问题找到一个全面解决方案的激进倾向，他认为应该把精力放在逐步解决个别领域的个别问题上。

1920年代早期，胡适和其他一些人安排了很多外国思想家来华访问，其中包括约翰·杜威，英国和平主义哲学家伯特兰·罗素，诺贝尔文学奖获得者、印度诗人泰戈尔。中国的知识分子尝试重新评估自身文明在世界历史中的位置，因此能够吸取各种差异极大的思想。

对泰戈尔理念的各种回应，可以让我们对五四时期知识分子的复杂性有所了解。简而言之，泰戈尔认为中国与印度的文明不应放弃自己作为亚洲文明的鲜明特征，特别是其精神方面，而去追求西方极具破坏性的唯物主义。相反，他们应该将信仰专注于精神本质,同时相信个人自我牺牲的救赎力量,相信诗性的精神,相信对自由总体的渴望。在一些中国知识分子的眼中,泰戈尔作为一个印度人的身份——一位来自英国最大海外殖民地的非白人代表——给了他一种特别的可信任感。对西方科学与科学方法论的羡慕已经变成了批评,中国知识分子开始认为这些与其说是灵丹妙药,不如说是海市蜃楼。在这种情况下,泰戈尔动人的呼吁使得“亚洲唯心主义”得以用爱国主义的名义凌驾于西方唯物主义之上,这在当时显得十分恰当。另一些知识分子则有不同的观点,他们提出中国自己独特的历史发展道路自有优点。他们给出的理论强调,强迫中国采用西方唯物主义模式或是学习印度文明自我否定的模式都将是灾难,他们认为中国只是沿着不同于二者的轨迹发展,这并不一定错误或者更糟糕。对于第三方来说,泰戈尔的身份以及他的理念是更大的问题。他们觉得十分吸引人的正统理论清楚地表明武装斗争是唯一真正解决问题的办法;但泰戈尔向他们宣讲,面对外国的支配控制时,受苦牺牲在精神上是大有好处的,这种理念很令人反感。还有一些人发现,泰戈尔所追忆的过去虽然可能很浪漫,但正如印度被英国征服所证明的那样,这些浪漫的过去绝不足以代替进步的现代。

勤工俭学

现在轮到第二代甚至第三代十八九岁、二十出头的中国青年赴海外留学了。这时他们不仅在人数上增多,其中包括了大量的女性,而且他们的经历也发生了变化。举例来说,作为勤工俭学计划的一部分,这几十年中有超过两千名年轻的中国留学生赴法留学,他们中的许多人已经接触到了新的激进主义思想。该计划的意图是让这些留学生既做脑力劳动，也做体力劳动。类似北京大学校长蔡元培一样的学者们组织了这项计划，他们认为这种脑力与体力的结合对于新中国是有好处的。但这种搭配也是对古典理念的一次深刻的突破。根据古典时代儒家思想家中的领袖人物孟子的定义，脑力劳动者应该统治体力劳动者。除了对传统的破除，该计划还希望勤工俭学的学生们能通过在法国的生活获得适当的现代观念，因为法国在当时因其现代性被时人所羡慕。从实用的观点考虑，当时法国的工厂由于战争的杀戮而人手紧缺，这些学生可以通过在法国工厂打工赚取学费。

计划的初衷是希望这些勤工俭学的学生可以通过他们的学习和工作经历把西方的技术带回国，为中国的民族救亡贡献自己的力量。但实际上这一时期的时代潮流给这项计划带来了明显的变化。很多中国留学生同 1921 年建立的中国共产党建立了联系，而他们在欧洲工厂所学到的也不只是手工技能，还有新形式的政治意识形态与组织方式。由《凡尔赛和约》所引发的对西方自由主义认知的幻灭与国内五四运动的发展，共同促使这些学生对西方的思想意识形态进行更深层次的探索，这其中包括马克思主义与列宁主义。这种探索成为他们还处于萌芽状态的寻求复兴中国理想的一种表达方式。

身处法国及各地的中国留学生很难不受所在国政治发展的影响，这使他们有机会对其中一些动态进行直接评估，其中一些人在国外有了第一次罢工的经验。一小部分留学生甚至与国内同步成立了共产主义小组，但独立于国内同类组织发展。对许多留学生来说，他们开始把日益增长的政治责任感转化为行动，这可以有多种形式。例如，一个中国留学生为表达他日益强烈的激进主义情绪，在巴黎音乐学院学习之余，参加了中国劳工的集会，用小提琴演奏了社会主义的赞歌《国际歌》。

一旦回到中国,大多数学生都投身了政治,20世纪中国政治中许多领袖人物都出自这些学生,这其中包括周恩来(1898—1976),他曾在日本和法国留学,并于1918到1924年在德国;邓小平(1904—1997),他曾在法国留学,1920年代早期主要在苏联。通常,他们共同的海外经历以及现实中的语言文化问题,使这些未来国家领导人们彼此结成了维系一生的团体。

无论如何,在国外学到的政治技能对返回中国的学生很有帮助。因为五四运动的反帝国主义的动力很快便超出了中国学生群体,并显示出它以阶级为基础的发展方向。许多工人参加了1919年的示威与抵制运动,不久之后,一场著名的劳工运动就已经开始进行了。经济因素与民族主义者的动机共同撑起了新型的劳工运动。上海和广州的工业与外企最密集,劳工运动的影响也就最强。

新型劳工组织首个最重要的例证是1922年爆发的香港海员大罢工。尽管罢工者对他们的船主不满的反抗最初源于经济动机,但罢工中的民族主义色彩很明显。仅仅几周,罢工便扩展到了香港大多数行业的工人之中,这其中包括家里的仆人、人力车夫、电车司机、卖菜者、侍者、码头工人以及其他各行各业的工人。当英国的船主试图躲过罢工者到广州购买货物时,码头工人拒绝为他们的船装货。与19世纪的罢工相比,这次罢工传播广泛,组织得也更好,它很快传播到了广东省的其他港口。与此同时,位于上海新成立的中国劳动组合书记部阻止了被征召用于取代罢工工人的人员前往广东。海外华人无论男女仍旧向国内汇款,而且还为罢工工人提供帮助。罢工最终以和港英政府达成协议而结束,协议允许中国工人们保留他们新获得的政治权利。

爱国主义思想渗透到了中国社会的方方面面，以不同的方式表达出来。例如，在1920年代早期，超过一百万武装起来的中国军队偶尔会表达他们对外国控制的潜在敌意，但他们大多数时候都是在一系列军阀战争中彼此搏杀，无暇调转枪口对付外国人。尽管如此，他们还是将年度军事演习的时间安排在1900年八国联军镇压义和团的周年纪念日，这一选择显示出中国军人仍有强烈的意愿寻找一个表达他们对外国人根本敌意的机会。

1925年夏季之后，对外国人的敌意变得公开化了。在当年的5月30日，英国人指挥的锡克人与华人警察向一家日本工厂中因劳资纠纷而爆发抗议的中国工人示威者开枪，杀死了一名中国工人。尽管军阀和工人的雇主们进行了严厉的镇压，但劳资纠纷不断增多，许多人死于上海和广州的示威游行。这随即引发了反对外国人的明显转变，几乎所有居住在中国的外国人都在他们的家信中提到了这一事态。在这场史称五卅运动的事件中，罢工和示威的浪潮席卷全中国。同时，在香港爆发的另一场反英抵制运动和罢工持续了整整十五个月之久。学生从外国学校和大学里退学，他们批评这些学校是文化帝国主义的产物，旨在诱骗中国学生远离适当的民族主义情绪，基督教的各种努力再次成为攻击的对象。

最重要的是，对西方的关注无论多么复杂，都为中国人提供了一个观察中国自身的新视角。西方在五四时期对中国的作用主要是使中国人从自己的文化中走出来，站在一个局外的角度来看待自己的文化。然而尽管其目的是拯救国家，但接受一种外来视角自然使这一进程更容易受到文化保守主义者和民族主义革命者的批评，他们都指责这些新出现的打破传统的人实际上背离了他们自己的传统。

五四运动内部充满了各种矛盾，例如，一方面外国帝国主义激起了活动家们的仇恨，但同时它也为反对西方的支配提供了丰富的素材。中国的活动家们也从西方汲取了许多知识营养，用以反对本土传统中许多普遍流行的观念。此外，有些尴尬的是，日本模式对中国人也很有启发。真正的激进观念认为，中国革命必须超越现代西方与传统中国，但对这种观念的全面阐述是后来才出现的。

当五四运动的激进者转向海外，武装自己以反抗强大的儒家统治者意识形态时，他们冒着无意中用一种支配体系取代另一种的风险。例如，许多参与五四运动的男性支持女性解放和男女平等，试图用“现代”西方的观念取代中国人对待女性的态度。但现实是，对于男性支持者来说，这可能是政治上的解放，但对于那些渴望从父权之下获得完全解放的女性来说，这并不是多么紧要的东西。相反，即使在她们和她们的男性同伴一起从中国过去的压迫中解放出来，中国女性从自己传统中所获得的新解放，往往只会让她们被新的西方式束缚所征服。于是，一些中国女性开始在妇女解放与民族主义者所致力获得的中国解放之间作出区分。她们拒绝将中国女性的命运等同于中国自身命运的象征，因为这样的实际后果，只是为了解决国家问题而延迟了女性问题，这一问题在抗日战争和二战中甚至变得更严重了。

国民党、共产党与苏联

凡尔赛的经历，使本来希望同列强就德国在华占领区问题达成协议的北洋政府名誉扫地，这给了孙中山和其他致力于以革命取代北洋政府的民族主义者很大的动力。民族主义者的立场由于新生的苏俄的关注而受到了很大的鼓舞，1917年布尔什维克革命的成功给了他们一种可能的灵感。

在十月革命当年，苏俄政府和孙中山建立了联系，虽然表面上苏俄是希望创建一个反对西方与日本帝国主义的国际革命同盟，但实际上，它是想利用孙中山的影响，为自己在中国寻求民众的支持，以实现其对于领土的野心。对于孙中山来说，同俄国结盟的好处是，可以迫使其他外国列强承认，他以中国南方为基地的政府——而非北洋政府——才是中国的合法统治权威。孙中山对民主社会主义原则的支持态度，使这种联盟看起来很自然，但事实上他的大多数拥护者都觉得，苏联对待诸如阶级斗争等问题的态度是令人不快的。此外，苏联为国民党提供了资金和军事援助，并为其训练军队，如果没有这些外援，国民党不可能取得很大进展。

俄国人也同陈独秀这样激进、同情俄国革命的人建立了联系。俄国人自身在布尔什维克革命中的领导姿态，使其在世界其他地方仍处于萌芽状态的共产主义运动中树立起巨大的威望，这是促使诸如1921年由陈独秀和其他人在上海法租界成立的中国共产党等类似的组织，承认苏联掌控的共产国际对他们具有领导权威的最重要理由。但与此同时，中国共产党也无意仅仅成为共产国际或苏联的附庸。

在共产国际的催促下，中国共产党同意首先与孙中山所领导的国民党结成同盟，即使它后来对此怀有深深的疑虑，但仍然留在同盟之中。中国共产党之所以这样做，部分原因是它迫切需要共产国际的资金，部分原因是它根基未稳，没有信心打破公认的世界共产主义领袖的领导。虽然没有任何改善的迹象，但任何旨在发动革命的尝试必然会遭到复兴的帝国主义国家与中国民族资本家所结成的同盟的强烈抵制,后者的利益往往凌驾于民族主义者的任何关切之上。因此,对外部支持的需求就更加迫切。有鉴于此,中国共产党认为,总体而言,当下与苏联结盟的考虑要优先于追求自治的需求。尽管他们很清楚,在明确宣布一份民族主义进程的同时却与外国人结盟,这看起来有些反常。

从共产国际的观点看,中国共产党可能不会在全国范围内有所作为,因而对其有益之事不如达成苏联的目的重要。苏联更愿意与孙中山领导的国民党结盟,因为它看起来更有机会获得国家政权,或者至少要比仍然羽翼未丰的共产党更早达成这一目标。苏联与共产国际坚持要中国共产党同国民党结盟也与苏联内部斯大林与托洛茨基间不断扩大的分歧有关,托洛茨基谴责了中国共产党与国民党之间的协作,他所支持的另外一种共产主义理论造成了苏联的这种分裂,不管其有何优点,都明显让斯大林感到厌恶。

1920 年,苏俄宣布它将单方面放弃它的帝国主义前身通过不平等条约获得的所有权利,此后中国的激进派对布尔什维克模式更感兴趣,但实际上苏俄在玩弄一个狡猾的游戏。1920 年的声明只是一种有成效的宣传,但在同时期与北洋政府所签订的一系列秘密协定中,苏俄确保了在一定时期内俄国早先条约中的特权事实上不会消失。虽然所发表的言论都是反对帝国主义的,但在另一面,新苏俄官方很享受在东亚的帝国野心,这同沙皇、西方列强和日本并没有多大区别。他们并不想放弃俄国人对蒙古和中国东北地区的领土要求。他们推行这一政策,一方面以此增强苏俄的实力以对抗那些怀有敌意的外国列强,另一方面为了在下一波很有可能在亚洲爆发的新的社会主义革命中获得稳固的立足点,开始培养本国的领导人。

为在一定程度上促进上述目标的实现，苏联也与日本在1925年达成了一系列秘密协定.甚至在其鼓励国共两党在五卅运动中进一步加强反西方、反日本帝国主义的同时，苏联仍然认可日本在“二十一条”中的要求。苏联的这种鼓动具有许多目的，一方面这可以转移国际社会对俄国在中国北部边疆地区活动的注意，这种欺骗举动十分重要，因为西方列强对俄国以废除表面上的条约权利而寻求与中国创建一种特殊关系的行为十分警觉。西方倾向于采取措施，以避免将中国推入布尔什维克阵营；另一方面，这种鼓动为国民党权力的复兴作出了显著的贡献，在面对外国人的支配时，政治家们表现出越来越大的决心，竞相展示自己的爱国主义情怀。通过对工人阶级群体灌输民族主义热情，仍处于幼儿期的中国共产党也得到了很大的助益，党员人数开始急剧增长。苏联对中国共产党的支持，也帮助中国共产党在其发展的关键时刻获得了合法性。

事实证明，中国共产党对于与国民党结成统一战线的疑虑是有充分依据的。1927年，作为孙中山继承人的、在东京与莫斯科受过教育的国民党领导人蒋介石认定，共产党在五卅运动中获益甚多，这与他个人权力和国家重建的目标相违背，他决定采取非常措施巩固权力，一劳永逸地消除共产党接管政权的威胁。在接连发生的镇压行动中，数以万计的民众、共产党党员、共产党的同情者、工人与农民活动家被国民党军队处决。这次清洗行动收到了大量上海资本家半自愿、半强迫的捐款，因为他们害怕共产党工会的影响会危及他们生意的利润。这一行动标志着二十余年间蒋介石反复以各种手段，几乎不惜任何代价试图消灭中国共产主义运动的开始。

对在这场灾难中幸存下来的共产党人来说，可能早点割断国共两党间的同盟的话，即使不能完全避免灾难，也会使其有所缓和。这次灾变表明，在团结一致反抗西方和日本帝国主义的事业中，试图超越民族差异的行为是危险的。中国共产党仅仅是由于苏联的坚持才待在国共同盟中，但在1927年后，部分原因是出于对苏联和共产国际深深的不信任，中国共产党致力于创建中国人对社会主义与共产主义独特的理解。总而言之，苏联1920年代在中国政治中复杂、时而矛盾的角色，使中国共产党对其产生了根深蒂固的不信任感。

蒋介石与共产党人分道扬镳的决定，必须考虑到外国人在华势力的相关事态变化。从20世纪早期开始，外国列强便原则上承诺，至少要撤销不平等条约中引起反对意见最多的部分条款：治外法权和外国对各种关税的控制。但实际上，修约进展缓慢。第一次世界大战后，德国已在不知不觉间失去了在华治外法权，苏联则在1924年自愿放弃了治外法权。美国以宽免庚子赔款的行为，对华展示出了善意。1920年代，中国在废除外国在华权益与特权方面取得了引人注目的重大进展。当时由于大战的毁灭性影响，列强在道德与军事上的信心被动摇了。至少在原则上，他们准备承认中国的民族主义主张。在1922年召开的华盛顿会议上，列强达成协议，同意逐步恢复中国的全部主权，但由于各种原因，他们从未完全实现这一协议。这种延迟只能加剧中国人的愤恨。

外国列强对这种愤恨再也不能一笑置之了，炮舰外交已经过时，这不仅是因为列强不愿再轻易涉入一场与中国的战争，而且有证据显示，此时的中国军队已是一支不可忽视的力量。在中日甲午战争三十年后，中国的战略战术已经有时间赶上军事工业化。此外，尽管西方试图禁止，一战剩余物资还是大量涌入中国市场。在军阀割据的时代，军队成为中国社会最强有力的一支力量，中国人也在战斗中获得了很多经验，在所有外国列强中，只有日本可能冒险武装干涉中国的事务。

1925 年中国人对帝国主义敌意的爆发，促使西方决定对中国作出更多让步。这种情绪在上海十分高涨，不只是因为当地强大的外国势力，或者五卅运动的发生，更是因为在控制了部分上海城的西方人的纵容和支持下，当地已经沦为了各种恶习的温床。尽管曾有过一些清理上海的尝试，但上海市政当局的多样性以及帮派、各方警察与市政会议勾结在一起的复杂的贪腐关系等，导致了不计其数的司法漏洞。中国的报纸控诉外国市政当局对中国社会腐化堕落漠不关心，报纸举出了诸如绑架、拐卖妇女儿童、赌博与赌马使本来的贫困雪上加霜，以及在社会所有层面都十分繁荣的性产业等各种问题。看起来，如果外国人不能用军事力量消灭这个国家，他们就会尽他们最大的力量逐步破坏它的社会结构来实现这一目的。

1930 年，中国从列强手中恢复了关税自主权——这是中国屈从于条约，让渡出的所有权利中最令人切齿的一项。中国还收回了对一些外国租界的控制，其中有些通过双边协议收回，有些事实上则是在爆发了自发的暴力活动后强制收回的。同时，中国也开始进行终止治外法权的谈判，尽管谈判因一些外国团体成员的反对受阻。在 1931 年日本入侵中国东北地区后，谈判最终被无限期搁置。

相比中国共产党而言，国民党的支持者们对外国人的敌意要少得多。尽管在国民党看来，共产党似乎由以苏联为基地的共产国际控制，其本身不过是野心勃勃的外国人的工具。许多有影响力的中国人看到了一些外国人定居点在中国存在的好处，他们也希望外国人在中国的存在可以对日本的挑衅构成一个理想的制衡,这同时也是因为比起苏联来说,他们更倾向于从西方和日本获得财政援助。他们对布尔什维克主义在中国扩散的恐惧远甚于外国资本主义,因为他们觉得从后者当中,自己可能获得一些好处。与此同时,蒋介石仍然认为与苏联保持联系是一项权宜之计,他的目的是利用莫斯科作为反对中国共产党的一个杠杆,因为苏联看起来可以控制中共。

国民党政权与法西斯的暧昧关系(1927—1937)

蒋介石与共产党的关系一旦破裂,他便被迫需要在苏联以外寻找自己的海外支持者。德国顾问们马上便填补了这个空缺。就算没有其他共同点,中德两国至少在一战后受到协约国苛待这一点上是相同的。两国都视彼此间的长期合作为一种弥补损失的手段。当蒋介石开始重组和重新装备他的军队时,德国对华提供了包括军事装备和咨询在内的援助,而蒋介石这些举措的基础恰恰是来自普鲁士与日本那些成功的经验,而且日本的成功也是学习普鲁士的结果。1930 年代,蒋介石政府与德国人达成了一系列秘密协定,双方就用中国的原材料交换德国军事与工业物资达成了共识,这些原材料对德军的重新武装十分有用。但这项协议只持续到德国对苏联的恐惧促使其与日本结盟,此时的日本已经成了中国的主要敌人,这项计划的进展随德国开始备战而最终走到了尽头。

蒋介石在 1930 年代一些声名狼藉的计划灵感都来自海外,特别是来自极权主义已获得统治权的意大利与德国。此外蒋介石也对斯大林治下苏联的诸多方面很是羡慕。这些国家的技术同蒋介石基本的军事改革方向密切相关，此前他已经管理了黄埔军校，日后国共两党崭露头角的许多领导人都出自这所学校。1934年蒋介石发起了一场新生活运动，运动中使用了被称作蓝衣社的残忍组织充作他的先锋队（名字模仿墨索里尼的“黑衫军”）。新生活运动告诫中国人要站立笔直，不要吐痰，要守时，要扣紧他们的衣服，吃饭不要出声，还有要用冰水洗脸。蒋介石想要利用这些纪律约束，使中国重新屹立于世界：

> （新生活运动）简单的讲，就是使全国国民的生活能够彻底军事化！勇敢迅速，刻苦耐劳……能随时为国牺牲！……养成这种临时可以与敌人拼命为国牺牲的国民，就要使全国国民的生活军事化。所谓军事化，就是要整齐、清洁、简单、朴素，也必须如此，才能合乎礼义廉耻，适于现代生存，配做一个现代的国民。①

尽管法西斯主义随后声誉扫地，但在1930年代，世界上许多人相信它是一种解决社会和政治问题可行的办法。但对于国民党曾渴望建立民主体制的追求来说，倾向于法西斯主义并不是一个好兆头。蒋介石所呼吁的“怀有民族优越感和信仰领袖”，实际上是为个人独裁统治量身定做的。国民党由一位专制且充满野心的领袖所领导。②

---

① 英文引文是根据两段引文重新组织的，译者在蒋介石《新生活运动之要义》中找到了意思一致，但叙述顺序不同的原文。——译者注

② 引自 Lloyd L. Eastman（易劳逸），*The Abortive Revolution: China under Nationalist Rule, 1927 - 1937* (Cambridge: Harvard University Press, 1974), 68. 出自《新生活运动之要义》，新生活丛书社（南京，1935），第111页，以及 Iwai Eiichi（岩井英一），“藍衣社ニ關スル調查”（“An Investigation of the Blue Shirts”），the Research Department of the Foreign Ministry（日本外务省调查班）发布（1937），标注“秘密”，37 - 38.

国民党并不反对外国的观念与意识形态，但是它试图对可以进入中国的外国观念进行选择。例如，蓝衣社就对从国外引入的“堕落文化”持否定态度，这既是因为他们觉得这些文化无助于形成纪律严明的团队，也是因为国民党在宣传中将这种文化上的放任同左翼政治勾画出明确的联系，而左翼政治正是国民党所厌恶的。这种文化上的堕落可以从其自身的特征显示出来，例如穿西式服装——在服饰上要有爱国主义精神，跟着现代音乐跳舞等等。在蓝衣社的恐怖统治下，任何反抗者都有可能未加警告便直接遭受肉体上的虐待，抓捕与政治暗杀也变得司空见惯。然而颇具讽刺意味的是，国民党的经济收入与政治支持都来自上海，这里有各种形式的罪恶行径，正好是新生活运动所声称的要废除恶习、加以整治的最好的对象。

国民党的种种目标有时看起来会让人匪夷所思。在国民党统治时期不时开展的反对文化堕落与镇压政治异见的行动中，外国人的合作也发挥了作用。清代通商口岸如上海法租界、公共租界等外国人居住区，曾经在帝国权威之外提供了避风港，但现在法国和英国当局的反共态度仅仅稍逊于蒋介石。在它们的司法管辖区内，他们准备合作执行针对共产党人和其他反对者的法律。

德国与日本的结盟最终迫使蒋介石加入了盟国阵营，由此中国在二战中站到了他曾极力模仿的那些法西斯国家的对立面，这真是对他深度纠葛于外国意识形态的讽刺。尽管国民党最初和苏联，继而又和早期纳粹德国关系密切，但中国为包括白俄和犹太人在内的大量难民提供了一个重要的避风港，使他们逃离极权主义统治的国家，这种状况至少持续到日本占领时期才被迫中止。

乡村建设运动

在 1927—1937 年南京国民政府统治时期,外国势力的影响在中国广泛而复杂地传播,受外国因素启发的新生活运动,蓝衣社仅仅是其中的一个方面。另一个完全不同的例子则是和晏阳初联系在一起的乡村建设运动。晏阳初是四川人,曾在香港和美国学习,一战期间他在法国为基督教青年会在中国劳工中开展工作,教劳工读写,为他们写家信。他回国后,在河北定县(今定州市)一些村庄中发起、运营了一个实验性的社会工程,并在其中扮演了重要角色。该工程旨在提高中国北方乡村的基本识字能力和卫生条件,同时发展农业技术和一定程度的乡村自治。晏阳初充分利用他同美国人的关系为这项事业筹集资金。

定县项目是混合当时各种元素、以民众教育运动著称的乡村建设运动中的一部分。它的灵感一半得自儒家理论,一半得自基督教,它的资金来自外国,特别是来自那些对晏阳初请求帮助的呼吁作出回应的美国慈善组织,但具体运营则是由中国人负责。由于在爱国主义精神中引入了外来因素,定县的实验以及其他类似事物尽管获得了显著的成功,但最终因为西方的宗教与资金深涉其中,而在政治上变得不可接受。尽管这种也许可以被称为定县挑战的乡村建设忽视了重要的民族主义原则,但真实情况是,这项社会实验中的许多计划,之后被中国共产党所采用的,用来达成同民众教育运动相同的目的。

国民党、共产党与日本

到 1920 年代晚期，在南满铁道株式会社、外务省和武装军队的管理下，日本在中国东北的存在已经涉及移民、铺设铁路、经商和开办工厂等各个方面，势力非常可观。日本只是众多在中国驻军的外国列强中的一个，这些列强仅在上海就驻扎了超过两万人的军队，而且在上海附近驻锚着差不多五十艘军舰。但日本往往为了维护自己的利益，采取最具侵略性的姿态。1927 年当蒋介石率领军队北伐，尝试统一中国时，日本便对中国所爆发的反日行为作出回应。日军的机枪和军舰在汉口开火，同时日本向它所珍视的势力范围山东派兵，试图阻止国民革命军的进军路线。为了避免与日军交火，蒋介石命令军队绕过了山东，这使得他那些怀有爱国主义精神的中国军人们极为愤怒，他们对日本驻军表达了不满。

1931 年，日军在中国东北利用借口发动了一场迅猛的军事侵略行动，清除了当地的中国驻军。身处政治暗潮、希望获得所有可能的支持的蒋介石，命令当地军阀张学良(生于 1898 年)不要反击，保存他自己的军队，因为蒋介石想用他们来消灭共产党。这导致日本最终完全占领了整个中国东北。之后，1932 年，日本扶持溥仪(1906—1967)出任伪满洲国的傀儡统治者。溥仪是清朝最后一位皇帝，他在 1912 年被废时还是一个小孩。日本由此有效地否决了中国对整个东北三省的主权，将自己的势力范围扩展到从北京北部不远处一直到中苏边境的广大地区。

在中国，被激怒的民族主义激情引发了抗议和抵制运动。在上海，强烈的反日情绪最终在 1932 年引发了中国军队和日本海军陆战队的第一次交火，而在1932年早些时候，日军对上海华埠（中国人居住的城区）进行了全面轰炸。中国人进行了出人意料的坚韧不屈的回击，但有大量军民伤亡。西方这一次团结一致声明，它们对日本的行为深恶痛绝，它们拒绝承认日本对中国东北拥有主权，但没采取什么具体措施驱逐或阻止日本人。两年后日本打通了向南的关隘，一直推进到了天津附近，此时他们得以顺利地在长城以南的大片地区巩固自己的控制范围，并且缔结了对日方十分有利的《塘沽协定》。

日本在中国的扩张，部分原因是在日益严重的全球经济大萧条下，对中国自然资源日益增长的需求，另一部分则是东京政府对在中国进行军国主义的冒险者无能为力的结果。此外，在战争爆发之前的几年中，日本相当大的政治动荡导致了日本人对共产主义的强烈反感。而同时期日本的一个新目标也在酝酿形成中：建立一个"大东亚共荣圈"，一个在亚洲崛起的日本帝国将与白人帝国主义国家抗衡，并最终将他们驱逐出亚洲。

1930年代中期，全球整体形势逐渐恶化。我们现在仍不清楚蒋介石是否出于对共产党的憎恨，而被动接受了日本的反共援助。1935年末，蒋介石改组了他的内阁，加入了几个在日本受过教育并且更为亲日的人选，这使整个抗日势力感到沮丧。他确实想和日本结盟的假设看起来并不可能，不过，他希望通过这种方式，在与日本继续进行谈判的过程中，至少能争取时间进行调整。

但是此时的中国，无论受到多大的困扰，也不愿意用一个占领者去替代另一个。一封写于1936年被占领的中国东北的来信，让我们在一定程度上了解了日本占领下当地的生活，特别是许多人对那些与日本合作者或者说"汉奸"的憎恨。写信人是一位返家照顾生病父亲的男大学生，他写道：

> 在我刚坐到车上的时候，我便发现后边尾随着一个便衣“汉奸”侦探，接着他便坐在我的身旁，他假装着平常乘客的样子，不时地掉转头来和我谈话。起先是从家常的事谈起，后来渐渐地转到关内的情形和最近的学生运动。啰嗦了一路，我实在讨厌他，然而我又不能不敷衍他。车到营口了，我便被一个日本宪兵抓到营口水上警察署。朋友，这时我立刻便明白了我不幸的来源。水上警察署的地址是“九一八”前一个商业学校。这里除我以外，还有一个比我先到一刻的壮年洋车夫，他是老鼠一般的跪在地下，一声不则的听着“汉奸”的恶骂。起初我当他是犯了什么杀人大罪，后来我才知道是因为他把一个日本妇人拉错了路。最后当堂毒打了他一顿，同时罚了两块钱，才允许他出去。
>
> 审问我的，是一个十足的“友邦人”。他说一口漂亮的中国话；所问的，大致与营沟车上的侦探相同。不过这次须要添写详细的“籍贯”，“住址”，及三代的姓名。最后他板面孔向我说：“你既然是学生，我们‘满洲国’也有大学，并且还是免费的，何必一定要到中国去读书呢？嘿，如果你到中国去也好，可是你必须按月报告中国的学生运动情况，不然的话，我便认为你是一个反满抗日的份子。”①

在同时期的中国，中国共产党正处在包围之中。1934—1935年，中国共产党在国民党对江西省根据地的包围中突围而出，开始了长征。在一年里，拉锯般的行军作战使他们损失了大量人

---

① “A Letter from the Northeast”（《东北来的一封信》） in *One Day in China*: *May 21st*, 1936, translated, edited, and with an introduction by Sherman Cochran and Andrew C. K. Hsieh with Janis Cochran (New Haven: Yale University Press, 1983), 207 - 208.

员，对于幸存者来说，这几乎成了无可指摘的坚定革命信念的凭证。在地形崎岖、困难重重的地区行军时，中国共产党在一段时期内断绝了包括莫斯科在内的所有外部联系。这种孤立使中国共产党人明白，为避免被彻底消灭，无论他们同盟友间的意识形态如何不一致，所有可能的联盟对它都是必要的。在长征结束时，共产党人在中国西北的延安重新建立了他们的总部，一直到二战结束时，一直保持着对当地的控制。

1936 年，日本日益增长的威胁和走向高潮的民主主义运动，迫使蒋介石搁置了共产党的问题。这种行动主义首先表现为普遍的学生运动，其次又以西安事变展示了自己的影响。在这场危机中，蒋介石自己的军官帮助东北军阀张学良绑架了他，在他宣誓同共产党结成抗日同盟前，拒绝释放他。蒋介石在彻底消灭共产党前，非常不情愿同日本开战，这种态度使共产党可以控诉国民党缺乏爱国主义精神，这一主张使共产党在随后争夺中国控制权的斗争中，获得了相当大的道德优势。

与此同时，苏联开始对日本可能针对自己的侵略意图非常关切，从而寻求支持一个强大的中国，以帮助抵挡日本对苏联领土的任何进攻。1936 年 11 月，德国与日本签署的一份反共协定加深了苏联的恐惧，斯大林害怕中国也加入这个协定。西安事变期间，苏联担心如果蒋介石被杀，他的继任者很可能更加亲日，这使苏联力促共产党同国民党一起形成抗日统一战线。因为需要来自苏联的持续支持，所以尽管毛泽东与中国共产党对蒋介石深恶痛绝，但他们同意形成第二次统一战线。根据他们对形势的评估，长期国内政治斗争中他们将是获利的一方——事实证明他们是对的。同时，莫斯科方面使蒋介石相信，它将利用自己对共产党的影响，阻止他们颠覆国民政府。

1937 年,日本公然对华宣战,同年 12 月,日本人攻陷了南京,数以万计的中国人死于日军臭名昭著的野蛮屠杀。南京大屠杀开启了一段残酷的战争时期,而且影响了直至今日中国人对日本的态度。

随着对华宣战,1937 年日军迅速攻占了北京、天津、上海和南京。在一年之内日军还控制了位于中国腹地的武汉、位于东南的广州以及大多数主要的工业城市。中国损失惨重,南京的境遇尤其悲惨。国家被分成了由傀儡政府管理的占领区和以重庆为基地的大后方,重庆是一座溯长江而上、位于四川省的城市。日本人对中国沿海的控制切断了中国内陆与外部世界的联系。

日军的迅速推进令中国人深感沮丧,但在一片黑暗中偶尔也可以看到希望之光。南京大屠杀使人恐惧,但激起了中国人的抵抗意志,而中国人对看似不可战胜的日军也能偶尔获得胜利。例如 1938 年 4 月,中国军队在山东台儿庄的大捷表明,敌人毕竟也不是不可战胜的。尽管日本具有优势巨大的军事力量,但在中国,日军还是贪多嚼不烂。此外由于日本的过度扩张,中国领土的广大以及中国人民的顽强毅力,中国即使面对着技术力量远比自己先进的日本,最终仍然不可征服。

从政治上讲,战争以三个方式进行,分别是:日本人与国民党之间、日本人与共产党之间以及国共两党之间。国共两党理论上的联盟只持续到 1941 年,是时,在一场臭名昭著的事件中(译者注:皖南事变),国民党的部队将枪口转向了他们原本的盟友,消灭了整支中国共产党的军队。

对于知识分子来说,无论他们的信念是什么,在反日上是相当一致的。但有些人的态度十分矛盾。尽管交战双方都发布了禁令,但在自由区与占领区之间的非法贸易十分繁荣。日本人用棉花和其他进口商品交换食物以及其他供军事机器所用原材料。中国国民党军队中的一些人往往是同日本人进行交易最活跃的贸易商人。这种涉入商业的行为往往会弱化他们为国服务的意志。例如，1944 年驻广东国民党军队的长官，便与日本占领军谈判达成一项协议，使日军不进攻附近一处煤矿，因为他在其中有经济利益。作为回报，显然他承诺不进攻日军占领的广州，因为当蒋介石命令他发动进攻时，他拒绝了。还有许多经济利益腐蚀爱国热情的例子，双方都将自己与敌人的交易合理化：中国人是基于经济上的需要，而日本人则是基于一种显然合理的假设——同敌人的商业往来可以有利于中国军事力量中立化。

大量中国国民党的军队叛逃到日本人一方，其中许多被并入了傀儡政府统治区的伪军中，担负警备与巡逻的工作，从而可以使一些可靠的日军投入主动作战的任务中。一些叛逃者仍然继续为蒋介石服务，在日本一方同共产党作战。甚至在战争进行的最高潮时期，蒋介石仍与伪军的指挥官们以及日本人保持着联系。因此，在战争结束时，一些曾站在日方的中国军队利用他们所处的战略位置接受日本人的投降，就不足为奇了。他们以这种方式帮助国民党，防止被占领区迅速落入共产党之手，国民党对共产党的恐惧远甚于日本人。

中国平民中存在着对日本人极大的憎恨，但这种恨意并不像爱国主义宣传的那样普遍。一些亲身经历了日军暴行的人很可能被激起爱国主义的愤怒情怀，但更多的人只是想从外来者的劫掠中幸存下来。令人惊讶的是，政治觉悟在某些地区十分有限。甚至到了 1948 年，此时抗日战争早已结束，距中华人民共和国的成立也仅有一年，距国民党战时首都重庆仅六十多公里的一个村庄中的农民，只对内战中国共双方的领导人有一个模糊的印象，而他们对双方的意识形态以及彼此立场的不同点都没有什么认识。

二战期间中国与西方盟国

通过牵制大约 40％的日军力量，中国在二战中对盟军的战事进展作出了重要贡献，但似乎没有得到什么回报。十年前曾经普遍存在的德国与意大利的顾问都已经离去了，同欧洲轴心国间的商业往来以及那些合作发展项目都已衰败或者完全终结了。曾经在亚洲居于领导地位的帝国主义强权——英、法两国都深陷于国内事务，不能抵御日本在亚洲的诉求。随着英国丢掉了新加坡、马来西亚、香港、缅甸——它们都先后落入了日本人的控制中，法国也被德国占领，任何残存的中国对欧洲帝国主义国家的领导力量的敬意都随战事消逝了。1941 年以后，苏联的所有精力都放在了抵挡纳粹入侵上，美国密切关注着中国局势的发展，并向中国提供资金支持，但直到 1941 年为止，美国的大部分援助都集中在欧洲。

直到 1941 年底日本人轰炸了珍珠港的美国舰队后，中美间才建立起有效的同盟。美国以租借的形式，无条件地为国民政府提供了数十亿美元的援助、贷款和物资。这一罕见的不附带任何附加条款的援助之所以能够实现，也是基于美国自身的需要，从美国自己的战略目的出发，它要支持中国抵御日本。然而同时华盛顿的上层人士却对给中国的援助有些不情愿，因为他们相信一个传播广泛的谣言，国民党政府滥用了美国的援助。自一战以来形势的变化非常明显：蒋介石需要外国的资金和物资，但他和袁世凯以及其他接受外国贷款的人不同，他绝不同意就此附加任何条款。因为此时西方盟国需要中国人的支持，他们在这件事上没有多少选择。

蒋介石与三位美方主要军事顾问在多个方面的关系成为展示这种变化的一个缩影，中国已经意识到它现在已处于掌控局势的位置。美国陆军航空兵的前成员克莱尔·陈纳德（Claire Chennault）从1937年起出任蒋介石的顾问。他相信空中力量，所以筹划中国从美国对欧洲盟友紧急援助的剩余物资中，获得了少量美国的飞机。他的飞虎队是一支由美国飞行员组成的战斗—训练部队，在对日作战中，这支部队获得了一些骄人的战绩，但他们训练中国飞行员的努力只获得了有限的成功。约瑟夫·史迪威（Joseph Stilwell）将军并不为蒋介石所喜，他受罗斯福总统委任，受命指挥中国—缅甸—印度战区的美国军队，并负责美国对蒋的战略、物资供应的联络事宜。史迪威不同意陈纳德关于中国战场盟军在空战与陆战中处于相对优势的观点，他坚持认为蒋介石应该派出他最好的军队协助盟军对日作战。蒋介石显然更在意共产党问题，对史迪威的建议显得十分不情愿。同陈纳德的顺从、使用飞虎队的耀眼行为相比，史迪威更有主见，而且坚定地同长官说真话，这使蒋介石疏远了他。蒋介石拒绝了罗斯福让史迪威指挥所有中国军队的请求，并且要求美方替换他。经过一系列对这一要求的激烈交锋后，罗斯福派遣阿尔伯特·魏德迈（Albert Wedemeyer）将军作为史迪威的继任者。蒋介石更喜欢魏德迈，赞赏他早年在德国接受军事训练的经历，而且他没有尖酸性格。安抚蒋介石和中国国民党已经成为美国的一种惯性思维，这将影响战后几十年内全球政治的整体基调。

尽管在1943年底的开罗会议上，英国首相丘吉尔、美国总统罗斯福同意蒋介石的要求，在战后把伪满洲国的领土和台湾归还给中国，但实际上这一协定由于两年前所签订的《苏日中立条约》而前景黯淡。该条约实际上承认了伪满洲国的独立国家地位。德国入侵苏联后，苏方才改变了恪守条约的态度。直到 1945 年初举行的雅尔塔峰会期间，苏联才同意在击败德国后三个月内参加太平洋地区的战争，此时德国已处于瓦解的边缘。在此之前，苏联在中国战场上的最主要贡献，只是力促共产党消解它们与国民党间的种种分歧，以便在中国更有效地把日军从对苏联的攻势中吸引过来。

战时文化

抗日战争期间，将所有人都团结起来抗日的目标极大地影响了战时的文化生活。早先曾被五四思想点燃心中激情，但在 1930 年代因一系列政治事件中的专制转向而变得意志消沉的人们发现，尽管战争带来了各种苦难，但至少解决了一些迄今为止无法解决的复杂的文化问题。抗日宣传不仅是反抗日本占领的关键武器，也是反思现代文化的利器。在抗日宣传领域所创作的作品，为很多知识分子注入了一份特别的爱国主义情怀，随着这些作品的传播，知识分子和平民间的关系变得更密切了，而知识分子所获得的外国知识和价值观，此前一直把他们和民众隔开。

战时宣传既从中国传统中也从外国素材中汲取灵感，在它所采用的各种创作形式中，有教育意义的通俗小话剧最为成功。甚至早在战前，在晏阳初所领导的民众教育运动中，已经开始利用话剧作为促进社会变化的一种手段。他们在舞台让农村演员为乡村的观众上演特别设计的戏剧，这对于城市里那些习惯于品味精致戏剧的剧迷来说没有任何兴趣。战争爆发后，宣传人员使用了这种经实践检验的可靠手段，并且对其加以改良，用更加戏剧化的有效手段来表现报纸上的新闻报道，从而从爱国主义观点出发提供娱乐和实时消息。这种外来的宣传形式效果显著。

另一种最有效的中国战时宣传形式是漫画，它往往从西方的同类模式中寻求最初的灵感。讽刺艺术早在数百年前就已被中国人所熟知。18世纪的“奇人”艺术家罗聘（1733—1799）就是这方面的代表。从19世纪晚期开始，随着报纸和期刊杂志的传播，漫画作为一种有潜在影响的艺术形式重新出现了。这一时期，中国的漫画无论是在艺术形式还是创作对象上都深受诸如葛饰北斋（1760—1849）等日本艺术家的影响。同时也有来自西方的影响，其中有描绘战争的艺术家弗朗西斯科·德·戈雅（Francisco de Goya，1746—1828），他描绘了拿破仑战争中西班牙战场的辉煌与苦难；纳粹主义兴起的记录者乔治·格罗茨（George Grosz，1893—1959）；凯瑟·珂勒惠支（Käthe Kollwitz，1867—1945），她具有激进社会意识的版画得益于鲁迅的推崇，在中国得以传播；大卫·洛（David Low，1891—1963），他是一位资深的国际事务评论家，尤其对东亚局势有深刻的认识。

中国战时的漫画家们能够自觉地对日常的困难处境表现出坚韧的精神，他们的一些创作技巧深受外国影响，但是既然他们的主要目的是激发民族主义情怀，便需要在创作中引入纯粹的中国风格。他们有意识地只接受西方的艺术理念，而没有在形式上盲目地模仿西式，例如他们会把很多本土民间艺术元素融入自己的作品中。

中国的音乐家和作曲家也像漫画家一样找到了自己新的角色。20世纪初，欧洲音乐以其强调音乐与政治密切联系的特征，为中国年轻人提供了一种可以取代中国古典传统音乐的颇具吸引力的选择。但十几年内,受五四运动的影响,音乐家们把他们的激情投入到了创作和演出爱国歌曲中,这些歌曲同时受西方与中国音乐文化影响,例如将基督教赞歌的军事风格融入传统中国民歌元素。

总而言之,战时的努力给了这些致力于政治的作家们一个新的动力。将文化作为武器的趋势被中国共产党的领袖毛泽东采纳,他在 1942 年延安文艺座谈会上指出,文化今后要为民族主义革命服务。这显示出外国文化对华影响的高潮已逐渐终结,而这一征兆比 1930 年代更加明显。

战后局势

日本人反对白人帝国主义的宣传很有说服力,加速了西方人在整个亚洲权力与声望的消亡。1943 年日本人在中国占领区扣押了所有外国人,毫不含糊地终结了他们的特权待遇。中国其他地区的治外法权也在 1943 年由双边协定正式废除,尽管美国人实际上在战争结束前仍保有这项特权。二战后,尽管香港和澳门又回到了英国人与葡萄牙人手中,它们对这两个地区的控制又分别延续了半个世纪,但外国列强从未完全恢复对其在华势力范围的控制。1945 年后,朝鲜半岛和台湾岛摆脱了日本的控制,而欧洲在东南亚的殖民地在从日本占领下获得自由的同时,也为日后走向完全独立的斗争铺平了道路。

1945 年日本投降后,中国国共两党间随即爆发的内战打响了冷战的第一枪。双方分别由美国与苏联支持,彼此都指责对方是国外帝国主义国家的工具。中国共产党仍不确定是否可以获得苏联的强力支持,他们迫切需要得到这种支持,但与此同时他们也准备着未来独立宣言的形势。1945 年当年，中国共产党赞同了毛泽东对马克思主义的解释，认为这是最适合中国社会条件的。这个迹象标志着中国共产党正在为意识形态的自主奠定基础。一个月后，莫斯科与国民党签署了一个新的条约，这使共产党难免怀疑苏联对国际共产主义团结的承诺。

在这种充满不确定性的政治氛围里，中国共产党试图保有选择的余地，将美国视作一个潜在的盟友，但中国共产党坚持，只有在平等和尊重中国领土主权的基础上，他们才会着手建立双边关系，不过杜鲁门对此完全不感兴趣。这使中国共产党除了寄希望于莫斯科的帮助，没有什么其他选择。而令人惊讶的是，即使如此，斯大林在共产党赢得内战的局势已明朗之前，仍拒绝废除不久前与国民党所缔结的条约。美国仍继续向国民党的“金库”中倾注大量资金与物资，它从珍珠港事件后就一直这么做。即使种种迹象显示国民党已经失去民众支持且无法在内战中获胜时，援助也并未停止。迟至 1948 年 12 月，共产党已经胜利在望，美国仍为国民党政府运来了大量武器和弹药。

美国对国民党的支持，导致反美情绪高涨，蔓延到共产党的圈子之外。普遍流行的观点认为，美国虚伪地声称为了使中国恢复和平重新统一进行斡旋，但同时又积极帮助国民党从事内战，实际上只是为了使中国内战继续下去。许多中国人因此谴责美国人延长了中国的内战，不过除此之外，他们还有其他顾虑。无论是个人还是媒体，越来越多的中国人对美国支持国民党政府表达了极大的焦虑，他们认为这将会把中国绑在美国一边，拖入美苏间的冷战。但中国人一直想要争取到一个时机，以形成独立的立场。在许多人眼中，国民党太依赖美国，这意味着美国的政策将决定中国的命运，从而有在中国开启一个外国帝国主义新篇章的风险。美国人在中国举止蛮横，并不在意自己同具有爱国主义情绪的中国人之间的关系。例如 1946 年，两名美国海军陆战队队员强奸了一名来自上流社会家庭的北大学生，就演变成了一起著名的事件。

1945 年后，中国人对美国的印象之所以有所保留，还有美国战后计划重建日本经济的因素。中国社会各界都害怕日本军国主义的复兴，都认为美日同盟只会对中国不利。中国人设想了一种很有可能的未来走向，即在美国帮助下重新武装起来的日本，又派军队回到中国同共产主义势力作战，或者在中国打一场同苏联的战争。中国长久以来一直苦难深重，这断然不是中国所希望看到的前景。

1940 年代末，国民党政府在内战中失败后，准备在台湾重建国民政府已是必然，美国在台湾日益加强的军事存在的消息，在爱国的中国人中引起了极大的警觉。甚至那些并不亲共的独立报刊，也关注着美国在台利益。它们声称，台湾在被日本占领五十年后才在最近回归中国，现在却又要被另一个外国强权把它从中国分离出去，这是不可接受的。当美国被冠以在中国的头号帝国主义国家之名时，中国人曾经因为美国人摆脱英国帝国主义的枷锁以及在中国从事慈善事业所积累起来的对美善意，逐渐消失殆尽。

外国对华控制的终结

1949 年中国共产党赢得了内战，毛泽东宣布了中华人民共和国的成立，他宣称："中国人从此站起来了……我们的民族将再也不是一个被人侮辱的民族了。”①新政府开始实施一些此前迟迟未能实现的措施。结束外国在华特权，自五四运动以来就是一个重要的目标。长期以来一直存在的外国企业、商业公司以及传教士是外国控制中国的时代的明显标志。但1949年末，毛泽东的新政府不仅要重塑中国的新形象，而且还面临着战后重建的艰巨任务。一方面，要警惕继续依靠外国人的可能性，他们中许多人对待中国仍抱有一种居高临下的傲慢态度，如果依靠他们，很可能颠覆既有的革命势头。但中国共产党也承认，迅速把所有外国人都赶出去也会适得其反。所以既要熟练地利用外国人来维持必要的服务运营——例如上海的电力、电话系统都是由外国人来运营的，又要把他们作为一个敌对目标加以提防，因为外国人可以将那些不相信共产党政权的人团结为一个整体。作为一种短期措施，这样做既可以利用外资公司节省资金，又可以使中国人就业。因此，在决定如何对待在华外国人时，共产党人权衡了与帝国主义过去的联系与现在的权宜之计，采取了相应的措施。

在共产党认为不确定是否忠诚的人中，包括居住在通商口岸的中国人，他们早已习惯了存在于他们中间的外国人。大城市中的许多工人都属于这种不可靠的人，但他们对革命的成功具有关键意义。为了管理他们，新成立的共产党政府鼓励那些为外国人工作的人向他们的雇主表达不满，在劳资纠纷中，很少会有不利于他们的裁决。任何有关外国人虐待中国人的传闻也总是被尽力扩大为公众事件，以表明帝国主义者不公正的傲慢态度。

共产党政府以一种虽小但意义重大的方式着手重建文化领

① Mao Zedong(毛泽东), “The Chinese People Have Stood Up,” in *Selected Works of Mao Tsetung* (Beijing: Foreign Languages Press, 1977), vol. 5, pp. 15-18.

域，他们要求所有官方通告文件此后都要使用中文。1949 年 7 月的一份报纸宣称，在诸如电费账单等方面习惯上使用英文（实际上是在提醒电力公司是由外国人运营的）“流露出强烈的殖民地意识”，所以使用中文是“维护中国国家威望”的必要措施。[①] 外国人现在发现，同中国官方的面谈，不论是否必须都要借助翻译来进行。此外，许多团体的外国雇员不会汉语，例如海关，他们必须立即用中国人取代长期以来聘用的外国雇员，这使那些突然间失业的外国人别无选择，唯有离开中国。与这些情况类似，尽管事实证明很不受欢迎，但新政府开始禁止外国电影的放映。过了一段时间之后，苏联进口电影的上座率才达到了好莱坞电影的水平。

在共产党取得政权之后，外国一些此前派驻国民政府的外交官仍然留在中国。但是共产党政府拒绝承认他们的外交官身份和外交特权。英国迫于商业利益，仍对中国市场表示乐观，率先承认了中华人民共和国。另一方面，美国对在华贸易的关切并没有大到足以抵制其国内所兴起的反共情绪。现在共产党人已经掌握了政权，杜鲁门政府却没有任何改变对中国共产党看法的意思。1950 年代初，美国的前外交官们离开了中国，不久之后，他们的同胞又将回来在朝鲜半岛同中国军队厮杀。

中华人民共和国政府的自我定位，是至少从五十年前就已经开始的民族主义演变进程的合乎逻辑的结果。19、20 世纪之交，在许多人看来，向西方学习、采用各种形式的西方方法是中国生存的最佳方式。1919 年之后，作为一种民族主义手段的西方化

---

① 《大公报》1949 年 7 月 24 日。见 *China Press Review*, vol. 939 (July 28, 1949), 引自 Beverley Hooper, *China Stands Up: Ending the Western Presence*, 1948 - 1950 (Sydney and London: Allen and Unwin, 1986), 74.

变得更加模糊。1925 年之后，爱国者们不再认为追求西方化是一个可以接受的选择。到 1949 年，中国人已经完成了结束旧式外国统治的革命目标，开始为新生的中华人民共和国创造一种独特的中国模式。

结　论

在我们所处的当代世界，全球互联的概念已变得再正常不过，这很大程度上得益于快捷国际旅行的实现，特别是通信系统的发展，使全世界可以几乎同时进行交易。尽管时代以及我们对时间的概念已经发生了改变，但全球互联并不是什么新生事物。

历史证据完全否定了自 18 世纪以来长期存在的、那些因无法将自己的意志强加给中国人而受挫的西方人所传播的神话：中国孤立于世界，奉行孤立主义。早在欧洲人来到东亚之前，中国就已融入了一个广泛的商业、知识分子、宗教以及文化的相互联系的网络，这些联系将中国与整个亚洲、东地中海地区以及非洲的至少是北部地区连成了一体，其影响还会周期性地延伸到更遥远的地方。从很早以前开始，中国便寻求并接受了大量外来事物，其中既有物质商品也有新的知识。同时，中国也把它自己的物质与精神文明广泛地传播到国外，其中最引人瞩目的包括纺织品，瓷器，儒家关于政府、社会组织、人的行为的理念，等等。随着这种文化输入，包括佛教在内的其他文化遗产因为在中国居留甚久也改变了其原有的特质。

这种历史悠久的国际交流经验使中国深刻意识到，与那些可能不认同其价值观与传统的国家进行不加限制的交流是危险的。按照这种思路，当双方交往以贸易形式出现时，风险可能会随着商业上的贪婪而增加,加剧社会的不平等。当这种交往涉及宗教时,会有把中国信徒从对中国及其政治领袖的绝对忠诚中拉出来的风险。而当交往涉及更广泛的文化时,可能面临的风险是无限的。在认识到外贸与外来宗教都不可避免地要与外国文化联系在一起之后,许多中国人倾向于认为,允许这些捆绑在一起的整体中的任何一部分自由流通的后果,会对中国自身的政治自立与独特文化身份构成潜在威胁。因此,中国人极为谨慎,在外人看来,这种谨慎可能更像是排外主义,但历史记录表明,这种态度绝不意味着对外国人本身或者他们的物质文明、他们的知识分子以及精神文明怀有敌意。

有一种极其顽固的观念认为,传统中国几乎无可救药地依附于它固有的传统,为反驳这种观点,对中国来说牢记共同承担历史责任便显得尤其重要。对这些事实的仔细考察表明,中国确实一次又一次地抵制了新思想、新知识以及新的行事方式,但这不能被笼统解释为是对创新根深蒂固的敌视。以 17、18 世纪中国的数学家和天文学家为例,他们对耶稣会传教士透露给他们的欧洲最新的发现持怀疑态度,这不是因为他们对接受新思想心怀勉强,而是因为天主教会对传教士的限制导致双方之间产生了矛盾,从而使中国的学者们相信传教士对新信息的评估证明其中充满错误或者至少是自相矛盾的东西。中国学者们并不是反对科学的人,但他们因此不得不认为最好不要依靠耶稣会。在帝国主义盛行的 19 世纪,中国人对西方"自由贸易"要求的抵制使西方人认为中国十分保守,但更准确的说法是,中国的抵制是为了在面对西方的挑衅时,维护自己的独立,西方所声称的自由在中国看来似乎并不是他们所描绘的那样。最近,一些西方人将冷战时期中华人民共和国与美国之间的相互敌视主要归咎于中国关于美帝国主义罪恶的言论,但他们没有意识到美国反共运动的作用,多年来,美国一直将中华人民共和国视为实际上的局外人。

本书前几章还展示了中国开放思想的许多例证,以及它的"兄弟"——实用主义的适用性与勇于实践的意愿。中国还常常能够从新形势和新的可能性中获得发展优势。外交关系中宣传与现实之间的鸿沟就是这方面的一个例子。在中国理想的世界观中,其他人承认中国的优越性,并在围绕它的轨道上亦步亦趋,但在现实世界中,中国承认这不是实情。在实践中,中国经常不得不承认:在最好的情况下,它与其他国家并不平等,而在最坏的情况下,它的弱小使得它不可能坚持平等,更不用说优越性了。另一个例子则可以追溯到18世纪晚期,清朝皇帝宣称中国完全不关心外国的产品和制造业,但同时几乎主动地寻求欧式火炮,从而推翻了西方关于中国不关心技术创新的说法。中国以19世纪的条约体系为自己的剑和盾并熟练使用,体现出中国在逆境中求生存的务实能力。在早期"不平等条约"的强迫下,中国允许外国在特定通商口岸设立定居点,但它强烈反对外国人在指定地区以外建立新的定居点。此外,中国还采用国际条约制度作为在海外建立中国外交代表机构的手段。最后,在19世纪末和20世纪初,中国知识分子愿意尝试不同政体形式——都是舶来品——进行实践,这体现出一种不同寻常的开放性思维。救国是中国人的一贯目标;为了实现这一目标,中国人愿意尝试任何必要的东西,无论其多么新颖,来源多么陌生。

在过去的几个世纪里,全球力量的格局经历了无数次的变化。但变化不大的是,中国发生的事件影响着世界其他地方发生的事件,也受到其他地方发生的事件的影响。中国的克制与保留并不意味着孤立于世界。贯穿中国历史的全球潮流,在下一个千年仍将奔腾不息。

参考文献

阿达斯:《机器是衡量人的标准:科学、技术和西方统治思想》(Adas, Michael. *Machines as the Measure of Men: Science, Technology, and Ideologies of Western Dominance*. Ithaca and London: Cornell University Press, 1989.)

阿达斯编:《技术与欧洲海外企业:扩散、适应和接受》(Adas, Michael. ed. *Technology and European Overseas Enterprise: Diffusion, Adaptation, and Adoption*. Aldershot, U. K., and Brookfield, Vt.: Variorum, 1996.)

白吉尔:《中国资产阶级的黄金时代》(Bergère, Marie-Claire. *The Golden Age of the Chinese Bourgeoisie*. Cambridge, U. K.: Cambridge University Press, 1989.)

包乐史:《奇怪的公司:巴达维亚的华侨定居者、混血儿妇女和荷兰人》(Blussé, Leonard. *Strange Company: Chinese Settlers, Mestizo Women, and the Dutchin VOC Batavia*. Dordrecht, Holland, and Riverton, N. J., Foris Publications, 1986.)

博克赛:《远东的人们,1550—1777》(Boxer, C. R. *Fidalgos in the Far East, 1550-1777*. The Hague: M. Nijhoff, 1948.)

博克赛:《十六世纪中国南部行纪》(Boxer, C. R. *South China in the Sixteenth Century: Being the Narratives of Galeota Pereira, Fr. Gaspar da Cruz O. P., and Fr. Martin de Rada, O. E. S. A.* 1550-1575. London: Hakluyt Society, Second Series, vol. CVI (1953).)

卜正民:《纵乐的困惑:明代的商业与文化》(Brook, Timothy. *The Confusions of Pleasure: Commerce and Culture in Ming China*. Berkeley and London: University of California Press, 1998.)

陈兼:《中国的朝鲜战争之路:中美对抗的形成》(Chen Jian. *China's Road to the Korean War: The Making of the Sino-American Confrontation*. New York: Columbia University Press, 1994.)

陈小眉:《西方主义:毛泽东时代之后中国的反话语理论》(Chen Xiaomei. *Occidentalism: A Theory of Counter-Discourse in Post-Mao China*. New York and Oxford: Oxford University Press, 1995.)

柯博文:《面对日本:中国政治与日本帝国主义,1931—1937》(Coble, Parks M., Jr. *Facing Japan: Chinese Politics and Japanese Imperialism, 1931 - 1937*. Cambridge: Harvard Council on East Asian Studies, 1991.)

柯博文:《上海资本家和国民政府,1927—1937》(Coble, Parks M., Jr. *The Shanghai Capitalists and the Nationalist Government, 1927 - 1937*. Cambridge: Harvard Council on East Asian Studies, 1986.)

高家龙:《中国的大企业:烟草工业中的中外竞争》(Cochran, Sherman. *Big Business in China: Sino-Foreign Rivalry in the Cigarette Industry, 1890 - 1930*. Cambridge: Harvard University Press, 1980.)

高家龙编:《发明南京路》(Cochran, Sherman. *Inventing Nanjing Road: Commercial Culture in Shanghai, 1900 - 1945*. Ithaca: Cornell University East Asia Program, 2000.)

柯文:《中国与基督教:传教运动与中国反洋教思潮的发展,1839—1939》(Cohen, Paul A. *China and Christianity: The Missionary Movement and the Growth of Chinese Antiforeignism, 1839 - 1939*. Cambridge: Harvard University Press, 1963.)

柯文:《历史三调:作为事件、经历和神话的义和团》(Cohen, Paul A. *History in Three Keys: The Boxers in History and Myth*. New York: Columbia University Press, 1997.)

克兰默-宾:《去往中国的使团:马戛尔尼爵士的旅程,1793—1794》(Cranmer-Byng, J. L. *An Embassy to China: Lord Macartney's Journal, 1793 - 1794*. London: Longman, 1962.)

康明思:《朝鲜战争的起源》(Cumings, Bruce, *The Origins of the Korean War*. 2 vols. Princeton: Princeton University Press, 1981, 1990.)

库什曼:《海上的领域:18 世纪末至 19 世纪初中国与暹罗的舢板贸易》(Cushman, Jennifer. *Fields from the Sea: Chinese Junk Trade with Siam during the Late Eighteenth-Century and Early Nineteenth Centuries*. Ithaca: Cornell University Southeast Asia Program, 1993.)

德里克:《无政府主义与中国革命》(Dirlik, Arif. *Anarchism and the Chinese Revolution*. Berkeley and London: Universityof California Press, 1991.)

杜赞奇:《从民族国家拯救历史:民族主义话语与中国现代史研究》

(Duara, Prasenjit. *Rescuing History from the Nation: Questioning Narratives of Modern China*. Chicago and London: Chicago University Press, 1995.)

周锡瑞:《义和团运动的起源》(Esherick, Joseph W. *The Origins of the Boxer Uprising*. Berkeley, Los Angeles, and London: University of California Press, 1987.

费正清编:《中国的世界秩序:中国传统的对外关系》(Fairbank, J. K., ed. *The Chinese World Order: Traditional China's Foreign Relations*. Cambridge: Harvard University Press, 1968.)

费正清:《中国沿海的贸易与外交:通商口岸的开埠,1842—1854》(Fairbank, J. K. *Trade and Diplomacy on the China Coast: The Opening of the Treaty Ports, 1842 - 1854*. Cambridge: Harvard University Press, 1953.)

弗林、吉拉尔德斯编:《新兴的全球经济中的金属和货币》(Flynn, Dennis O., and Arturo Giraldez, eds. *Metals and Monies in An Emerging Global Economy*. Brookfield, Vt.: Variorum, 1997.)

弗兰克、布朗斯通:《丝绸之路:一部历史》(Franck, Irene M., and David M. Brownstone. *The Silk Road: A History*. New York and Oxford: Facts on File Publications, 1986.)

加德拉:《采山:福建与中国茶叶贸易,1757—1937》(Gardella, Robert. *Harvesting Mountains: Fujian and the China Tea Trade, 1757 - 1937*. Berkeley: University of California Press, 1994.)

高沃龙:《1937 至 1945 年的中苏关系:中国人的外交民族主义》(Garver, John W. *Chinese-Soviet Relations, 1937 - 1945: The Diplomacy of Chinese Nationalism*. New York: Oxford University Press, 1988.)

贡恰罗夫、刘易斯、薛理泰:《不确定的伙伴:斯大林、毛泽东和朝鲜战争》(Goncharov, Sergei N., John W. Lewis, and Xue Litai. *Uncertain Partners: Stalin, Mao and the Korean War*. Stanford: Stanford University Press, 1993.)

格林博格:《英国贸易与中国开放,1800—1842》(Greenberg, Michael. *British Trade and the Opening of China, 1800 - 1842*. Cambridge, U. K.: Cambridge University Press, 1951.)

戈伦夫:《现代西藏的形成》(Grunfeld, A. Tom. *The Making of Modern Tibet*, 2d ed. Armonk, N. Y.: M. E. Sharpe, 1996.)

郝延平:《19 世纪中国的买办:东西方的桥梁》(Hao Yen-p'ing. *The*

Comprador in 19th Century China: Bridge between East and West. Cambridge: Harvard University Press, 1970.)

约翰・布莱恩・哈利、戴维・伍德沃德编:《地图学史》,第二卷第二册《传统东亚和东南亚社会的制图》(Harley, J. B., and David Woodward, eds. *The History of Cartography*, vol. 2, book 2, *Cartography in the Traditional East and Southeast Asian Societies*. Chicago: University of Chicago Press, 1994.)

哈雷尔:《播下变革的种子:中国学生和日本老师,1895—1905》(Harrell, Paula. *Sowing the Seeds of Change: Chinese Students, Japanese Teachers, 1895 - 1905*. Stanford: Stanford University Press, 1992.)

史蒂芬:《亚洲东西方观念:泰戈尔及其在日本、中国和印度的批评家》(Hay, Stephen N. *Asian Ideas of East and West: Tagore and His Critics in Japan, China and India*. Cambridge: Harvard University Press, 1970.)

贺萧:《危险的愉悦:20 世纪上海的娼妓问题与现代性》(Hershatter, Gail. *Dangerous Pleasures: Prostitution and Modernity in Twentieth-Century Shanghai*. Berkeley, Los Angeles, London: University of California Press, 1997.)

何伟亚:《怀柔远人:马戛尔尼使华的中英礼仪冲突》(Hevia, James L. *Cherishing Men from Afar: Qing Guest Ritual and the Macartney Embassy*. Durhamand London: Duke University Press, 1995.)

韩起澜:《姐妹们与陌生人:上海棉纱厂女工,1919—1939》(Honig, Emily. *Sisters and Strangers: Women in the Shanghai Cotton Mills, 1919 - 1939*. Stanford: Stanford University Press, 1986.)

赫兰德:《中华文明的边界:帝制时代末期的地理和历史》(Howland, Douglas. *Borders of Chinese Civilization: Geography and History at Empire's End*. Durhamand London: Duke University Press, 1996.)

胡其瑜:《亚太地区的拉丁美洲》,阿里夫・德里克编,《圈子里有什么》(Hu de Hart, Evelyn. "Latin America in Asia-Pacific Perspective." In Arif Dirlik, ed. *What is in a Rim*? Boulder, Colo.: Westview, 1993.)

洪长泰:《战争与大众文化:近代中国的抵抗运动,1937—1945》(Hung, Chang-tai. *War and Popular Culture: Resistance in Modern China, 1937 - 1945*. Berkeley, Los Angeles, London: University of California Press, 1994.)

韩德:《中国共产主义外交政策的成因》(Hunt, Michael H. *The Genesis of Chinese Communist Foreign Policy*. New York: Columbia University Press, 1996.)

韩德:《建立特殊关系:1914 年前的美国和中国》(*The Making of a Special Relationship: The United States and China to* 1914. New York: Columbia University Press, 1983.)

詹森:《德川时代的中国》(Jansen, Marius. *China in the Tokugawa World*. Cambridge: Harvard University Press,1992.)

柯瑞达:《秘密分享者:20 世纪初的中国民族主义与非西方世界》(Karl, Rebecca. *Secret Sharers: Chinese Nationalism and the Non-Western World at the Turn of the Twentieth Century*. Durham and London: Duke University Press,forthcoming.)

吉姆编:《中国与世界:后冷战时代的中国外交关系》(Kim, Samuel S., ed. *China and the World: Chinese Foreign Relations in the Post-Cold War Era*. Boulder, Colo.: Westview, 1994.)

理查德·克劳斯:《中国的钢琴与政治:中产阶级的野心与西方音乐的斗争》(Kraus, Richard Curt. *Pianos and Politics in China: Middle-Class Ambitions and the Struggle over Western Music*. New York: Oxford University Press, 1989.)

唐纳德·F. 拉赫、埃德温·J. 范·克雷:《欧洲形成中的亚洲》第 3 卷《一个世纪的进步》第 4 册"东亚"(Lach, Donald F., and Edwin J. van Kley. *Asia in the Making of Europe*, vol. 3, *A Century of Advance*, book four: "East Asia." Chicago and London: Chicago University Press, 1993.)

林珍珠:《魏源与中国对海洋世界的重新发现》(Leonard, Jane Kate. *Wei Yuan and China's Rediscovery of the Maritime World*. Cambridge: Harvard University Press, 1984.)

李露晔:《当中国称霸海上:龙椅的宝船船队,1405—1433》(Levathes, Louise. *When China Ruled the Seas: The Treasure Fleet of the Dragon Throne, 1405 -1433*. New York: Simon and Schuster: 1994.)

约翰·莱文斯、薛理泰:《中国原子弹的制作》(Lewis, John W., and Xue Litai. *China Builds the Bomb*. Stanford: Stanford University Press, 1988.)

约翰·莱文斯、薛理泰:《中国的战略海上力量:核时代的部队现代化政治》(*China's Strategic Seapower: The Politics of Force Modernization in the Nuclear Age*. Stanford: Stanford University Press, 1994.)

李明珠:《中国近代蚕丝业及外销》(Li, Lillian. *China's Silk Trade: Traditional Industry in the Modern World, 1842 - 1937*. Cambridge: Harvard University Press, 1981.)

林满红:《货币与社会:19 世纪初中国的货币危机和政治经济思想》(Lin Man-houng. "Currency and Society: The Monetary Crisis and Political-EconomicIdeology of Early Nineteenth-Century China." Unpublished Ph. D. dissertation, Harvard University, 1989.)

刘禾:《跨语际实践:文学,民族文化与被译介的现代性》(Liu, Lydia. *Translingual Practice: Literature, National Culture, and Translated Modernity*. Stanford: Stanford University Press, 1995.)

刘欣如:《印度古代和中国古代:贸易和宗教往来,公元 1 至 600 年》(Liu Xinru. *Ancient India and Ancient China: Trade and Religious Exchanges, A. D. 1 - 600*. Delhi: Oxford University Press, 1988.)

莫里斯·迈斯纳:《李大钊与中国马克思主义的起源》(Meisner, Maurice. *Li Ta-chao and the Origins of Chinese Marxism*. Cambridge: Harvard University Press, 1967.)

莫里斯·迈斯纳:《邓小平时代:对中国社会主义命运的追问,1978—1994》(*The Deng Xiaoping Era: An Inquiry into the Fate of Chinese Socialism, 1978 - 1994*. New York: Hill and Wang, 1996.)

马士:《东印度公司对华贸易编年史(1635—1834)》(Morse, Hosea Ballou. *The Chronicles of the East India Company Trading to China, 1635 - 1834*. 5 vols. Oxford: Clarendon Press, 1926.)

马士:《中华帝国对外关系史》(*The International Relations of the Chinese Empire*. 3 vols. London,Longmans, Green, 1910 - 1918.)

孟德卫:《好奇的土地:耶稣会士与汉学的起源》(Mungello, David. *Curious Land: Jesuit Missionaries and the Origins of Sinology*. Honolulu: University of Hawaii Press, 1985.)

穆黛安:《华南海盗,1790—1810》(Murray, Dian. *Pirates of the South China Coast, 1790 - 1810*. Stanford: Stanford University Press, 1987.)

吴振强:《厦门的兴起》(Ng, Chin-keong. *Trade and Society: The Amoy Network on the China Coast, 1683 - 1735*. Singapore: Singapore University Press, 1983.)

普理查德:《早期中英关系的关键年代,1750—1800》(Pritchard, Earl H. *The Crucial Years of Early Anglo-Chinese Relations, 1750 - 1800*. New York: Octagon Books, 1970.)

里尔登-安德森:《变化的学问:中国化学,1842—1949》(Reardon-Anderson, James. *The Study of Change: Chemistry in China, 1842 - 1949*. Cambridge, U. K.: Cambridge University Press, 1991.)

里格比:《五卅运动:事件与主题》(Rigby, Richard W. *The May Thirtieth Movement: Events and Themes*. Canberra: Australian National University Press, 1990.)

罗茂锐编:《棋逢对手:中国及其邻国,10至14世纪》(Rossabi, Morris, ed. *China among Equals: The Middle Kingdom and Its Neighbors, 10th–14th Centuries*. Berkeley and London: University of California Press, 1983.)

罗茂锐:《来自上都的远行者:列班·扫马从中国到西方的第一次旅程》(*Voyager from Xanadu: Rabban Sauma and the First Journey from China tothe West*. Tokyo, New York, and London: Kodansha, 1992.)

罗威廉:《汉口:一个中国城市的商业与社会,1796—1889》(Rowe, William T. *Hankow: Commerce and Society in a Chinese City, 1796–1889*. Stanford: Stanford University Press, 1984.)

罗威廉:《汉口:一个中国城市的冲突与社区,1796—1895》(*Hankow: Conflict and Community in a Chinese City, 1796–1895*. Stanford: Stanford University Press, 1989.)

罗塞尔编:《不断扩大的世界:欧洲对世界历史的影响,1450—1800》(Russell-Wood, A. J. R., ed. *An Expanding World: The European Impact on World History, 1450–1800*. Birmingham, U. K.: Ashgate, 1997.)

舒衡哲:《中国启蒙运动:知识分子与五四遗产》(Schwarcz, Vera. *The Chinese Enlightenment: Intellectuals and the Legacy of the May Fourth Movement of 1919*. Berkeley: University of California Press, 1986.)

史华慈:《寻求富强:严复与西方》(Schwartz, Benjamin I. *In Search of Wealth and Power: Yen Fu and the West*. Cambridge: Belknap Press of Harvard University Press, 1964.)

沈大伟:《美帝:中国感知美国,1972—1990》(Shambaugh, David. *Beautiful Imperialist: China Perceives America, 1972–1990*. Princeton: Princeton University Press, 1991.)

斯波义信著,伊懋可译:《宋代的商业与社会》(Shiba Yoshinobu. *Commerce and Society in Sung China*, translated by Mark Elvin. Ann Arbor: Michigan Center for Chinese Studies, 1970.)

司马富:《19世纪的中国常胜军:外国雇佣兵与清帝国官员》(Smith, Richard J. *Mercenaries and Mandarins: The Ever-Victorious Army in Nineteenth-Century China*. Millwood, N. Y.: KTO, 1978.)

菲利普·斯诺:《星际漂流:中国与非洲的相遇》(Snow, Philip. *The*

Star Raft: *China's Encounter with Africa*. New York: Weidenfeldand Nicolson, 1988.)

史景迁:《利玛窦的记忆宫殿》(Spence, Jonathan D., *The Memory Palace of Matteo Ricci*. New York: Viking, 1984.)

史景迁、卫思韩:《从明到清》(Spence, Jonathan D., and John E. Wills, Jr. *From Ming to Ch'ing*. New Haven: Yale University Press, 1979.)

尼尔斯:《17 世纪的亚洲贸易革命:东印度公司与商队贸易的衰落》(Steensgaard, Niels. *The Asian Trade Revolution of the Seventeenth Century*: *The East India Companies and the Decline of the Caravan Trade*. Chicago and London: University of Chicago Press, 1973.)

桑杰:《1500 至 1700 年间亚洲的葡萄牙人帝国:政治和经济史》(Subrahmanyam, Sanjay. *The Portuguese Empire in Asia*, *1500 - 1700*: *A Political and Economic History*. London and New York: Longman, 1993.)

蔡荣芳:《中国历史中的香港:英国占领下的社区和社会动荡,1842—1913》(Tsai Jung-fang. *Hong Kong in Chinese History*: *Community and Social Unrest in the British Colony*, *1842 - 1913*. New York: Columbia University Press, 1993.)

吴汉泉:《清代中泰贸易演变》(Viraphol, Sarasin. *Tribute and Profit*: *Sino-Siamese Trade*, *1652 - 1853*. Cambridge: Harvard University Press, 1977.)

万志英:《财富之源:中国的货币与货币政策,1000—1700》(von Glahn, Richard. *Fountain of Fortune*: *Money and Monetary Policy in China*, *1000 - 1700*. Berkeley and London: University of California Press, 1996.)

魏斐德:《洪业:清朝开国史》(Wakeman, Frederic, Jr. *The Great Enterprise*: *The Manchu Reconstruction of Imperial Order in Seventeenth-Century China*. Berkeley and London: University of California Press, 1985.)

魏斐德:《上海警察》(*Policing Shanghai*. Berkeley, Los Angeles, London: University of California Press, 1995.)

魏斐德:《上海歹土:战时恐怖主义与城市犯罪(1937—1941)》(*The Shanghai Badlands*: *Wartime Terrorism and Urban Crime*, *1937 - 1941*. Cambridge, U.K.: Cambridge University Press, 1996.)

林蔚:《从战争到民族主义:中国的转折点,1924—1925》(Waldron,

Arthur. *From War to Nationalism: China's Turning Point, 1924 - 1925*. Cambridge, U. K.: Cambridge University Press, 1995.)

林蔚:《中国的长城:从历史到神话》(*The Great Wall of China: From History to Myth*. Cambridge, U. K.:Cambridge University Press, 1990.)

卫周安:《18 世纪末的中国和西方技术》(Waley-Cohen, Joanna. "China and Western Technology in the Late Eighteenth Century." *American Historical Review*, vol. 98, no. 5 (December 1993), 1525 - 44.)

王赓武:《南海贸易:中国南海贸易的早期历史》(Wang Gungwu. *The Nanhai Trade: The Early History of Chinese Trade in the South China Sea*, 2d ed. Singapore: Times Academic Press, 1998.)

卫思韩:《使团和幻象:拜访康熙皇帝的荷兰和葡萄牙使节,1666—1687》(Wills, John E., Jr. *Embassies and Illusions: Dutch and Portuguese Envoys to K'ang-hsi, 1666 - 1687*. Cambridge: Harvard University Press, 1984.)

卫思韩:《胡椒、枪炮和对话:荷兰东印度公司与中国,1662—1681》(*Pepper, Guns and Parleys: The Dutch East India Company and China, 1662 - 1681*. Cambridge: Harvard University Press, 1974.)

王国斌:《转变的中国:历史变迁及欧洲经验的局限》(Wong, R. Bin. *China Transformed: Historical Change and the Limits of European Experience*. Ithaca, N. Y., and London: Cornell University Press, 1997.)

雅胡达:《走向孤立主义的终结:毛泽东之后的中国外交政策》(Yahuda, Michael. *Towards the End of Isolationism: China's Foreign Policy after Mao*. London: Macmillan, 1983.)

颜清湟:《出国华工与清朝官员:晚清时期中国对海外华人的保护,1851—1911》(Yen Ching-Hwang. *Coolies and Mandarins: China's Protection of Overseas Chinese during the Late Ch'ing Period (1851 - 1911)*. Singapore: Singapore University Press,1985.)

余英时:《汉代贸易与扩张:汉胡经济关系结构的研究》(Yu Ying-shih. *Trade and Expansion in Han China; A Study in the Structure of Sino-Barbarian Economic Relations*. Berkeley: University of California Press, 1967.)

庄国土:《茶叶、白银和鸦片:1740—1840 年的国际茶叶贸易和西方商业向中国的扩张》(Zhuang Guotu. *Tea Silver, Opium and War: The International Tea Trade and Western Commercial Expansion into China in 1740 - 1840*. Xiamen: Xiamen University Press,1993.)

“海外中国研究丛书”书目

1. 中国的现代化 [美]吉尔伯特·罗兹曼 主编 国家社会科学基金“比较现代化”课题组 译 沈宗美 校
2. 寻求富强:严复与西方 [美]本杰明·史华兹 著 叶凤美 译
3. 中国现代思想中的唯科学主义(1900—1950) [美]郭颖颐 著 雷颐 译
4. 台湾:走向工业化社会 [美]吴元黎 著
5. 中国思想传统的现代诠释 余英时 著
6. 胡适与中国的文艺复兴:中国革命中的自由主义,1917—1937 [美]格里德 著 鲁奇 译
7. 德国思想家论中国 [德]夏瑞春 编 陈爱政 等译
8. 摆脱困境:新儒学与中国政治文化的演进 [美]墨子刻 著 颜世安 高华 黄东兰 译
9. 儒家思想新论:创造性转换的自我 [美]杜维明 著 曹幼华 单丁 译 周文彰 等校
10. 洪业:清朝开国史 [美]魏斐德 著 陈苏镇 薄小莹 包伟民 陈晓燕 牛朴 谭天星 译 阎步克 等校
11. 走向21世纪:中国经济的现状、问题和前景 [美]D.H.帕金斯 著 陈志标 编译
12. 中国:传统与变革 [美]费正清 赖肖尔 主编 陈仲丹 潘兴明 庞朝阳 译 吴世民 张子清 洪邮生 校
13. 中华帝国的法律 [美]D.布朗 C.莫里斯 著 朱勇 译 梁治平 校
14. 梁启超与中国思想的过渡(1890—1907) [美]张灏 著 崔志海 葛夫平 译
15. 儒教与道教 [德]马克斯·韦伯 著 洪天富 译
16. 中国政治 [美]詹姆斯·R.汤森 布兰特利·沃马克 著 顾速 董方 译
17. 文化、权力与国家:1900—1942年的华北农村 [美]杜赞奇 著 王福明 译
18. 义和团运动的起源 [美]周锡瑞 著 张俊义 王栋 译
19. 在传统与现代性之间:王韬与晚清革命 [美]柯文 著 雷颐 罗检秋 译
20. 最后的儒家:梁漱溟与中国现代化的两难 [美]艾恺 著 王宗昱 冀建中 译
21. 蒙元入侵前夜的中国日常生活 [法]谢和耐 著 刘东 译
22. 东亚之锋 [美]小R.霍夫亨兹 K.E.柯德尔 著 黎鸣 译
23. 中国社会史 [法]谢和耐 著 黄建华 黄迅余 译
24. 从理学到朴学:中华帝国晚期思想与社会变化面面观 [美]艾尔曼 著 赵刚 译
25. 孔子哲学思微 [美]郝大维 安乐哲 著 蒋弋为 李志林 译
26. 北美中国古典文学研究名家十年文选 乐黛云 陈珏 编选
27. 东亚文明:五个阶段的对话 [美]狄百瑞 著 何兆武 何冰 译
28. 五四运动:现代中国的思想革命 [美]周策纵 著 周子平 等译
29. 近代中国与新世界:康有为变法与大同思想研究 [美]萧公权 著 汪荣祖 译
30. 功利主义儒家:陈亮对朱熹的挑战 [美]田浩 著 姜长苏 译
31. 莱布尼兹和儒学 [美]孟德卫 著 张学智 译
32. 佛教征服中国:佛教在中国中古早期的传播与适应 [荷兰]许理和 著 李四龙 裴勇 等译
33. 新政革命与日本:中国,1898—1912 [美]任达 著 李仲贤 译
34. 经学、政治和宗族:中华帝国晚期常州今文学派研究 [美]艾尔曼 著 赵刚 译
35. 中国制度史研究 [美]杨联陞 著 彭刚 程钢 译

36. 汉代农业：早期中国农业经济的形成 [美]许倬云 著 程农 张鸣 译 邓正来 校
37. 转变的中国：历史变迁与欧洲经验的局限 [美]王国斌 著 李伯重 连玲玲 译
38. 欧洲中国古典文学研究名家十年文选 乐黛云 陈珏 龚刚 编选
39. 中国农民经济：河北和山东的农民发展，1890—1949 [美]马若孟 著 史建云 译
40. 汉哲学思维的文化探源 [美]郝大维 安乐哲 著 施忠连 译
41. 近代中国之种族观念 [英]冯客 著 杨立华 译
42. 血路：革命中国中的沈定一(玄庐)传奇 [美]萧邦奇 著 周武彪 译
43. 历史三调：作为事件、经历和神话的义和团 [美]柯文 著 杜继东 译
44. 斯文：唐宋思想的转型 [美]包弼德 著 刘宁 译
45. 宋代江南经济史研究 [日]斯波义信 著 方健 何忠礼 译
46. 山东台头：一个中国村庄 杨懋春 著 张雄 沈炜 秦美珠 译
47. 现实主义的限制：革命时代的中国小说 [美]安敏成 著 姜涛 译
48. 上海罢工：中国工人政治研究 [美]裴宜理 著 刘平 译
49. 中国转向内在：两宋之际的文化转向 [美]刘子健 著 赵冬梅 译
50. 孔子：即凡而圣 [美]赫伯特・芬格莱特 著 彭国翔 张华 译
51. 18世纪中国的官僚制度与荒政 [法]魏丕信 著 徐建青 译
52. 他山的石头记：宇文所安自选集 [美]宇文所安 著 田晓菲 编译
53. 危险的愉悦：20世纪上海的娼妓问题与现代性 [美]贺萧 著 韩敏中 盛宁 译
54. 中国食物 [美]尤金・N. 安德森 著 马孆 刘东 译 刘东 审校
55. 大分流：欧洲、中国及现代世界经济的发展 [美]彭慕兰 著 史建云 译
56. 古代中国的思想世界 [美]本杰明・史华兹 著 程钢 译 刘东 校
57. 内闱：宋代的婚姻和妇女生活 [美]伊沛霞 著 胡志宏 译
58. 中国北方村落的社会性别与权力 [加]朱爱岚 著 胡玉坤 译
59. 先贤的民主：杜威、孔子与中国民主之希望 [美]郝大维 安乐哲 著 何刚强 译
60. 向往心灵转化的庄子：内篇分析 [美]爱莲心 著 周炽成 译
61. 中国人的幸福观 [德]鲍吾刚 著 严蓓雯 韩雪临 吴德祖 译
62. 闺塾师：明末清初江南的才女文化 [美]高彦颐 著 李志生 译
63. 缀珍录：十八世纪及其前后的中国妇女 [美]曼素恩 著 定宜庄 颜宜葳 译
64. 革命与历史：中国马克思主义历史学的起源，1919—1937 [美]德里克 著 翁贺凯 译
65. 竞争的话语：明清小说中的正统性、本真性及所生成之意义 [美]艾梅兰 著 罗琳 译
66. 云南禄村：中国妇女与农村发展 [加]宝森 著 胡玉坤 译
67. 中国近代思维的挫折 [日]岛田虔次 著 甘万萍 译
68. 中国的亚洲内陆边疆 [美]拉铁摩尔 著 唐晓峰 译
69. 为权力祈祷：佛教与晚明中国士绅社会的形成 [加]卜正民 著 张华 译
70. 天潢贵胄：宋代宗室史 [美]贾志扬 著 赵冬梅 译
71. 儒家之道：中国哲学之探讨 [美]倪德卫 著 [美]万白安 编 周炽成 译
72. 都市里的农家女：性别、流动与社会变迁 [澳]杰华 著 吴小英 译
73. 另类的现代性：改革开放时代中国性别化的渴望 [美]罗丽莎 著 黄新 译
74. 近代中国的知识分子与文明 [日]佐藤慎一 著 刘岳兵 译
75. 繁盛之阴：中国医学史中的性(960—1665) [美]费侠莉 著 甄橙 主译 吴朝霞 主校
76. 中国大众宗教 [美]韦思谛 编 陈仲丹 译
77. 中国诗画语言研究 [法]程抱一 著 涂卫群 译
78. 中国的思维世界 [日]沟口雄三 小岛毅 著 孙歌 等译

79. 德国与中华民国 ［美］柯伟林 著 陈谦平 陈红民 武菁 申晓云 译 钱乘旦 校
80. 中国近代经济史研究：清末海关财政与通商口岸市场圈 ［日］滨下武志 著 高淑娟 孙彬 译
81. 回应革命与改革：皖北李村的社会变迁与延续 韩敏 著 陆益龙 徐新玉 译
82. 中国现代文学与电影中的城市：空间、时间与性别构形 ［美］张英进 著 秦立彦 译
83. 现代的诱惑：书写半殖民地中国的现代主义(1917—1937) ［美］史书美 著 何恬 译
84. 开放的帝国：1600 年前的中国历史 ［美］芮乐伟·韩森 著 梁侃 邹劲风 译
85. 改良与革命：辛亥革命在两湖 ［美］周锡瑞 著 杨慎之 译
86. 章学诚的生平与思想 ［美］倪德卫 著 杨立华 译
87. 卫生的现代性：中国通商口岸健康与疾病的意义 ［美］罗芙芸 著 向磊 译
88. 道与庶道：宋代以来的道教、民间信仰和神灵模式 ［美］韩明士 著 皮庆生 译
89. 间谍王：戴笠与中国特工 ［美］魏斐德 著 梁禾 译
90. 中国的女性与性相：1949 年以来的性别话语 ［英］艾华 著 施施 译
91. 近代中国的犯罪、惩罚与监狱 ［荷］冯客 著 徐有威 等译 潘兴明 校
92. 帝国的隐喻：中国民间宗教 ［英］王斯福 著 赵旭东 译
93. 王弼《老子注》研究 ［德］瓦格纳 著 杨立华 译
94. 寻求正义：1905—1906 年的抵制美货运动 ［美］王冠华 著 刘甜甜 译
95. 传统中国日常生活中的协商：中古契约研究 ［美］韩森 著 鲁西奇 译
96. 从民族国家拯救历史：民族主义话语与中国现代史研究 ［美］杜赞奇 著 王宪明 高继美 李海燕 李点 译
97. 欧几里得在中国：汉译《几何原本》的源流与影响 ［荷］安国风 著 纪志刚 郑诚 郑方磊 译
98. 十八世纪中国社会 ［美］韩书瑞 罗友枝 著 陈仲丹 译
99. 中国与达尔文 ［美］浦嘉珉 著 钟永强 译
100. 私人领域的变形：唐宋诗词中的园林与玩好 ［美］杨晓山 著 文韬 译
101. 理解农民中国：社会科学哲学的案例研究 ［美］李丹 著 张天虹 张洪云 张胜波 译
102. 山东叛乱：1774 年的王伦起义 ［美］韩书瑞 著 刘平 唐雁超 译
103. 毁灭的种子：战争与革命中的国民党中国(1937—1949) ［美］易劳逸 著 王建朗 王贤知 贾维 译
104. 缠足："金莲崇拜"盛极而衰的演变 ［美］高彦颐 著 苗延威 译
105. 饕餮之欲：当代中国的食与色 ［美］冯珠娣 著 郭乙瑶 马磊 江素侠 译
106. 翻译的传说：中国新女性的形成(1898—1918) 胡缨 著 龙瑜宬 彭珊珊 译
107. 中国的经济革命：20 世纪的乡村工业 ［日］顾琳 著 王玉茹 张玮 李进霞 译
108. 礼物、关系学与国家：中国人际关系与主体性建构 杨美惠 著 赵旭东 孙珉 译 张跃宏 译校
109. 朱熹的思维世界 ［美］田浩 著
110. 皇帝和祖宗：华南的国家与宗族 ［英］科大卫 著 卜永坚 译
111. 明清时代东亚海域的文化交流 ［日］松浦章 著 郑洁西 等译
112. 中国美学问题 ［美］苏源熙 著 卞东波 译 张强强 朱霞欢 校
113. 清代内河水运史研究 ［日］松浦章 著 董科 译
114. 大萧条时期的中国：市场、国家与世界经济 ［日］城山智子 著 孟凡礼 尚国敏 译 唐磊 校
115. 美国的中国形象(1931—1949) ［美］T. 克里斯托弗·杰斯普森 著 姜智芹 译
116. 技术与性别：晚期帝制中国的权力经纬 ［英］白馥兰 著 江湄 邓京力 译

117. 中国善书研究 [日]酒井忠夫 著 刘岳兵 何英莺 孙雪梅 译
118. 千年末世之乱:1813 年八卦教起义 [美]韩书瑞 著 陈仲丹 译
119. 西学东渐与中国事情 [日]增田涉 著 由其民 周启乾 译
120. 六朝精神史研究 [日]吉川忠夫 著 王启发 译
121. 矢志不渝:明清时期的贞女现象 [美]卢苇菁 著 秦立彦 译
122. 纠纷与秩序:徽州文书中的明朝 [日]中岛乐章 著 郭万平 译
123. 中华帝国晚期的欲望与小说叙述 [美]黄卫总 著 张蕴爽 译
124. 虎、米、丝、泥:帝制晚期华南的环境与经济 [美]马立博 著 王玉茹 关永强 译
125. 一江黑水:中国未来的环境挑战 [美]易明 著 姜智芹 译
126.《诗经》原意研究 [日]家井真 著 陆越 译
127. 施剑翘复仇案:民国时期公众同情的兴起与影响 [美]林郁沁 著 陈湘静 译
128. 义和团运动前夕华北的地方动乱与社会冲突(修订译本) [德]狄德满 著 崔华杰 译
129. 铁泪图:19 世纪中国对于饥馑的文化反应 [美]艾志端 著 曹曦 译
130. 饶家驹安全区:战时上海的难民 [美]阮玛霞 著 白华山 译
131. 危险的边疆:游牧帝国与中国 [美]巴菲尔德 著 袁剑 译
132. 工程国家:民国时期(1927—1937)的淮河治理及国家建设 [美]戴维·艾伦·佩兹 著 姜智芹 译
133. 历史宝筏:过去、西方与中国妇女问题 [美]季家珍 著 杨可 译
134. 姐妹们与陌生人:上海棉纱厂女工,1919—1949 [美]韩起澜 著 韩慈 译
135. 银线:19 世纪的世界与中国 林满红 著 詹庆华 林满红 译
136. 寻求中国民主 [澳]冯兆基 著 刘悦斌 徐硙 译
137. 墨梅 [美]毕嘉珍 著 陆敏珍 译
138. 清代上海沙船航运业史研究 [日]松浦章 著 杨蕾 王亦诤 董科 译
139. 男性特质论:中国的社会与性别 [澳]雷金庆 著 [澳]刘婷 译
140. 重读中国女性生命故事 游鉴明 胡缨 季家珍 主编
141. 跨太平洋位移:20 世纪美国文学中的民族志、翻译和文本间旅行 黄运特 著 陈倩 译
142. 认知诸形式:反思人类精神的统一性与多样性 [英]G. E. R. 劳埃德 著 池志培 译
143. 中国乡村的基督教:1860—1900 年江西省的冲突与适应 [美]史维东 著 吴薇 译
144. 假想的"满大人":同情、现代性与中国疼痛 [美]韩瑞 著 袁剑 译
145. 中国的捐纳制度与社会 伍跃 著
146. 文书行政的汉帝国 [日]富谷至 著 刘恒武 孔李波 译
147. 城市里的陌生人:中国流动人口的空间、权力与社会网络的重构 [美]张骊 著 袁长庚 译
148. 性别、政治与民主:近代中国的妇女参政 [澳]李木兰 著 方小平 译
149. 近代日本的中国认识 [日]野村浩一 著 张学锋 译
150. 狮龙共舞:一个英国人笔下的威海卫与中国传统文化 [英]庄士敦 著 刘本森 译 威海市博物馆 郭大松 校
151. 人物、角色与心灵:《牡丹亭》与《桃花扇》中的身份认同 [美]吕立亭 著 白华山 译
152. 中国社会中的宗教与仪式 [美]武雅士 著 彭泽安 邵铁峰 译 郭潇威 校
153. 自贡商人:近代早期中国的企业家 [美]曾小萍 著 董建中 译
154. 大象的退却:一部中国环境史 [英]伊懋可 著 梅雪芹 毛利霞 王玉山 译
155. 明代江南土地制度研究 [日]森正夫 著 伍跃 张学锋 等译 范金民 夏维中 审校
156. 儒学与女性 [美]罗莎莉 著 丁佳伟 曹秀娟 译

157. 行善的艺术:晚明中国的慈善事业(新译本) [美]韩德玲 著 曹晔 译
158. 近代中国的渔业战争和环境变化 [美]穆盛博 著 胡文亮 译
159. 权力关系:宋代中国的家族、地位与国家 [美]柏文莉 著 刘云军 译
160. 权力源自地位:北京大学、知识分子与中国政治文化,1898—1929 [美]魏定熙 著 张蒙 译
161. 工开万物:17 世纪中国的知识与技术 [德]薛凤 著 吴秀杰 白岚玲 译
162. 忠贞不贰:辽代的越境之举 [英]史怀梅 著 曹流 译
163. 内藤湖南:政治与汉学(1866—1934) [美]傅佛果 著 陶德民 何英莺 译
164. 他者中的华人:中国近现代移民史 [美]孔飞力 著 李明欢 译 黄鸣奋 校
165. 古代中国的动物与灵异 [英]胡司德 著 蓝旭 译
166. 两访中国茶乡 [英]罗伯特·福琼 著 敖雪岗 译
167. 缔造选本:《花间集》的文化语境与诗学实践 [美]田安 著 马强才 译
168. 扬州评话探讨 [丹麦]易德波 著 米锋 易德波 译 李今芸 校译
169. 《左传》的书写与解读 李惠仪 著 文韬 许明德 译
170. 以竹为生:一个四川手工造纸村的 20 世纪社会史 [德]艾约博 著 韩巍 译 吴秀杰 校
171. 东方之旅:1579—1724 耶稣会传教团在中国 [美]柏理安 著 毛瑞方 译
172. "地域社会"视野下的明清史研究:以江南和福建为中心 [日]森正夫 著 于志嘉 马一虹 黄东兰 阿风 等译
173. 技术、性别、历史:重新审视帝制中国的大转型 [英]白馥兰 著 吴秀杰 白岚玲 译
174. 中国小说戏曲史 [日]狩野直喜 张真 译
175. 历史上的黑暗一页:英国外交文件与英美海军档案中的南京大屠杀 [美]陆束屏 编著/翻译
176. 罗马与中国:比较视野下的古代世界帝国 [奥]沃尔特·施德尔 主编 李平 译
177. 矛与盾的共存:明清时期江西社会研究 [韩]吴金成 著 崔荣根 译 薛戈 校译
178. 唯一的希望:在中国独生子女政策下成年 [美]冯文 著 常姝 译
179. 国之枭雄:曹操传 [澳]张磊夫 著 方笑天 译
180. 汉帝国的日常生活 [英]鲁惟一 著 刘洁 余霄 译
181. 大分流之外:中国和欧洲经济变迁的政治 [美]王国斌 罗森塔尔 著 周琳 译 王国斌 张萌 审校
182. 中正之笔:颜真卿书法与宋代文人政治 [美]倪雅梅 著 杨简茹 译 祝帅 校译
183. 江南三角洲市镇研究 [日]森正夫 编 丁韵 胡婧 等译 范金民 审校
184. 忍辱负重的使命:美国外交官记载的南京大屠杀与劫后的社会状况 [美]陆束屏 编著/翻译
185. 修仙:古代中国的修行与社会记忆 [美]康儒博 著 顾漩 译
186. 烧钱:中国人生活世界中的物质精神 [美]柏桦 著 袁剑 刘玺鸿 译
187. 话语的长城:文化中国历险记 [美]苏源熙 著 盛珂 译
188. 诸葛武侯 [日]内藤湖南 著 张真 译
189. 盟友背信:一战中的中国 [英]吴芳思 克里斯托弗·阿南德尔 著 张宇扬 译
190. 亚里士多德在中国:语言、范畴和翻译 [英]罗伯特·沃迪 著 韩小强 译
191. 马背上的朝廷:巡幸与清朝统治的建构,1680—1785 [美]张勉治 著 董建中 译
192. 申不害:公元前四世纪中国的政治哲学家 [美]顾立雅 著 马腾 译
193. 晋武帝司马炎 [日]福原启郎 著 陆帅 译
194. 唐人如何吟诗:带你走进汉语音韵学 [日]大岛正二 著 柳悦 译

195. 古代中国的宇宙论 [日]浅野裕一 著 吴昊阳 译
196. 中国思想的道家之论:一种哲学解释 [美]陈汉生 著 周景松 谢尔逊 等译 张丰乾 校译
197. 诗歌之力:袁枚女弟子屈秉筠(1767—1810) [加]孟留喜 著 吴夏平 译
198. 中国逻辑的发现 [德]顾有信 著 陈志伟 译
199. 高丽时代宋商往来研究 [韩]李镇汉 著 李廷青 戴琳剑 译 楼正豪 校
200. 中国近世财政史研究 [日]岩井茂树 著 付勇 译 范金民 审校
201. 魏晋政治社会史研究 [日]福原启郎 著 陆帅 刘萃峰 张紫毫 译
202. 宋帝国的危机与维系:信息、领土与人际网络 [比利时]魏希德 著 刘云军 译
203. 中国精英与政治变迁:20 世纪初的浙江 [美]萧邦奇 著 徐立望 杨涛羽 译 李齐 校
204. 北京的人力车夫:1920 年代的市民与政治 [美]史谦德 著 周书垚 袁剑 译 周育民 校
205. 1901—1909 年的门户开放政策:西奥多·罗斯福与中国 [美]格雷戈里·摩尔 著 赵嘉玉 译
206. 清帝国之乱:义和团运动与八国联军之役 [美]明恩溥 著 郭大松 刘本森 译
207. 宋代文人的精神生活(960—1279) [美]何复平 著 叶树勋 单虹泽 译
208. 梅兰芳与 20 世纪国际舞台:中国戏剧的定位与置换 [美]田民 著 何恬 译
209. 郭店楚简《老子》新研究 [日]池田知久 著 曹峰 孙佩霞 译
210. 德与礼——亚洲人对领导能力与公众利益的理想 [美]狄培理 著 闵锐武 闵月 译
211. 棘闱:宋代科举与社会 [美]贾志扬 著
212. 通过儒家现代性而思 [法]毕游塞 著 白欲晓 译
213. 阳明学的位相 [日]荒木见悟 著 焦堃 陈晓杰 廖明飞 申绪璐 译
214. 明清的戏曲——江南宗族社会的表象 [日]田仲一成 著 云贵彬 王文勋 译
215. 日本近代中国学的形成:汉学革新与文化交涉 陶德民 著 辜承尧 译
216. 声色:永明时代的宫廷文学与文化 [新加坡]吴妙慧 著 朱梦雯 译
217. 神秘体验与唐代世俗社会:戴孚《广异记》解读 [英]杜德桥 著 杨为刚 查屏球 译 吴晨 审校
218. 清代中国的法与审判 [日]滋贺秀三 著 熊远报 译
219. 铁路与中国转型 [德]柯丽莎 著 金毅 译
220. 生命之道:中医的物、思维与行动 [美]冯珠娣 著 刘小朦 申琛 译
221. 中国古代北疆史的考古学研究 [日]宫本一夫 著 黄建秋 译
222. 异史氏:蒲松龄与中国文言小说 [美]蔡九迪 著 任增强 译 陈嘉艺 审校
223. 中国江南六朝考古学研究 [日]藤井康隆 著 张学锋 刘可维 译
224. 商会与近代中国的社团网络革命 [加]陈忠平 著
225. 帝国之后:近代中国国家观念的转型(1885—1924) [美]沙培德 著 刘芳 译
226. 天地不仁:中国古典哲学中恶的问题 [美]方岚生 著 林捷 汪日宣 译
227. 卿本著者:明清女性的性别身份、能动主体和文学书写 [加]方秀洁 著 周睿 陈昉昊 译
228. 古代中华观念的形成 [日]渡边英幸 著 吴昊阳 译
229. 明清中国的经济结构 [日]足立启二 著 杨缨 译
230. 国家与市场之间的中国妇女 [加]朱爱岚 著 蔡一平 胡玉坤 译
231. 高丽与中国的海上交流(918—1392) [韩]李镇汉 著 宋文志 李廷青 译
232. 寻找六边形:中国农村的市场和社会结构 [美]施坚雅 著 史建云 徐秀丽 译
233. 政治仪式与近代中国国民身份建构(1911—1929) [英]沈艾娣 著 吕晶 等译
234. 北京的六分仪:中国历史中的全球潮流 [美]卫周安 著 王敬雅 张歌 译